ひとはなぜ戦争をするのか

脳力《のうりき》のレッスンV

脳力《のうりき》のレッスンV

Terashima, Jitsuro 寺島実郎

ひとはなぜ戦争をするのか

岩波書店

はじめに

雑誌『世界』における「脳力のレッスン」という連載は、時代認識への挑戦でもある。つまり、どこまで時代が見えているのか、変化の本質がわかっているのかという試みであり、時代との知の格闘である。連載が一九〇回を重ねたということは、足掛け一六年となり、ほぼ二一世紀という時代と並走したことになる。

八〇歳を超した加藤周一氏と一度だけ対談の機会を得たことがある。氏は「年齢とともに、物事のつながりがわかるようになった」と語っていたが、私が「脳力のレッスン」の連載を開始したのは二〇〇二年四月、五四歳であり、確かに、その後の体験、文献の読み込みと世界へのフィールドワーク過程で、物事のつながりが少しずつ深く見えるようになってきた。

とくに、この連載を通じ、「問いかけとしての戦後日本と日米同盟」(『脳力のレッスンⅢ』として単行本化)として戦後日本なる時代を多角的に考察し、さらに、世界史における近代の総体を再考察する試みとしての「一七世紀オランダからの視界」(現在、連載四〇回)を積み上げ、私の時代認識の基盤となる座標軸は確かなものになりつつあるという実感がある。

その意味でも、この『脳力のレッスンV』に集約した二〇一四年から二〇一八年までの論稿の期間は、日本にとっても途方もなく大切な期間といえるであろう。表題とした「ひとはなぜ戦争をするのか」は、一九三二(昭和七)年になされた国際連盟によるアインシュタインとフロイトの往復書簡に触発された考察であり、ちょうど一〇〇年前、進行していた第一次世界大戦(一九一四〜一九一九)が日本近代史を迷走させる「運命の五年間」となったことを検証する論稿とともに、歴史の教訓から現代を照射させるアプローチを重視したものである。

日本人として、忘れてはならないことがある。「なぜ、戦争になったのか」という重い省察である。日本近代史を直視するならば、真珠湾攻撃直前の状況よりも、戦争に至る淵源として第一次大戦期は「運命の五年間」であると、しっかりと認識すべきだというのが私の結論で、その一〇〇年後の五年間を今生きているという自覚が、重要だと思う。その意味で、二〇一四年〜一八年まで、奇しくも「安倍政権の五年間」と重なる時代を『脳力のレッスンV』は考察してきたことになる。「日本を取り戻す」といって再登場してきた安倍政権が取り戻すべき日本が「戦前の日本」であることが鮮明になった今、それがもたらす結末を我々は鋭く見抜かねばならない。

目次

Ⅱ デモクラシーと肥大するマネー資本主義 99

Ⅲ 沖縄が拓く視座——忘れてはならないこと 191

装丁＝桂川　潤

I 戦争を制御する知

きな臭い時代に入った。北朝鮮問題を巡り「国難」という言葉が飛び交い、「宗教の名による殺人」は「テロ」となって、中東のみならず世界に拡散している。「理念の共和国」といわれ、八年前に黒人大統領さえ登場させた米国は、反知性主義の象徴ともいえる不規則発言をくり返すトランプなる指導者を登場させ、ロシアや中国の指導体制は一段と「強権化」し、「力こそ正義」という思考回路へと誘惑する。

ここは歴史の声に静かに耳を傾け、知の基盤を立て直す時である。一九三二年、アインシュタインとフロイトの間で交わされた往復書簡をヒントに考えを巡らしてみた。また、ちょうど今から一〇〇年前が一九一四〜一九年の第一次大戦期に当たり、後の真珠湾、そして敗戦へと迷走する転機「運命の五年間」であったことを省察し、現代に示唆するものを熟慮してみた。

そして、情報ネットワーク技術革命を背景に、個々人の脳は的確な進路を判断する試練の時代を迎えている。「人間機械論の変遷——デカルトからAIまで」という、世界の激流の中で、日本、そして我々の進路について思索した論稿も加えた。

ひとはなぜ戦争をするのか
——そして、日本の今

一九三二年、八五年前の夏、アインシュタインとフロイトという二〇世紀の知性を代表する二人の間で、「ひとはなぜ戦争をするのか」というテーマをめぐる刺激的な往復書簡が交わされた。この往復書簡には興味深い背景があり、第一次大戦の悲劇を教訓として一九二〇年にジュネーブに設立された国際連盟が、物理学者アインシュタインに対して「最も大事だと思う問題について、最も意見交換をしたい相手と書簡を交わす」という要請をし、アインシュタインが提起したテーマが「人間を戦争というくびきから解き放つことはできるのか」であり、書簡を交わす相手として選んだのが、『夢の精神分析』の著者で心理学の大家フロイトであった。

アインシュタインとフロイト——一九三二年夏の往復書簡

この往復書簡(『ひとはなぜ戦争をするのか』A・アインシュタイン、S・フロイト、浅見昇吾訳、講談社学術文庫、二〇一六年)を基点に、今我々が考えるべきことを考察したい。

国際連盟は、一九一九年のベルサイユ講和会議における米国大統領W・ウィルソンの提案を受けて一九二〇年一月、スイス・ジュネーブに本部を置く形で設立され、四二か国が参加した。提案したウィルソンの母国米国が議会の反対で参加しないということになったが、人類史における初の平和のための国際機関であった。当初、日本は参加を渋っていたが、事務局次長として新渡戸稲造をジュネーブに送り込んだ。その国際連盟が、ドイツに在住していたアインシュタインに前記のような要請を行い、歴史的な往復書簡が実現したのである。

「知の巨人」たる物理学者アルベルト・アインシュタインは五三歳であり、心理学者ジークムント・フロイトは七六歳であった。ともにユダヤ人で、ナチスの台頭により、この書簡を交わした翌年にアインシュタインは米国へ、フロイトも一九三八年にウィーンから英国へと亡命を余儀なくされた。

この書簡において、二人は何を語っているのであろうか。まず、アインシュタインは、「人間を戦争というくびきから解き放つことはできるのか」というテーマを選び、物理学者である自分には「人間の感情や人間の想いの深みを覗くことはできない」としながらも、平和を実現するための国家を規制する制度設計の必要を語っている。「すべての国家が一致協力して一つの機関を創りあげればよい」と語り、「各国が主権の一部を完全に放棄し、自らの活動に一定の枠をはめなければならない」として戦争を制御する制度の確立を主張しているのである。その上で、心理学者フロイトに、それを阻む要素としての「人間の本能的欲求」、つまり「憎悪に駆られ、相手を絶滅させようとする欲求」をどう考えるべきかを問いかけた。

国際連盟の設立から一二年間、その限界も噛みしめながらの問題提起だったといえる。

アインシュタインは、紛争解決のための強制力をもたない国際連盟の現実を見つめながら、それでも国家エゴを制御する国際システムの実現に強い関心を有していたわけで、第二次大戦後の「国際連合」構想につながる問題意識をもっていたということである。こうした考え方は、カントの「恒久平和論」など欧州において以前から存在していたともいえる。

カントの『恒久平和論』(『永遠平和のために』岩波文庫)が出版されたのは一七九五年で、カント七一歳の作品であった。フランス革命後のフランスとプロイセンの間の緊張を背景に、一時的休戦条約ではなく、恒久的な平和維持の仕組みを模索する試みとして、先駆的な問題提起であった。

余談だが、東京・九段下の私の寺島文庫には、このカントの『恒久平和論』の初版本がある。一七九五年といえば、日本では寛政七年、一一代将軍徳川家斉の時代であり、林子平がロシアなど異国の接近に警鐘を鳴らした『海国兵談』を絶版とさせられた頃であり、寺島文庫では『恒久平和論』の横に『海国兵談』を配架している。一八世紀末の時点で、カントは「常備軍の全廃」「諸国家の民主化」「国際機関の創設」など平和の要件を具体的に提起し、理想論に終わらない平和の構築への問題意識を展開しているのである。

フロイトの答え

さて、アインシュタインの設問に対して、練熟した心理学者フロイトはどう答えたのか。

彼はまず、人間も本質的に動物であり、「人と人のあいだの利害対立、これは基本的に暴力によって解決されるもの」と言い切る。そして、「暴力」が肉体の力たる腕力から「武器」を用いることへと変化し、社会が発展するにつれて「暴力の支配」から「法(権利)の支配」へと進化したことを確認する。国際連盟という人類史上初の実験を評価しつつも、「すべての国々を統一できる権威を持つ理念は見当たらず」と冷静に事態を見つめ、一九一七年のロシア革命後、欧州の知識人の中に「共産主義」による世界平和の実現に期待する動きがある中で、ナショナリズムが根強く存在する状況下では「共産主義による世界の統一も無理」という二〇世紀の先行きを予見するような見解を示している。

そこからが心理学者フロイトの真骨頂というべきで、人間には「二つの欲望」が潜在し、対立していると語る。一つは「愛(エロス)」であり、保持し統一しようとする欲望、もう一つは「攻撃本能」で、破壊し侵害しようとする欲望だという。そして、この対立は善悪などではなく相関・促進し合うものであり、「人間から攻撃的な性質を取り除くなど、できそうもない」と言い切る。その上で、フロイトは戦争を抑制するものとして、文化の大切さに言及するのである。「文化の発展を促せば、戦争の終焉に向けて歩み出すことができる」というのがフロイトの結論といえる。

このフロイトの議論に違和感を覚える人も多いはずだ。虚ろな理想論であり、政策論を欠く観念論のように思える。それでも、フロイトは文化が生み出すものとして、一つは知性を強め、それが欲望をコントロールすること、二つは知性が攻撃本能を内に向けることを指摘する。「反知性主義」が跋扈する今日、無力に見えるフロイトの議論だが、再考に値する本質論だと思う。

この書簡が交わされた一九三二年という年は、実に微妙な年であった。一〇〇〇万人を超す戦死者を出した第一次世界大戦(一九一四〜一九年)から一三年、第二次大戦に向かう「戦間期」であり、時代のうねりが新たに動き始めた時期であった。敗戦国ドイツにおいて、ナチの前身「ドイツ労働者党」が設立されたのが一九一九年であり、第一次世界大戦の終結に向けたベルサイユ講和会議が開かれた年であった。翌一九二〇年には「民族社会主義労働者党」(ナチ)と改称、ヒトラーがミュンヘンで二五か条の党綱領を発表し、ベルサイユ・ワイマール体制へのドイツ国民の反発をテコに、次第にその危険な体質を露わにし始めていた。そして、一九三二年七月の総選挙で、ついにナチが第一党となり、一九三三年の一月にヒトラーが政権を掌握する。したがって、この往復書簡は、まさにナチの台頭を背景として行われたということである。

一九三二年の日本はというと、三月に満州国を建国、植民地帝国としての性格を際立たせた。また五・一五事件の年であり、犬養毅首相が海軍の軍人により暗殺された。これは軍部急進派による初のクーデター事件であった。先立つ二月には前蔵相井上準之助、三月には三井合名の理事長團琢磨が血盟団によって暗殺されるという事件が続き、暴力によって局面転換を図る不穏な空気に満ち始めていた。五・一五事件によって八年間の政党内閣は終わり、海軍出身の斎藤実内閣となり、翌一九三三年には満州国問題を巡り国際連盟から脱退、日本は孤立を深め、ナチスドイツとの同盟と真珠湾への道に追い込まれていく。

アインシュタインは米国に亡命後、一九五五年に死去するまで、プリンストンの高等学術研究所にとどまり、フロイトも英国へ亡命した翌年、一九三九年に死去した。一九三二年のこの往復書簡は一瞬の邂逅であり、知の火花が飛び交った瞬間であった。

安倍政権の戦争認識——戦後七〇年談話再考

戦後を生きた日本人は、筋道立てて日本の戦争を考えたことはあるのだろうか。いまさら戦争に至った理由や戦争責任など考えてもしかたがないとして、「一億総ざんげ」という曖昧な空気のまま、思考停止となり、本当は心にもない近隣への「謝罪」を繰り返してきたといえる。

歴史教育においても、近代史に真剣に向き合う気迫もなく、戦後日本の中学・高校での歴史教育も、多くの場合、縄文弥生から始まって幕末維新で時間切れとなり、近代史への合理的認識に踏み込まないままに終わった。大河ドラマか司馬遼太郎の小説から得た近代史の認識が大方の日本人の認識として共有され、出来事の年表を記憶する程度の浅薄な歴史認識が定着してしまった。

フロイトのいう文化力を形成する知性の中核は歴史認識である。E・H・カーが言うごとく「歴史とは過去と現在の対話」であり、あえて言えば「過去・現在・未来の対話を通じた時間の繫がりを認識する力」であろう。つまり、民族の歴史を時間軸の中で客観視する歴史認識を踏み固めることが、その民族の文化力を示す「民度」といえる。

二〇一七年の夏を迎え、いま日本人の心に「戦争への誘惑」が静かに高まっているといえよう。ミサイル・核で恫喝・挑発する北朝鮮の脅威、海洋進出への野心を露わにして尖閣を窺う中国の圧力、そして「力こそ正義」を隠さない米トランプ政権、露プーチンという存在——、時代環境は「力の論理への回帰」を誘いかけ、我々も「目には目を」の報復の論理に傾斜しかねない。そうした時代に向き合う現在、日本人の知の基盤、とりわけ「戦争をどう総括しているのか」という歴史認識が問われているのである。

そこで、現在の日本を統括する安倍政権の歴史認識を確認しておきたい。それは二年前の二〇一五年夏の戦後七〇年談話に凝縮されている。そして、この政権の政策と行動は、すべてその歴史認識から派生していることがわかる。戦後七〇年談話のための「有識者会議」なるものを立ち上げ、都合のよい御用学者と不勉強な経済人を並べ、その報告をも参考にした談話だったのだから、ある意味では「現代日本のエスタブリッシュメント」による歴史認識ともいえる。

「親亜」から「侵亜」への反転

その戦後七〇年談話が、「戦争責任」や「近隣への謝罪」をどういう表現で乗り切ったのかというメディア的関心よりも、「なぜ戦争となったのか」という本質的認識に焦点を当ててみたい。

第一次世界大戦後から第二次大戦に至る展開について、七〇年談話は次のように述べる。

「第一次世界大戦を経て、民族自決の動きが広がり、それまでの植民地化にブレーキがかかりました。……人々は「平和」を強く願い、国際連盟を創設し、不戦条約を生み出しました」「当初は、日本も足並みを揃えました。しかし、世界恐慌が発生し、欧米諸国が、植民地経済を巻き込んだ、経済のブロック化を進めると、日本経済は大きな打撃を受けました。その中で日本は、孤立感を深め、外交的、経済的な行き詰まりを、力の行使によって解決しようと試みました。国内の政治システムは、その歯止めたりえなかった。こうして、日本は、世界の大勢を見失っていきました」

もっともに聞こえるこの認識の重大な欠陥に気付かねばならない。

この戦間期こそ、一九三二年、先述の往復書簡が交わされた時期である。戦後七〇年談話では、日本も国際協調路線に進み出していたが、世界恐慌が起こり、「ブロック化」の中で「孤立感を深め」た日本が「行き詰まり」を「力の行使で解決しよう」として戦争に至ったかのごとき、受け身の日本という認識が示され、「やむをえなかった」というニュアンスが込められている。しかし、この捉え方は的確ではない。日本は自らが欧米列強の植民地にされるかもしれないという緊張の中で「開国・維新」を迎え、富国強兵で自信を深め、日清・日露戦争を戦勝で乗り切った辺りから、「親亜」(アジアへの共感)を「侵亜」(日本によるアジア支配)に反転させ、自らが植民地帝国と化していった。この過程こそ戦争への誘導路として認識されねばならないのである。

「「運命の五年間」から一〇〇年——戦後七〇年の日本への問いかけ」(2016・1)において、

私は、日英同盟という集団的自衛権を根拠に山東利権を求めて第一次大戦に参戦した日本が、一九一九年のベルサイユ講和会議に列強の一翼を占める形で参加するまでの五年間を注視した。そして、この五年間における、一九一五年の「対華二一カ条の要求」、一九一七年のロシア革命に対する「シベリア出兵」と植民地帝国に豹変していく過程こそ、やがて戦争の災禍に引き込まれていく転機であったことに論及した。受け身の外部環境要因だけで戦争を語ってはならないのである。もし、一〇〇年前の「運命の五年間」の日本に世界史の潮流を見抜き、欧米追随の路線ではなく、アジアの自立自尊に資する日本の選択を構想できる指導者がいれば、日本の運命も変わっていたというのが私の見解である。「仕方がなかった」「日本だけが悪かったわけではない」というプラグマティズム(政治的現実主義)に帰結する歴史観が、戦後七〇年談話には重く横たわっている。

渡部昇一氏の評価

驚いたことに、この戦後七〇年談話を右派論壇の知性ともいうべき渡部昇一氏が「百点満点だ」として絶賛した(『WILL』二〇一五年一〇月号)のである。如何なる点で「百点満点」なのか、改めて読み直してみた。確認できたのは、「東京裁判史観を否定し、隠れたアメリカ批判を内在させていること」への評価であり、「中国、韓国への懸念」を明示していることへの支持である。七〇年談話に象徴される歴史認識が、その行く先で戦後民主主義を否定して国権主義、国家主義、そして全体主義への回帰をもたらしかねないことに、賢明な渡部氏は気づいていたはずだが、その渡部氏ももういない。

二〇一七年四月に八六歳で亡くなられた渡部氏は、五年前、日本を代表する一〇人ほどの個人蔵書家を連れて寺島文庫を訪ねて下さったことがあった。渡部氏自身が一五万冊の蔵書を持つ方で、じっくりと文庫の蔵書と所蔵品を観察された後、懇談した。アナログの書籍が配架された中で思考することの重要性を語り合う、充実した時間だった。「ここに集積されている本の密度が濃い」とする励ましの礼状が届き、嬉しかった。亡くなられてから『渡部昇一 青春の読書』という本(ワック、二〇一五年)を手にし、渡部昇一という人物の知的基盤形成の過程に触れた。山形県鶴岡市に生まれ、旧制鶴岡中学生として敗戦を迎え、一九四八年に学制改革により県立鶴岡第一高等学校三年生になるという「戦中派」として、戦争と戦後を体験したことが理解できた。

私なりに渡部氏の「知の軌跡」を辿るならば、「共産主義、社会主義とは肌が合わない」と感じ、若くして全体主義を拒否する感性を身につけた。そして、中学生として敗戦の衝撃を受け止めるという体験をする。戦場や戦争の災禍を直接体験しなかった銃後の「軍国少年」の世代の戦争への目線は微妙で、『ジャワのマンゴ売り』や『マニラの街角で』を歌った少年時代を過ごしている。それは、我々のような戦後生まれの「戦争を知らない子供たち」の戦争観とは異なる目線であり、じっと戦後の大人社会の混乱を見つめる中で、「日本だけが断罪される東京裁判の不条理」と「アメリカの抑圧的寛容」に湧き上がる疑念を内在させながら生きたといえる。そして、世界の歴史文献に通暁するにつれて、「日本だけが悪とされるべきではない」という論理に突き進み、「日本民族の誇り」を強く語りかけるに至った。

人間は誰も自分が生きた時代を「世代」として引きずる。自分が体験したことに誠実に向き合い、世代の責任を果たさねばならない。私は渡部氏の著作『知的生活の方法』(講談社現代新書、一九七六年)を読み、知を求める先達として渡部氏を敬愛しているが、戦後七〇年談話を礼賛する主張には賛同できない。何故ならば、七〇年談話に込められた歴史認識の歪みが日本の未来を暗く重苦しいものに向かわせているからである。集団的自衛権を解釈改憲してまで推進した「安保法制」から「共謀罪法」に至る政策思想、さらに憲法改正を目指す流れを注視するならば、明らかに「軍事力、警察力」という国家権力を強化し、国家の統治力を高める国家主義、国権主義へと日本を傾斜させていることは否定できない。それは、やがて「国民主権」を否定して国家権力による過ちを国民に押し付ける歴史を繰り返すことになるであろう。

日本人として今考えるべきこと

もう一度、戦争に至った日本近代史を見つめてみよう。大恐慌後の一九三〇年代に入り国際的に孤立して真珠湾に追い込まれていく過程で、日本が道を間違えたのではない。第一次大戦期の「運命の五年間」、一九一四年から一九一九年、欧米列強模倣の力比べに参入し、新手の帝国主義国家としての路線を露わにし始めた「対華二一ヵ条の要求」(一九一五年)がその嚆矢といえる。そして、一九二三年の関東大震災を受けた人心の不安に乗じ、一九二五年に治安維持法を公布、言論・思想の自由を規制する方向に踏み込んでいく。統制は統制を呼び、やがて「ヒトラーのごとく、ムッソリーニのごとく」として統合国家への誘惑を覚え、軍事優先の軍国主義国家へと変貌していく。「この道はいつか来た道」という言葉があるが、「日本を取り戻す」と叫ぶ日本は、戦争に至った日本への回帰を図り始めているのではないか。

一九二四年一一月、死去する四か月前の孫文は、神戸で有名な「大アジア主義」についての講演を行った。その締めくくりで孫文はこう述べている。「あなたがた日本民族は、欧米の覇道の文化を取り入れていると同時に、アジアの王道文化の本質ももっています、日本がこれからのち、世界の文化の前途に対して、いったい西洋の覇道の番犬となるのか、東洋の王道の干城となるのか、あなたがた日本国民がよく考え、慎重に選ぶことにかかっているのです」

孫文は日中連携論者であり、辛亥革命に向けて彼を支援し、心を通わせた日本人も多かった。アジアの中で先駆けて列強との不平等条約を改正した日本への期待も大きかった。それ故に、対華二一カ条の要求以降、西洋覇道への模倣に傾斜する日本への失望も深かった。日本が孫文の警鐘に聞く耳をもたなかったことは、その後の歴史が示している。

世界潮流は、先述のごとくトランプやプーチンが発するメッセージや北朝鮮、中国の圧力を受けて、「力こそ正義」の空気が溢れつつある。反知性主義が大手を振る状況の中で、苦慮しつつも、やはり私は「文化力」と「知の力」にこだわりたいと思う。憎しみの連鎖を抑えるのは知性(文化)であり、日本を再び誤らせてはならない。

（２０１７・９）

節目の年、二〇一七年

――ポピュリズムの先にあるもの

二〇一六年という年は、大方のメディアや専門家の予想を裏切る二つのショックが起こった年として記憶されるであろう。英国のEU離脱(BREXIT)と、米大統領選挙におけるトランプ当選である。この二つは、いずれもデモクラシーの先進国において、民主的手続きを経た意思決定だっただけに衝撃も深く、突然の痙攣のように捉えられがちだが、痙攣は病の兆候であり、それが如何なる病によるものなのか、ポピュリズムの嵐の中での冷静な認識が問われている。

フォーリン・アフェアーズ誌の二〇一六年一二月号は「ポピュリズム」の特集を組み、世界潮流としてのポピュリズムの台頭に懸念を示している。もちろん、ポピュリズムはファシズムではない。だが、民衆の不満と苛立ちに照準を合わせ、耳に心地良いメッセージに惹きつけていく手法は、問題の解決ではなく混乱をもたらし、混迷を統合で解決する衝動に至るという意味で、ファシズムへの誘導路になる。それは二〇世紀の教訓でもあった。

ポピュリズムが大衆の呼応を受けて拡散するには、既成の権力、体制を拒否し、その中に生きるエリートを否定するエネルギーが必要となる。トランプ現象とBREXITには、対峙したヒラリーとキャメロンという、もっともらしいが胡散臭いエリートが拒絶されたという面があった。ヒラリーには「ウォール街の代理人」「夫婦でワシントン利権にまつわりつくいかがわしさ」というイメージがこびりついていた。キャメロンは、英保守党内の権力闘争の余波で、やらなくてもいい国民投票に打って出た愚かさに加え、パナマ文書を巡り、税金回避に親族の名が登場し、支持を失っていった。キャメロンへの不信がBREXITに勢いを与えたといってもよい。

エコノミスト誌の二〇一七年展望　キーワードはPLANET TRUMP

私はロンドン・エコノミスト誌が年末に出す新年展望の小冊子〝THE WORLD IN 〇〇年〟を三〇年近く注目してきた。この新年展望は一九八七年から刊行されているが、私がニューヨークで活動していた一九八〇年代末には冷戦の終焉を的確に論じていたし、雑誌がよくやる分野ごとの専門家の論稿を集めるかたちではなく、エコノミスト誌が抱える「インテリジェンス・ユニット」を生かし、世界を動かす優先的要素への展望を提示してくることに刺激を受けてきた。とりわけ、「アメリカを通じてしか世界を見ない」傾向の強い日本人にとって、ロンドンからの目線は参考になった。

たとえば、二〇一三年の展望においては、「米中関係」がカギだという見方をしていたが、習近平政権のスタートを受けて、確かに米中関係がこの年の焦点となった。二〇一四年の展望では、

「ロシア」という要素に注目していたが、ウクライナ危機が起こり、プーチンがユーラシアの秩序を揺さぶるほど存在感を高めた年となった。二〇一五年については、特定の事項の抽出ではなく、「指導力の欠如、無秩序、世界の分断」というキーワードを提示していたが、その後我々はテロ、難民、液状化する中東秩序などを目撃し、これらのキーワードは不気味な予言となった。

二〇一六年についてはどうなったか。キーワードとして、「三つのW」を提示していた。

まずWOES、これは災いという意味で、不吉な言葉だが、イスラム・ジハード主義の跋扈、そしてBREXITとトランプ当選というポピュリズムの逆襲を受けて、世界の進路に重苦しい不透明感が漂う年になったことは否定できない。

二つ目はWOMEN、女性が活躍する年という意味を込めて、表紙の中央にメルケル独首相、その左右にヒラリー・クリントンと連邦準備制度理事会(FRB)のイエレン議長を並べていた。事実、女性の活躍が目立ち、新たに台湾のリーダーも蔡英文総統、英国もメイ首相と、女性になった。ただし、ヒラリーも韓国朴槿恵大統領も惨めなまでに失速、女性だからといってことさらに評価される時代でもなくなっている。

三つ目はWINSで、語呂合わせの印象もあったが、オリンピックなどスポーツ・イベントの年という意味であった。不安視されたブラジル五輪もなんとか無事に開催されたが、開催決定時にはBRICSの一翼を担う新興国の雄とされ、南米初のオリンピックという高揚感があったものの、二年連続のマイナス成長への落ち込みに加え、政局不安の続くブラジルが色褪せた存在に後退したことも確かで、この数年の世界の変転には驚かされる。

さて、二〇一六年一二月の第一週はロンドンに張り付いて、世界情勢についての対話と観察を試みた。ちょうど、エコノミスト誌の“THE WORLD IN 2017”が発売された直後で、来たるべき新年についての議論の素材となった。同誌の新年展望については、直近の一一月の米大統領選の結果を受け、急ぎ内容を入れ替えざるをえなかったようで、整合性に気になる部分もある。

恒例の新年展望についても、明確な形で、二〇一七年のキーワードが提示されているわけではないが、表紙にもってきた“PLANET TRUMP”が、あえて言えばキーワードということであろう。「惑星トランプ」ということだが、PLANETという言葉の語源は「放浪者」であり、彷徨えるトランプという意味を込め、地球という惑星の行方がトランプという人物によってどこへ向かうのか、不透明感を漂わせる展望になっている。表紙に八枚のトランプ占いのカードを配し、吉凶どちらに転ぶかわからない世界の危さを表しているともいえる。

見えてきたトランプ政権の性格

トランプ政権がどうなるのか。当選から一か月半、まだ政権がスタートしたわけでもないのに「根拠なき熱狂」ともいえる株価の上昇というかたちで、ウォール街の政権への暗黙の圧力が表明され始めている。NYダウは選挙後、「トランプ相場」に浮かれて、既に一〇%近く上昇している。選挙前、「トランプが勝てば、米国経済は破綻する」としてトランプを拒否していたウォール街は、手のひらを返したように、「トランプノミクス」に期待する空気を作り出しつつある。「インフラ投資に一兆ドル」「法人税を減税し一五％へ」「金融規制緩和」などの政策に期待して、「トランプも悪くない」という方向に市場を誘導する意図がうかがえる。「ウォール街の懲りない人々」は、絶句するほどしたたかなのである。

トランプ政権の陣容が明らかになるにつれ、既にこの政権の本質が見え始めた感がある。財務長官にスティーブン・ムニューチン、商務長官にウィルバー・ロスと、重要な二つの経済閣僚がともにウォール街の出身者だという。ムニューチンの登用は、トランプ陣営の財務担当だったことへの論功行賞であるが、ゴールドマン・サックスのパートナーからヘッジファンドの経営に当たり、かのジョージ・ソロスのファンドで働いたという典型的なウォール街人脈である。また、ロスも投資家、ファンド経営者として知られ、二〇〇〇年に日本の幸福銀行買収にも動いたことで日本にも縁のある人物である。これらの人事こそ、トランプの豹変と政権の性格を象徴するものである。また、国家経済会議（NEC）委員長に指名されたゲーリー・コーンはゴールドマン・サックスの社長兼COOであり、これまた典型的なウォール街の代弁者であり、産業人でなく金融人に経済の舵取りを委ねる意図が鮮明である。

「金軍複合体」

トランプは、対立候補のヒラリーがサンダース現象に押しまくられ、サンダースを支持する若者たちが、クリントン財団がウォール街からの資金提供で支えられている事実を突きつけて「ヒラリーはウォール街の代弁者」と断罪するのを横目で見ながら選挙戦を戦っていた時点では、金融規制強化を意味する「グラス・スティーガル法の復活を支持する」という姿勢を表明していた。グラス・スティーガル法とは、大恐慌後の一九三〇年代から米国の金融を縛ってきた法律で、「銀行と証券の垣根を作る規制」であった。この法律が廃止されたのが一九九九年、ビル・クリントン政権下であり、「金融自由化」のシンボルともいえる規制緩和であった。その後、金融という世界のビジネスモデルが変容し、金融工学なる世界が拓かれ始め、二〇〇八年のリーマン・ショックをもたらすサブプライム・ローンなるリスクの高いマネーゲームが加速するのである。

トランプの勝利をもたらした「トランプ現象」の震源地は、白人の貧困層・労働者層の「格差と貧困」へのいらだちと怒りであった。彼らは「不法移民の流入と工場の海外移転が元凶だ」と叫ぶトランプの扇動的メッセージを鵜呑みにして、富を寡占するマネーゲームの総本山たるウォール街に怒り、エリートを拒否するという意思を示し、それがトランプ当選をもたらしたといえる。それが、「国民の声」であったとすれば、既にトランプは国民の声から離れ、「市場の声」とでもいうべきウォール街の思惑に引き寄せられ始めている。ウォール街は、期待先行の「トランプ相場」を盛り上げ、ウォール街の代弁者を政権の中枢に送り込むことに成功しているといえる。やがて、米国民は「国民の声」と「市場の声」の段差に気付くであろう。

また、防衛・安全保障への布陣でも、トランプ政権の性格は明らかになりつつある。国防長官にジェームズ・マティス、海兵隊出身の元中央軍司令官を配し、国家安全保障担当の大統領補佐官は陸軍退役中将で元国防情報局(DIA)局長のマイケル・フリンだという。マティスはイラク戦争を率いた強面で、“MAD DOG”と綽名されると報道され、日本語では「狂犬」と訳されて「理性なき戦争屋」のイメージを抱かせるが、むしろ怜悧な強硬派というべきで、力の論理を信じるハードライナーの軍人である。

かつて冷戦期の米国の性格を語る言葉に「産軍複合体」という表現があったが、トランプ政権は「金融・軍事複合体」という意味で「金軍複合体」的性格を持ちつつある。つまり「市場の声」と「力の論理」で「偉大なアメリカ」を取り戻そうとする布陣である。だが現実はそれを許さないであろう。

トランプが掲げて選挙戦を戦った「アメリカ・ファースト」は、自国利害中心主義を鮮明にするキャッチ・フレーズだが、実は二〇〇〇年の大統領選で勝利したジョージ・ブッシュも同じフレーズを掲げていた。ただし、二〇〇〇年のブッシュと二〇一六年のトランプでは、同じ「アメリカ・ファースト」でも、意味が違う。二〇〇〇年頃の「アメリカ・ファースト」は、冷戦の終焉から約一〇年、「唯一の超大国」「米国の一極支配」といわれていた時代の自国利害中心主義で、「アメリカが例外であり、世界のルールで俺を縛るな」という、尊大に胸をそらす「アメリカ・ファースト」であった。たとえば、国際刑事裁判所には入らないとか国連の軍縮に向けてのルール作りには参加しないなど、米国は特別だという空気が満ちていた。しかし、トランプの「アメリカ・ファースト」は余裕なき米国の象徴であり、世界秩序の中核を担う力を失った米国の焦燥を示す叫びといえる。

私は、「民主主義は資本主義を制御できるのか――二〇一六年米大統領選挙の深層課題」(2016・11)において、米大統領選挙の直前の状況を踏まえ、この大統領選挙の深層課題が「民主主義は資本主義を制御できるのか」という問いかけであることを論じた。国際金融資本の肥大化、すなわちウォール街とロンドンのシティに代表される懲りないマネーゲーマーの跋扈によって、格差と貧困が深刻化し、二一世紀の資本主義が制御不能な状態に向かっていることに触れ、民主政治が機能するか否かが問われていることに言及した。白人貧困層のいらだちを扇動していたトランプは「強欲なウォール街を縛る」と金融規制を匂わせていたのだが、早くもウォール街に取り込まれつつある。ミイラとりがミイラになる構図だが、これこそが現代のポピュリズムの特性を示す事態なのである。

歴史的節目としての二〇一七年――宗教改革五〇〇年、ロシア革命一〇〇年

二〇一七年を考察する時、歴史的節目の年という論点を視界に入れるべきであろう。一つは宗教改革から五〇〇年、二つはロシア革命から一〇〇年の節目という意味である。歴史の射程距離を長くとり、現在の状況を照射するのも、時代の課題を鮮明にする上で、有効なアプローチだと思う。まず、「宗教改革五〇〇年」という節目である。かのマルティン・ルターが、「九五箇条の

論題」をヴィッテンベルク城聖堂の扉に貼り出したのが一五一七年であった。ルターが糾弾したのは「カトリックの腐敗と堕落」であり、その象徴としての免罪符であった。中世といわれた時代の欧州の秩序を縛り付けていたローマ教皇を中心とするカトリック教会の権威への挑戦は、燎原の火のごとく燃え上がった。

背景には、活版印刷の普及という科学技術革命が存在した。グーテンベルクがワインの絞り機を転用してプレス印刷する活版印刷技術を確立したのが一四四八年といわれ、この情報技術革命が、新しい時代思想をそれまでにないスピードで普及・浸透させたことはまちがいない。ルターが狼煙をあげてからわずか三二年後の一五四九年、極東の島国日本にフランシスコ・ザビエルがやってくるが、それはカトリックの「対抗宗教改革運動」の一環であった。宗教改革に対するカトリック側の緊張を背景に、一五三四年にパリのモンマルトルで設立されたのがイエズス会であり、アジアへの宣教という情熱に駆られた若きカトリックの戦士が、大航海時代の先頭に立ってアジアを目指したのである。

また、宗教改革のうねりが一五六八年から八〇年間にわたる新教の国オランダの、カトリックの国スペインに対する独立運動、さらに欧州広域を巻き込んだ宗教戦争たる三〇年戦争をひき起こし、その終結点として一六四八年にウェストファリア条約が結ばれたこと、そしてそのウェストファリア条約こそ、政治の宗教的権威からの独立と、「勢力均衡」に立つ近代の国際政治の始まりをもたらしたのである。

さらに、新大陸アメリカへの移民、そして米国独立戦争という流れが生じた淵源に宗教改革があったことに気付く。合衆国憲法修正第一条が「宗教の自由」から成り立つことも、米国が移民の国として成立してきたことも、遡れば宗教改革を起点とすることは、世界認識の常識であり、今、「トランプ現象」という形で、それを否定・排除する社会心理が大統領を選び出す国に米国が変容したことが問題なのである。

また、M・ウェーバーが『プロテスタンティズムの倫理と資本主義の精神』(一九〇五年)で論じたごとく、資本主義の生成と発展にとって宗教改革は大きな意味を持った。労働を尊び、真摯に努力し、技術を磨き、契約を守り、競争を通じた自己変革に立ち向かうエネルギーこそ資本主義の価値であり、それを支えたものがプロテスタンティズムの精神であるとすれば、今日我々が生きる世界の規範性、理念性の淵源に宗教改革があったことに気づかざるをえない。そして、後述するごとくその規範性と理念性が、冷戦後の世界を突き動かす金融資本主義の肥大化によって色褪せ、強欲な資本主義が「格差と貧困」をもたらしていることに現代の苦悩があると、問題意識が向かうのである。

もう一つ、二〇一七年という年は、ロシア革命から一〇〇年という節目である。二五年前に冷戦の終焉という局面を迎えるまで、二〇世紀は社会主義の幻影に悩み続けたといえる。欧州の主要国はことごとく社会主義政権という洗礼を体験し、「資本主義体制の矛盾の先に社会主義的変革や革命がある」という社会観に影響を受け続けた。社会主義政権を経験せず、社会主義政党を育てたこともない大国は米国だけであり、その意味でも米国は「資本主義の総本山」といえる。

日本の近現代と「ロシア革命の脅威」

日本の近現代史も「ロシア革命の脅威」に呪われた一〇〇年だった。私は「『運命の五年間』から一〇〇年――戦後七〇年の日本への問いかけ」(2016・1)という論稿を寄せ、第一次世界大戦期の五年間に日本が遅れてきた植民地帝国としての路線をむき出しにし、一九一五年の「対華二一カ条の要求」に象徴される道へと迷走し始めたことを論じた。

その第一次大戦中の一九一七年にロシア革命が起こった。ボルシェビキ革命に衝撃を受けた日本は翌一九一八年にシベリア出兵、列強が引き揚げた後も一九二二年まで出兵を続け、約三〇〇〇人の死者を出した。一九二五年には「国体の変革と私有財産制度を否認する結社の禁止」ということで、治安維持法を制定、これが共産主義運動の圧殺のみならず国民意識の統制に向けて強化・改正されて「戦争への道」を作る装置となった。ロシア封じ込めに憑りつかれた日本は、一九三六年にナチスドイツと「日独防共協定」を締結する。これが一九四〇年の日独伊三国軍事同盟に繋がっていく。そして、一九三九年のソ連との軍事衝突ノモンハン事件、アジア・太平洋戦争での日本の敗戦迫る一九四五年八月九日のソ連参戦という日露関係史を思い起しても、いかに日本がロシア革命後の「社会主義の幻影」に振り回されたかがわかる。

戦後日本においても、社会主義との緊張は続いた。一九五一年のサンフランシスコ講和条約、日米安保条約を経て、西側の資本主義陣営の一翼を担って、戦後復興・成長という道を歩んだ日本であったが、「五五年体制」という言葉があるごとく、自民党対社会党、総資本対総労働というかたちで、東西冷戦の代理戦争の様相を抱え込みながら約四〇年を生きた。経営者にとって社会主義化は潜在脅威であり、社会主義への志向を理論軸とする労働運動と真剣に向き合わざるをえなかった。この時期の経営者の思考を象徴するのが、松下幸之助の「PHPの思想」であり、「繁栄を通じた平和と幸福」という概念は、労働者が階級意識を捨てて新中間層意識を高める上では有効であった。社会主義に取って代わられるかもしれないという緊張感は、経営者の背筋を伸ばし、資本主義体制の改革・修正についても真剣であった。

ところが、ロシア革命から七五年、社会主義体制は崩壊し、冷戦は終わった。ソ連邦最高会議共和国会議がソ連邦消滅宣言を採択したのは一九九一年一二月二六日、年内でソ連邦機関は解体となり、九二年から今日までの冷戦後の二五年が始まったといえる。「資本主義が勝った」という認識が流布したが、実態は東側といわれた社会主義陣営がその非効率と腐敗の中で自壊したというべきであろう。

にもかかわらず、対抗勢力を失った資本主義の弛緩が顕著となり、資本主義の驕りと歪みが顕著になってきた。とりわけ、東西を隔てたイデオロギーの壁が崩れ、「国境を超えたヒト、モノ、カネの移動」が自由化され、世界は大競争の時代に向かうと喧伝されたが、最も効率的に国境を超えて肥大化したのは情報ネットワーク技術革命に乗ったカネの移動、つまりマネーゲームであった。そして、それがもたらす災禍を国民国家の政治システムでは制御できなくなり、いらだつポピュリズムの痙攣に世界が立ち尽くしている感がある。

二〇世紀前半の歴史もポピュリズムの制御に失敗した。理想的民主国家と思われたワイマール共和国がヒトラーを産んだのである。だが、現下の二一世紀状況のほうが、より一層苦悩は深いように思う。何故ならば、体制選択の中心概念がまったく見えないからである。幻想とはいえ、資本主義体制の先に「社会主義」という選択肢があると信じられた時代は、まだ幸福だったかもしれない。現代の混迷は、ポピュリズムで既存の体制を否定した先に提示できる理念がないことに起因する。解答なき熱狂なのである。また、一〇〇年前と比べ、SNSの普及によって「扇動の技術」が一段と高度化、複雑化したことで、ポピュリズムが増幅される可能性が高い。

結局、自身の価値基軸をみつめ、自前の羅針盤を磨くことでしか、これからの時代を主体的に生き抜くことはできないであろう。

（2017・2）

トランプ政権の本質
――正対する日本の構想

トランプ政権がスタートして二か月が過ぎた。華々しく大統領令を打ち出し世界を騒擾に巻き込んでいるが、支持率四割台という弱い基盤に立つ政権の危うさがポピュリズムの誘惑に駆り立てられているともいえ、この政権の限界は既に明らかである。就任演説、議会での予算教書演説、各国要人との面談から見えるメッセージには、「アメリカ・ファースト」があるだけで、「世界をこうしたい」という構想もビジョンも見えない。

だが、米国の政治思想史において、トランプに象徴される思潮の根は深い。「アメリカ・ファースト」、つまり自国利害中心主義を米国の政治思想史において辿ると、第五代大統領モンローの「米国と欧州の相互不干渉」を基軸とするモンロー主義を想起しがちだが、孤立主義への回帰というよりも、「米国は米国人のための国であるべし」という主張において第七代大統領ジャクソン(一七六七〜一八四五)の系譜にあるという見方もあり、「道義的、倫理的にみて人類全般の福祉の向上」に貢献する米国の役割を意識しがちなエリート層への幻滅と反発と位置づけるべきかもしれない。つまり、この国の深層底流にある思潮の噴出という面があり、根が深いのだ。

米国を動くと「それでも、トランプを支持する」という人に出会う。その理由は「カウボーイ・メンタリティ」とでも言おうか、西部劇のごとく、「悪を懲らしめることはいいことだ」「この町に悪人を入れてはならない」という文脈で本音を行動に移す保安官を支持する心理である。では「悪とは何か」「悪をなくす構造的対策は」などという視界には至らない思考回路なのだが、「アメリカの基層をかたちづくる本音」でもある。

自国利害を抑制しても世界の最大多数の幸福を目指して調整役を果たすのがリーダーの責任であり、偉大さの証明と思えるが、超大国といわれた米国の統合力が弱まり、国民のいらだちを背景にした痙攣が起こって、「トランプ政治」を招来している。

「逆さまの世界」への視界

トランプが第四五代米国大統領に就任する三日前、ダボス会議に登場した習近平国家主席は「グローバル化は欠陥もあるが断固として擁護する」と語り、「グローバル化は世界の成長の原動力であり、モノや資本の移動、科学技術、文明や人々の交流を促してきた」として、自由貿易にエールを送った。

一方、就任演説に登壇したトランプ大統領は「保護主義こそがアメリカ経済を強くする」と語り、新自由主義の総本山としてグローバル化の旗頭だった米国が自らその座を降りるシーンを目撃した世界の人々は、狐につままれたように、世界が逆さまになるのを感じとった。世界はまちがいなく価値が倒錯した時代に入った。価値倒錯の時代においては、本質的に問われていることを見抜き、自前の羅針盤の再構築が求められる。

価値座標混乱の底流にあるものとは何か。トランプを選んだ米国だけではなく、EU離脱を決めた英国をはじめ、選挙の年に入った欧州諸国、オランダ、フランス、ドイツにおいて鋭く問い詰められているのは、「極右勢力の台頭」と単純化することのできない既存の良識や社会理念への懐疑である。つまり、我々が知の構築の過程で、進歩であり理想として探求してきたコスモポリタン的価値を否定する思潮が高まっているのだ。国境を超えた交流や連携を重視し、人権・市民的自由・平等・公正な福祉社会の構築を人類の進歩として評価する「ユーロリベラリズム」というべき価値が挑戦を受けているのであり、そうした疑念が移民の流入を拒否し国境を重視する論理となって時代を突き動かし始めたといえよう。

時間の逆回転、歴史の進歩への不遜な反知性主義的挑戦にみえる動きなのだが、「根無し草のグローバリズム」「まやかしの環境保護主義」「偽りのヒューマニズム」など、エリートたちのきれいごとの御託宣に怒る声が共鳴波動となっている感がある。だが、価値座標混乱の時代に惑わされるべきではない。人類史を静かに考察するならば、たとえば近現代史における民主主義の歴史を正視すれば、歴史は抑圧や差別などの一時の熱狂を克服し、長い目では必ず条理の側に動くのである。

記憶の中のトランプ

あらためて私の記憶の中にあるトランプの話から始めたい。一九八七年から一〇年間、ニューヨーク、ワシントンと米国東海岸で生活した頃同世代のビジネスマンとして何度か接点があり、その人物像が鮮明に存在する。「民主主義は資本主義を制御できるのか――二〇一六年米大統領選挙の深層課題」(2016・11)に書いたが、トランプはビル・クリントンと同じ一九四六年生まれ、日本でいえば団塊の世代、米国でもベビーブーマーズで、第二次大戦後の米国と並走した存在といえる。

私は、クリントン政権スタートを受けて書いた「アメリカの新しい歌――クリントンとは何か」(『文藝春秋』一九九三年八月号)で、政治セクターにおけるクリントン、経済セクターにおけるトランプというこの世代のフロントランナーに漂ういかがわしさに触れ、激しい自己主張と他人を否定するエネルギーはあるが、新しい価値を創造する力に欠けるとして疑問を投げかけた。あれから二五年、その結末を見る思いでトランプ就任を見つめている。

この人物の人生を貫く信条は簡明である。彼がビジネスを通じて身につけた価値は、すべては「ディール」、取引だと考えることである。彼の哲学ともいえるのは、不合理であっても自分の利害・要求をぶつけ、相手がたじろいだところで落としどころを探るという手法であり、人生のすべてが「ディール」なのである。げんなりするほどの自己主張、それがすべての入口である。七〇歳まで私益と自分の欲望のためだけに生きてきた好色漢、これまで公益と国益を真摯に考えたこともない男の自己主張を「本音を語る人物」と誤認し、省察もない厚顔な自己顕示を、信念を持ったリーダーと錯覚して国家の指導者としてしまった米国は、それがもたらす災禍に苦しむことになるであろう。

歴史の中のトランプ政権

わずか八年前のこと、オバマが就任した時、どこまで期待するかは別にして、黒人初の大統領を就任させた米国には感慨を覚えた。ケニアの留学生がハワイの女子学生との間に残した子供が大統領になるという事実に、「可能性とチャンスの国」として「偉大な米国」を感じた人も少なくないはずだ。

オバマの八年とは何だったのか。オバマ政権を生んだのは、「イラクの失敗」と「リーマン・ショック」であった。当初からイラク戦争に反対していたオバマの「撤退」は、戦争後のイラク統治に失敗し、米兵士の犠牲を積み上げ、消耗する米国民にとって説得力があった。

また、二〇〇八年大統領選挙の直前に起こったリーマン・ショックを受けて、「強欲なウォール街を縛る」という主張に支持が向かった。オバマという大統領は、公約したことには一定の努力をしたといえる。イラクからの撤退も実現した。だが、米国の中東におけるプレゼンスの後退を印象づけるイラク、シリアの混乱とスンニ派の過激派勢力を淵源とするＩＳＩＳなるテロ組織の台頭にいらだつ米国民は、イランとの核合意によって「イスラムの核」を抑え込もうとするオバマ政権を弱腰と見た。「核なき世界」を語るオバマを「きれいごとの虚弱な指導者」と見る空気が高まっていった。また二〇一〇年には「金融規制改革法」を成立させ、ウォール街を制御しようとする姿勢は見せたが、「FRBの機能強化、ヘッジファンドの透明性向上」程度の内容でマネーゲームを縛るには程遠いザル法にすぎず、それ故に格差と貧困に怒れる若者たちがサンダース現象を引き起こしたのである。

オバマへの期待の反動としての失望が高まったとはいえ、オバマ政権の支持率は政権末期でも六割台を維持し、トランプ政権とは比較にならない。サンダース現象に突き上げられたヒラリー・クリントンの失速と州毎の選挙人積み上げという選挙制度の魔術(総得票はヒラリーの方が実に二八六万票も多かった)で当選したトランプだが、米国政治史を振り返るならば、国民心理のバイオリズムが見てとれる。

一九七五年のサイゴン陥落の後、ベトナム戦争の挫折に傷ついた米国が選んだのがジョージアのピーナツ畑から登場したカーター大統領であり、「癒しのカーター」ともいわれた。一九七九年のイラン革命を受け、プレゼンスの低下を意識した米国が登場させたのは、強面のレーガン大統領であった。このバイオリズムは、イラクの失敗を受けて理念性の高いオバマを、その限界と米国の衰退へのいらだちの中でトランプを登場させた今回の大統領選にも通底する。オバマは第二のカーター、「核なき世界」を語り、被爆地広島を訪問した「いい人」に終るかもしれない。

トランプ政権を楽観視する議論に「レーガンでもやれたじゃないか」という言い方があるが、レーガン期の米国にとっては英国首相サッチャーの存在が重かった。冷戦の終焉に向かう局面で、米国の意思を欧州に繋ぐ基点として、さらにはサッチャー革命といわれた「新自由主義」なる政策基調の発信地として、同盟国英国の鉄の女サッチャーは心強い支えであった。BREXITにより欧州への影響力を低下させる英国ではあるがトランプ政権にとってメイ首相の役割が注目される。

トランプ政権の本質と方向性

トランプ政権の性格については、「節目の年、二〇一七年――ポピュリズムの先にあるもの」(2017・2)で予想として触れたが、その後の就任演説、大統領令、人事布陣において政権の方向性が鮮明になってきた。経済政策に関しては、産業通商政策での保護主義への傾斜と金融政策における規制緩和であり、政策理論的には相矛盾する政策を共存させている。

まず産業政策だが、取り残された白人貧困層の格差と貧困へのいらだちを震源として成立した政権だけに、TPPからの離脱、北米自由貿易協定(NAFTA)の見直し、国境税の導入など、公約を果たすかのごとく保護主義を際立たせている。

一方で、金融政策については、前記の金融規制改革法さえ廃止する大統領令を出すなど、ウォール街の期待に応えるごとく、「金融規制緩和」の動きを見せているのである。「ウォール街の懲りない人々」という言葉があるが、そのしたたかさは際限がない。大統領選挙の最中、「トランプが当選すればアメリカ経済は終りだ」とまで言っていたウォール街は、掌を返すように「トランプ相場」を盛り上げ、「トランプも悪くない。インフラ投資一兆ドル、法人税減税(三五％から一五％へ)大いに結構」と期待先行の株高を誘導し、政権がスタートしていないうちに株価を一〇％以上も引き上げる環境づくりに動いた。前記のように、格差と貧困を助長したマネーゲームの肥大化、リーマン・ショックをもたらしたサブプライム・ローンに象徴される歪んだ金融ビジネスモデルへの省察から金融規制改革法を成立させたものの、その有効性は疑問視され、大統領選中には一九九九年まで存在し、「銀行と証券の垣根をつくる」としたグラス・スティーガル法の復活さえ議論されていた。ところが、財務長官にゴールドマン・サックスのパートナーだったスティーブン・ムニューチン、商務長官にウォール街の投資家ウィルバー・ロスを起用、国家経済会議委員長にはゴールドマン・サックスのCOOだったゲーリー・コーンと、鮮明なウォール街シフトを見せている。案の定、ウォール街の拍手喝采を受けているが、マネーゲームの肥大化が再加速するであろう。その先に懸念されるのは「リーマン・ショック再び」である。

深く再考すべき言葉がある。一九〇五年、M・ウェーバーは『プロテスタンティズムの倫理と資本主義の精神』において、「営利のもっとも自由な地域であるアメリカ合衆国では、営利活動は宗教的・倫理的な意味を取り去られていて、今では純粋な競争の感情に結びつく傾向があり、その結果、スポーツの性格をおびることさえ稀ではない。将来この鉄の檻の中に住むものは誰なのか、そして、この巨大な発展が終わるとき、まったく新しい預言者たちが現われるのか、あるいはかつての思想や理想の力強い復活が起こるのか、それとも――そのどちらでもなくて――一種の異常な尊大さで粉飾された機械的化石と化することになるのか、まだ誰にも分からない。それはそれとして、こうした文化発展の最後に現われる「末人たち」》letzte Menschen《にとっては、次の言葉が真理となるのではなかろうか。「精神のない専門人、心情のない享楽人。この無のもの《ニヒツ》は、人間性のかつて達したことのない段階にまですでに登りつめた、と自惚れるだろう」と」。いま我々が目撃しているのは、この「末人」が繰り広げる「無のもの」なのかもしれない。

ただし、米国の金融政策の救いは中央銀行たる連邦準備制度理事会（FRB）の存在である。リーマン後、異次元金融緩和で金融危機克服に動いたFRBだが、量的緩和（QE3）は二〇一四年秋に終らせ、その後好調な実体経済を受けて三次にわたり政策金利を引き上げ、本年三月には〇・七五にまでもってきた。政治から自立した主体性をもって金融を睨んでいる点で、日本と異なる。経済の番人としての自覚をもって行動しているのである。

基本的に、経済政策においてトランプ政権に欠落しているのは第四次産業革命、IoTと言われる時代における情報技術革命に対する戦略構想である。米国の優位性はシリコンバレーに象徴される情報技術であり、「工場海外移転の否定」など後ろ向きの産業政策に躍起になり、米国の好調な実体経済を支えている情報技術への理解と戦略に欠ける。移民規制にしても、シリコンバレーは移民が支えてきたゾーンであり、かのスティーブ・ジョブスも、シリアからの留学生であるイスラム教徒を父として生まれた事実を思い出すべきである。

エネルギー・環境政策に関しては明らかに「化石燃料重視、環境問題軽視」の方向を示しており、オバマ政権が「グリーンニューディール」として再生可能エネルギーを重視したのと対照的に石油、天然ガス、石炭など化石燃料を重視する方向に舵を切ろうとしている。大統領令で米国内のパイプライン敷設事業を次々と認可したり、中東・ロシアの化石燃料事業を推進してきたエクソン・モービルのCEO、レックス・ティラーソンを国務長官に指名し、化石燃料シフトの意思を明確にしている。また、環境省関連予算の二割削減方針を示し、パリ協定など環境規制の国際的枠組みからの離脱方針さえ示している。

対ロシア、イスラエル政策

外交戦略について注目すべきはロシア政策とイスラエル政策である。前記のごとくティラーソンが国務長官に就任した。ヘンリー・キッシンジャーの推薦だったという。この人物はエクソン・モービルでサハリンLNG事業の責任者だったこともあり、プーチン露大統領との親交も深く、ウクライナ危機(二〇一四年)以降のG7によるロシア制裁を解除する方向に動く可能性が浮上している。また、トランプの娘婿J・クシュナーがイスラエルのネタニヤフ首相と親交が深いこともあり、在イスラエルの米大使館のエルサレム移転など、火薬庫中東に火種を投げ込みかねないユダヤシフトの政策変更が検討されている。イスラエルとサウジアラビアに傾斜した中東政策は、イラン政策の見直しを意味する。「イスラムの核」を封じ込めるためにオバマが実現したイラン制裁解除を後戻りさせる可能性があり、イランの硬化が中東秩序の液状化に拍車をかける展開が予想される。トランプの中東戦略が思慮に欠けることは、中東六か国(当初七か国)からの入国制限という大統領令が示している。9・11の悲劇を引き起こした実行犯一九人の内一五人が、六か国ではなく、サウジアラビアのパスポートで入国していたという事実を直視すればすぐわかることだ。

首相訪米に見る日米関係——本当に「他に選択肢はない」のか

トランプ政権発足直後の二月上旬、私は米西海岸を訪れ、同じタイミングでワシントンを訪問していた安倍首相とトランプ政権の対応について、米国のアジア政策の専門家やメディアの本音と向き合っていた。明らかに日本の政策基調とは異なるトランプ政権の登場に戸惑いながらも、いち早く駆けつける日本の首相と、それを「蜜月の演出」で受け入れる米政権という苦笑いの構図にためいき交じりの議論が続いた。思えば、レーガン政権期のロン・ヤス関係——日の出山荘での会食——、G・W・ブッシュ政権期の小泉訪米とキャッチボール、今回のトランプ・安倍とフロリダでのゴルフ、すべて緊密な日米関係を演出する定番なのだろうが、時代と共に日米関係が本音を隠した矮小なものになりつつある印象は否めない。

日本人が喜ぶ核心的関心が「尖閣は日米安保の対象になる」という米側の確約にあると読み切

って、日米間の討議事項とすべき「経済・通商（TPP後の二国間協定）」も「米軍基地経費負担」も後に回し、これさえ言えば日本人は満足という筋書きに沿って記者会見がなされ、首相はあたかも本領安堵された御家人のごとく、同盟強化を誓って「他に選択肢はない」として帰ってきた。だが、今回も米側は、尖閣の「施政権」が日本にあることを踏まえて「日米安保条約第五条の対象になる」という従来の姿勢を踏襲したのであり、「領有権」が日本に帰属することを認めたわけではない。一九七二年の沖縄返還協定は、東シナ海上の六つの点を結ぶ地域を戦後米国が施政権下に置いていた地域として日本への返還を明記しており、その地域に尖閣が入っていることは明確である。米国が保持していた「施政権」の範囲にある尖閣が日本の施政権下にあることを否定できるはずがない。ただし、沖縄返還が米中国交回復のタイミングとほぼ同じで、中国側が尖閣の「領有権」を主張し始めたことに配慮して、米国は尖閣の「領有権」に関してはコミットしない曖昧な姿勢をとり続けてきたのである。

今回も、一方で中国にも配慮し、安倍訪米と同じタイミングで習近平との電話会談がなされ、中国側の核心的関心である台湾独立を抑制する「一つの中国」論への理解を示した。日中双方への配慮を並立させること、つまり日中の対立を前提に自分の影響力を最大化する戦略が、トランプ政権のみならず米国のアジア戦略の基本であり続けており、この分断統治の論理を超えていくことが東アジアの課題なのである。ガンジーが大英帝国の植民地政策に関し、「分断統治を超えていけるかがアジアの課題」と再三発言していたことを思い出す。

日本人は冷静な思考を取り戻すべきであろう。「日本の施政権下にある」ことが理由で「日米安保の対象」というのであれば、竹島や北方四島はどうなるのか。いかに日本の領有権の主張が正当であろうと、米国が「施政権重視」であれば、竹島、北方領土は現実に韓国やロシアの施政権下にあり、ここに米国の本音が透けて見える。尖閣についても、「同盟責任を果たす」と言っているのであり、「米中戦争は避けたい」という本音の中での同盟責任だということを冷徹に認識する必要がある。

注目すべきは今後の米中関係の動きであり、三月のティラーソン国務長官の訪中以後、習近平主席の訪米、米中戦略経済対話などを通じ、トランプ政権下の米中関係、北朝鮮や台湾問題を含む東アジア秩序枠が見えてくるであろう。「米中対立の時代」と単純に判断すべきではない。米国は「アメリカ・ファースト」と叫び、自国利害に回帰しているようにみえるが、グローバル・ガバナンスを失うことも拒否している。その中で、米国に代わるグローバル・ガバナンスを志向している中国のしたたかさと構想力を気にしており、「米中で仕切る」という大国主義的アプローチへの共鳴を潜在させている。

中国は米国に代わる世界のリーダーを意識し、それを示す構想力を見せ始めている。たとえばアジア・インフラ投資銀行(AIIB)構想も、当初の五七か国参加から中南米などから新たに二八か国が参加表明、アジア開発銀行の六七か国を超える仕組みになりつつある。また東アジア地域包括的経済連携(RCEP)構想も、TPP挫折を受けて中国主導の自由化の枠組みとして動き始めている。

ただ、中国のリーダーシップにも限界があり、アジア諸国における中国の影響力拡大への警戒心も根深い。共産党一党支配の政治体制、軍事力重視の危うさ、内包する人権問題など、国際社会は冷徹に中国をみつめている。アジア秩序における日本への期待と果たすべき役割の基盤は、ここにある。

トランプと正対する日本――アジアの民主的賢人を目指して

「トランプのアメリカについていくしか選択肢はない」という思考回路は、あまりに単純である。日本の国際関係はそんな貧困なものであってはならない。日本が「米国周辺国」にすぎないのか否か、アジアの国々は静かに見つめている。

まず基本的構えとして、新しい米国大統領に対して、日本がアジアに平和と安定をもたらす役割を果たすから安心してくれという姿勢で臨むべきである。被爆国日本が国連の核兵器禁止条約に反対するという牽強付会な姿勢を脱し、「北東アジアの非核化構想」など、主体的に平和を構築する意思を鮮明にすべきである。「日米で連携して中国の脅威と向き合う」という次元の外交を超えて、中・韓・露など近隣との信頼を構築していく創造的なプログラムを語り、「分断統治」を脱したアジアの建設的まとめ役を果たす立ち位置を示すべきである。

「浩然の気」という言葉にこだわりたい。技術を持った先進国として、さらには民主主義を尊重する平和国家を志向する国として、日本に期待する声はアジアにおいて小さくない。中国の大国主義的外交とは異なる次元での成熟した民主国家日本へのアジアの目線を忘れてはならない。インドから東南アジア、そして東アジアをリードする日本の構想力が問われているのである。

その上で日米の二国間戦略対話の必要性を提起し、経済・通商と外交・安全保障に関して、二一世紀型の新しい同盟関係の再構築を図ることを主導すべきである。トランプ政権は、「TPPからの離脱、駐留米軍経費の負担増」というこれまでの日米関係に重大な変更を求める政策を提起しており、「これまでのままでいい」という現状固定化型の日米同盟論は機能しない。であるならば、日本としては根底から日米関係を再点検する好機と腹を括るべきである。

通商については、TPP交渉では実現できなかった日本の主張を再整理して、日米二国間自由貿易協定に向き合い、その先にRCEP的な多国間のアジア太平洋地域での自由化の仕組みへの参画を推進すべきである。また防衛・安全保障については、単に駐留米軍経費の負担問題だけでなく、この機に北は三沢から南は沖縄までのすべての米軍基地・施設を俎上に載せ、アジアの安全保障を睨んだその機能・役割を精査し、段階的な米軍基地の縮小と地位協定の改定による日本の主権回復を図るべきである。

二〇一六年の日本の貿易総額に占める対米貿易の比重は一五・八%と、前年の一五・一%を上回った。堅調な米国経済を背景に、二〇一一年に一一・九%まで低下していた比重が盛り返したといえる。しかし、日米貿易摩擦が過熱していた一九九〇年には二七・四%を占めていた対米貿易比重は半減している。一方、アジアとの貿易比重は五一・七%と、着増を続け、中国との貿易比重は二一・六%を占める。日本を除くアジアが今後一〇年、実質六%台の成長を続ければ、日本の対アジア貿易比重は六割を超すであろう。また、日本が成長戦略の柱とする「観光立国」も、二〇一六年の訪日外国人二四〇四万人の八割はアジアからであり、四〇〇〇万人の来訪者を期待する戦略を描くのであれば、内三〇〇〇万人はアジアから迎えることを想定する計算になる。物流、人流、すべてアジアダイナミズムと向き合うことが日本の優先課題なのである。

米国の「抑圧的寛容」を乗り越える

そのアジアから同盟国米国を孤立させることなく、責任ある形で関与させるのが日本の役割となるであろう。ペリー来航から一六四年の日米関係を振り返るならば、米国の対日戦略の基調が「抑圧的寛容」に貫かれていることに気づく。圧倒的優位にあるという状況で示す懐の深い寛容、一方で優位性が失われた時に駆り立てられる恫喝と要求、つまりアメとムチのバイオリズムに翻弄され続けるのは愚かである。「ディール」を信条とするトランプ時代の米国に正対する時、日本に求められるのは揺るがぬ「自立・自尊への意思」である。

米国と正対する日本としての基本要件は、信念体系としての戦後民主主義を守る覚悟である。集団的自衛権に踏み込んだ安保法制、治安維持法を思わせる共謀罪、国権主義への志向の滲む憲法改正など、現在日本が見せる一連の動きは、戦前の国家主義体制への郷愁を潜在させている。

偏狭なナショナリズムへの回帰は、やがて「親米を装った反米」に繋がることをワシントンは見抜いている。成熟した民主国家としての日本こそがアジアの安定軸であり、米国の信頼と敬意を受ける国家像である。

（2017・5）

「運命の五年間」から一〇〇年
——戦後七〇年の日本への問いかけ

戦後七〇年という節目に、戦争をどう総括するか。「戦争は悲惨だ」「二度と繰り返してはならない」との議論はメディアにも溢れていた。だが、何故あんな悲惨で無謀な戦争に至ったのか、「軍閥の暴走」と単純化する前に、なぜ国民が大政翼賛の空気に埋没し、総力戦に参加したのかという論点は、「戦後七〇年首相談話」を含めほとんどなされなかった。二〇一五年の夏から秋に私自身が目撃したことを踏まえ、戦争への導線を再考しておきたい。私の結論は、一〇〇年前の五年間、第一次世界大戦開戦の一九一四年からベルサイユ講和会議までの日本を深く考察することが、戦争の総括とそれを踏まえた二一世紀日本の進路に大きな意味を持つということである。

一九一五年サンフランシスコ　パナマ・パシフィック博覧会

七月、サンフランシスコを訪れ、歴史博物館で一九一五年に行われた「パナマ・パシフィック万国博覧会」の一〇〇年記念展示に足を運んだ。映像での記録が残っており、興味深い展示だった。前年(一九一四年)にパナマ運河が開通、米国が、太平洋と大西洋をつなぐ大陸国家としての性格を明らかにし始めた頃、運河開通を記念して太平洋に視界を向けた博覧会が華やかに行われた。四五か国が出展、二月から一〇か月の会期に一九〇〇万人が訪れたという。欧州では第一次大戦が始まっていたにもかかわらず、英・仏・独・オーストリア・トルコなどの交戦国も出展した。何よりも驚くのは日本館の豪華さで、金閣寺のレプリカのようなパビリオンを展開していた。

まさに当時の日本の時代の空気を反映した「ゴールデン・テンプル」であった。一九一五年は日露戦争から一〇年、日韓併合から五年、日本が胸を反らしていた時代であった。一九一二年に明治から大正となり、一四年には第一次大戦に参戦、中国でのドイツの権益を奪い取るため青島を攻略、一五年に中国に「対華二一カ条の要求」を突きつけた。なぜドイツと戦わなければならなかったのか。明治期に日本から海外留学した多くの若者の七割は、ドイツの世話になったという間柄であった。参戦の理由は、今日でいう「集団的自衛権」、つまり日英同盟に基づく「同盟国支援」である。

思えば一九一五年は、咸臨丸が太平洋を越えてサンフランシスコに入港(一八六〇年)して五五年という時点であり、この博覧会の三六年後にこの地で敗戦国日本との講和会議が行われるのだから、感慨を覚えざるをえない。ちなみにこの前年(一九一四年)、東京上野で東京大正博覧会が行われ、エスカレーター、ケーブルカー、国産乗用車DAT一号が登場し話題を集めた。三月から四か月の会期に七四六万人が入場したという。血まみれの欧州大戦を横目に、日本が漁夫の利的な繁栄を享受していた。「国富統計」を見ると、一九一三年〜一九年までの第一次大戦期に日本は国富を二・七倍に拡大している。

ウィーン軍事博物館――第一次大戦の特別展

二〇一四年夏はウィーンの王宮博物館で第一次大戦開戦一〇〇年の特別展がなされ、戦時下に死去したオーストリア・ハンガリー二重帝国皇帝の遺体の写真を見た。この夏はやはりウィーンの軍事博物館でサラエボ事件直後のフィルム映像、オーストリア皇太子を撃った拳銃、乗っていた車などの展示を見た。一九一四年に第三次バルカン戦争(第一次バルカン戦争＝一九一二年、第二次バルカン戦争＝一九一三年)が始まった時、この戦争が欧州全域を巻き込み、一〇〇〇万人の屍を積み上げる大戦になるとは誰も思わなかった。背景には、オスマン帝国の弱体化とバルカン諸民族の民族国家形成志向があり、長くバルカン半島を支配してきたオスマン帝国とオーストリア・ハンガリー二重帝国という二つの帝国による勢力均衡の構図が崩壊しかけていた。第一次大戦前の欧州において、オーストリア・ハンガリー二重帝国はハプスブルクの栄光を担い、欧州の中核を占め、ドイツ帝国の領土を凌ぐ版図を誇っていた。その通貨ターラー銀貨(ハプスブルク家の双頭の鷲の紋章とマリア・テレジアの横顔を刻印)は今日のドルの語源といわれ、世界の基軸通貨の一つであり、南欧からバルカン、小アジア、アラビア半島、北アフリカにも流通していた。皇帝フランツ・ヨーゼフは甥の帝位継承者が暗殺されて、セルビアに宣戦布告した。

第一次大戦はドイツ中欧同盟に対する英仏露(三国協商)という構図で展開された。参戦国それぞれの野心、被害者意識、権益拡大という思惑が交錯、燎原の火のごとく戦火は広がり、各国がナショナリズムを掻きたてる総力戦(国民戦争)となって、人類史上かつてない災禍をもたらした。謎めいているのがトルコの参戦で、局外者でいられたはずだが、青年トルコ党が権力を握って以降民族主義に立ち、ロシア支配下のトルコ民族の解放という意識が高揚し、ドイツ帝国と連帯してロシアと戦う戦争に向かった。一九一六年、戦端を切ったオーストリア・ハンガリー帝国皇帝フランツ・ヨーゼフが死去、ハプスブルクの栄光は幕を閉じた。皇位継承者カールは焦燥の中で秘密裏に講和を探るがその動きを暴露され、激怒したドイツの締めつけによりさらに悲惨な戦況に引き込まれていった。

大戦の結果、地上から多民族を束ねる四つの帝国が消えた。ドイツ帝国、オーストリア・ハンガリー帝国、オスマン帝国が敗戦国として消滅し、ロシア帝国は大戦中の一九一七年のロシア革命によって崩壊した。帝国主義の時代が幕を閉じようとしていた時に、日本は「遅れてきた植民地帝国」としてこの大戦に参戦したのである。七月二八日にオーストリアが戦端を切ると、八月一日にドイツがロシアに宣戦、三日に仏、四日に英国が対独参戦したが、日本は早々と八月三日には、加藤高明外相がグリーン英大使に「全面的な軍事援助の用意あり」と伝え、参戦外交をスタートさせた。英国は中国沿岸における商船保護の協力を要請したものの、中国の「中国国内での交戦禁止通告」や米国の「日本の領土的野心の肥大化懸念」を配慮したグレイ英外相は、日本の全面参戦には消極的であった。しかし日本は内外の諸問題を解決し、国益を拡大する好機と捉え、日英同盟を理由に、強引にドイツ攻撃に動いた。同盟責任など都合のいい方便であった。

八月八日の元老を加えた閣議で、大隈重信首相は「山東鉄道利権を手に入れたい」と述べ、元老の同意も得て参戦を決めた。加藤外相は日本の参戦を渋る英国を、本音を隠して「膠州湾は最終的には中国に返還する方針」と説得して、膠州湾攻略とドイツ領南太平洋諸島(サイパン、トラックなど)占領に動いた。翌一九一五年一月、日本は占領地返還どころか対華二一カ条要求を突きつけた。これは①山東省ドイツ権益の継承 ②日露戦争で得た旅順・大連の租借期限、満鉄鉄道利権期限の九九年延長 ③製鉄事業の共同経営 ④沿岸港湾・島の他国譲与禁止 ⑤政治・軍事・財政顧問への日本人採用など、植民地主義むき出しの内容であった。中国政府の要求内容暴露による反日世論の醸成と、米英の抗議や国際世論での対日不信の高まりにもかかわらず、日本が中国政府に要求を受諾させたのが五月九日で、この日が「国恥記念日」として反日運動の起点となった。

目の見開かれた日本人はいなかったのか。民本主義の吉野作造でさえ二一カ条要求を「日本の最小限度の要求」と論ずる状況下、石橋湛山が『東洋経済』誌を舞台に「アジア大陸に領土を拡大すべきではない」という筋道の通った論陣を張った。要求直後の一九一五年二月五日号社説「第二の露独たる勿《なか》れ」において、日本の帝国主義化への警告を明言し、「天下は強い者勝だ。彼れ露独の所有せる所、我が日本が代わってこれを領有するに何の憚《はばか》る所がある。と放言し、傍若無人の振舞を敢てすれば、是れ正に、我が国が、駆逐せられた露独の横道を行うものではないか。その結果は、やがて又《ま》た我が日本が、世界の感情から露独が孤立に陥ったように、孤立に陥り、而《しこう》して、露独のように頭を叩かれ、放逐せられ、幾十億を投じた経営は悉《ことごと》く没収せらるることとなるに相違ない」と述べた。

一九一九年一月、第一次大戦を終結させ、その後の世界秩序を探るベルサイユ講和会議が行われた。日本は列強の一翼を占める戦勝国として会議に臨んだ。「一等国になった」という自負が滲み出て、西園寺公望首席全権以下一〇六人の代表団を送り込んだ。この会議には仏のクレマンソー、米のW・ウィルソン、英のロイド・ジョージという三人の主役が存在し、世界の運命を決める半年にわたる政治ショーであった。この会議における日本の姿勢については、「ベルサイユ講和会議と西園寺公望」(『若き日本の肖像　一九〇〇年、欧州への旅』所収、新潮文庫、二〇一四年)に書いたが、「人種差別反対決議」や「国際連盟構想」への参加を交渉材料に揺さぶり、山東権益確保を最優先させるというものであった。第一次大戦の戦死者は、連合国側が五二九万人、同盟国側が四八一万人とされ、日本は約四五〇人であった。日本海軍は地中海にドイツのUボート対策で駆逐艦を派遣しており、五七人が戦死したという記録もあるが、憔悴した会議参加国からみれば、日本は「焼け太りを狙うハイエナ」であった。中国は、一九一七年八月にドイツに宣戦布告し、戦勝国として会議に出席していたが、日本の中国への領土的野心に反発して激しい工作戦を展開し、米国の支援を受けて国際世論における日本に対する警戒心の醸成には成果を挙げた。

結局、列強が辟易とする中日本の山東利権は認められる決着となったが、中国は講和条約に署名せず、これが「五・四運動」として反日の機運を決定づけた。

「運命の五年間」を見つめた眼――周恩来、孫文、FDR

この運命の五年間を主導した日本人を注視すると、幕末・維新を支えた世代が退場し、時代の空気が変化していたことに気付く。既にペリー来航から六〇年、明治維新から半世紀が経ち、当時の平均年齢からすれば維新に成人として関わった人の多くは死亡していた。元老のうち井上馨は一九一五年、大山巌は一六年に死去、ベルサイユ会議の時点で生きていたのは、松方正義(八四歳)と山県有朋(八一歳)、「最後の元勲」といわれた西園寺公望(七〇歳)だけであった。大隈首相は参戦時七六歳であったが、参戦外交と対華二一カ条を主導した加藤外相は一八六〇年生まれで五四歳、英国留学組、日英同盟重視派で、ドイツや中国との意思疎通にこだわる山県、松方ら元老(井上馨は「天佑」として参戦支持)を「カヤの外」に置いて突き進んだ。明治期の辛酸を舐めた元老らとの溝は深まったが、多くの新聞や国民世論は熱く参戦外交を支持した。

この「運命の五年間」を静かに見つめる眼が存在した。その眼が日本の運命を決定づけたのである。一人は後に革命中国において二六年間も首相を務め「不倒翁」といわれた周恩来である。彼は一九歳だった一九一七年、東京で進学準備の生活を始めた。『周恩来『一九歳の東京日記』』(小学館文庫、一九九九年)からは、自分の能力に向き合い苦闘する青年周恩来の呼吸が伝わってくる。結局一年七か月の日本留学は受験に失敗し挫折するが、神田の書店を歩き回り、中国新文化運動の旗手、陳独秀らの『新青年』を読み込み、河上肇『貧乏物語』、幸徳秋水『社会主義神髄』、ロシア革命に関する文献にも触れ、社会意識に目覚めた生活であった。皮肉にも社会主義者周恩来の原型を東京が造ったともいえ、進行する欧州での戦争と日本の動きを見つめながら、一九歳としては驚くほど透徹した時代認識を書き残している。

「欧州の戦争が終結した後、ドイツの軍国主義はおそらく存続していくのが困難だろう。日本の軍国主義は、またどこかと戦わされるだろう。『軍国主義』は二〇世紀には絶対に存続できなくなると思う。私はこれまで『軍国』と『賢人政治』という二つの主義が中国を救うと考えてきたが、大きな誤りであった」。周は一九一九年四月に帰国し、日本の山東権益確保に抗議する五・四運動に飛び込んでいく。

五・四運動は、辛亥革命後も袁世凱などの軍閥政権に翻弄されて、挫折感を抱いていた孫文を蘇らせた。反軍閥の前衛という性格の中華革命党を中国国民党に改称、民衆を基盤とする革命運動へと照準を定め直し、「帝国主義からの民族の解放と統一」を主張するようになった。彼は、物心両面で支援を続けてくれた梅屋庄吉やアジア主義者の宮崎滔天のような友人を有し、心底から日中連携を模索し、日本こそ中国の理解者たることを期待していた。その彼も日本の変質に失望を深めた。一九二四年一一月、死の四か月前、孫文は神戸で日本人への遺言ともいうべき、「大アジア主義」についての演説をし、次のように問いかけた。「日本がこれからのち、世界の文化の前途に対して、いったい西洋の覇道の番犬となるのか、東洋の王道の干城となるのか、あなたがた日本国民がよく考え、慎重に選ぶことにかかっているのです」(『孫文選集』第三巻、社会思想社、一九八九年)

もう一人、冷ややかな目線を投げかける人物がいた。第二次世界大戦期の米大統領ルーズベルト(FDR)である。FDRは一九一三年から七年間海軍次官補を務め、一九一七年からの米国の参戦に関与、ベルサイユ会議には大統領の随員として同行した。この経験を通じて彼は、欧州の不幸に便乗し、中国や南洋諸島に軍を進める日本の拡張主義に不快感を覚えたことに加え、ベルサイユでの日本が、ウィルソンの国際連盟構想への参加を交渉材料に山東権益を奪い取る姿を苦々しく見つめていた。「したたかで矮小な日本」という日本観が、その後の彼の日本への姿勢に影響を与えたことはまちがいない。

二一世紀のユーラシアを包み込む構想力

こうして「運命の五年間」を振り返ると、今日に通じる課題に気づく。それは中国認識であり、中国に対する平常心を失うと日本は迷走するということだ。一〇〇〇年前の日本は、中国に対する積年の劣等感を優越感に反転させた時代であった。日本はその地理的環境から中国の文明・文化の影響を受けて歴史を歩み、漢字を使い、遣隋使・遣唐使を経て、仏教や儒教まで多くを中国から受け入れてきた。「鎖国」とされる江戸期は「からごころ(儒学)」に対する「やまとごころ」

を模索する国学を生み出すなど、中国からの自立の過程でもあったが、日本が幕末・維新を経て蘭学・洋学を取り入れた近代化に先行して、富国強兵で力をつけ、日清戦争(一八九五年)に勝利した辺りから、一部の日本人は中国を「チャンコロ」と見下すようになった。尊敬と羨望の対象であった中国が、停滞と退嬰の象徴となったのである。阿片戦争を横目に見て、自らが欧米列強の植民地にされるかもしれないとの恐怖心と緊張感の中で開国・維新を迎え、経済力・軍事力を高めるうちに、本来日本が立つべき「親亜」を「侵亜」に反転させ、列強の植民地主義模倣の路線へ入っていく。「運命の五年間」は日本が「遅れてきた植民地帝国」の路線をあからさまにした時代であり、満州国の夢、国際的孤立の中で真珠湾へという道の起点であった。

戦後七〇年の現在、日本の中国認識は一〇〇年前とは対照的な文脈で平常心を失いつつある。戦後日本人の精神の支えは、敗戦国から立ち直りGDP世界第二位の経済大国を作り上げ、中国を始めとする近隣アジアの繁栄は、日本の技術基盤の上に成り立っているという自負であった。その誇りと優越感が揺らぎ警戒心と不安に苛まれている。二〇一〇年、中国のGDPは日本を上回り、二〇一四年には二倍、二〇一七年には三倍になると予想される。豊かさの指標とされる国民一人当たりGDPも、二〇一四年の日本は三・六万ドルとシンガポールの五・六万ドルに水をあけられたのみならず、香港の四・〇万ドルにも抜かれ、アジアで最も豊かな国という自己イメージは虚構と化した。優越感は不安と脅威に反転し、輸出先中国経済の失速に脅え、来訪中国人の爆買いに期待する一方、中国を抑え込む手はないかという複雑な精神構造に陥っている。

その心理が滲み出たのが首相戦後七〇年談話であり、拙速に安保法制を急ぐ意識にも投影されている。談話は、アジア太平洋戦争に至る第一次大戦後の歴史認識に触れ、「世界恐慌が発生し、欧米諸国が、植民地経済を巻き込んだ、経済のブロック化を進めると、日本経済は大きな打撃を受けました。その中で日本は、孤立感を深め、外交的、経済的な行き詰まりを、力の行使によって解決しようと試みました」と述べる。結局、「植民地支配」「侵略」「反省」「謝罪」という村山談話の四点セットを踏襲しているかにみえて、「世界恐慌と欧米のブロック化が戦争の原因」という認識で、真剣に近代史を省察しているとは思えない浅薄さである。中国の爆食的成長と拡張主義の圧力を受けて、日本外交が発信していることは「中国の危険性を世界にアピールし、封じ込める」という点に凝縮される。そこには、成熟した民主国家、平和主義に徹した技術力ある産業国家として敬愛される存在として、二一世紀のユーラシアを包み込む構想力はない。

違和感の源泉は何か。民主主義を重んじることなく、戦後民主主義の象徴である憲法を否定し、国家主義的憲法に変えねばと思っている人が、他方で「自由と民主主義」の価値を共有できないとして中国を封じ込めようとする矛盾である。また、軍事力を重視し安保法制を推進しながら、他方で南沙問題に関し「武力を以て紛争解決の手段とすべきでない」と主張する矛盾である。日本は民主主義と平和に関して自信をもって一次元高い日本モデルに立ち、「運命の五年間」の教訓をかみしめるべきである。

（２０１６・１）

二〇一七年夏への思索
――内外の退嬰の中で

二〇一七年、不思議な夏が過ぎようとしている。この夏も、五月の米東海岸から八月の欧州まで世界を動いて、さまざまな目線で世界と向き合っている人たちと語り合ってきた。また、故郷たる北海道から長崎、山陰など国内各地を動き、日本の現実を直視する機会を得た。特に、須坂での「信州岩波講座」に参加し、真摯に時代を考える人たちの質問事項に、混迷する時代への深いいらだちを感じた。知性と理性を語ることの空しさを覚える時代ではあるが、二〇一七年の夏を再考しておきたい。

内なる退嬰――官邸主導政治なるものの限界

世界が「プラネット・トランプ」(英エコノミスト誌)といわれるほど一人の米国人に揺さぶられる中で、日本では「森友・加計問題」という日本政治のレベルを投影する事案が露呈し、後ろ向きの話題に引き回された夏であった。どう考えても矮小な話題だが、日本の政治の現状を炙り出す素材ではある。

「安倍晋三記念小学校」への国有地の格安な払い下げをめぐる森友問題、国家戦略特区として今治での獣医学部新設の認可を巡る加計問題について、国会審議に登場した官僚たちの表情を私は複雑な思いでみつめた。文科省事務次官だった前川喜平氏、経産省柳瀬唯夫審議官(元安倍首相秘書官)、和泉洋人内閣総理大臣補佐官(元国交省)と、実は若干の縁があって意見を交わす機会があった三人が、国会閉会中審議の参考人として一堂に会して発言するのを目撃することになったのである。前川氏は覚悟を決めて自分の言葉で語っていたが、柳瀬、和泉両氏は不本意な状況に置かれたことへの当惑を込め、「記憶にない」「言っていない」と無機的な答弁を繰り返した。私は、柳瀬氏が原子力課長として深い知識に立って踏み込んだ仕事をしていた時代を知っており、また、和泉氏が「医療のパラダイム転換」などの研究会に主体的に参画する有能な行政官であることも認識している。学識、能力において際立つ行政官が「組織を守る」だけの答弁に終始する姿に、組織人の悲哀を感じた。

私自身、組織人として生きていた時代もあり、組織の論理に合わせなければならない立場もわかる。だが、彼らのような見識ある行政官には「言った、言わない」という次元の議論ではなく、政治家への「忖度」を超えて、官邸主導の意思決定の持つ問題点を聞いてみたかった。権力への個人的な距離の近さが、国からの支援というかたちで、特定事業への恩恵をもたらすような国家戦略特区の現状について、それでよいと考えているのかを語ってもらいたかった。

安倍政権に近い人たちと議論すると、現在の政治状況が、二〇〇九年の民主党への政権交代で、長期政権を担ってきた自民党が権力を失った「悲哀」への反動として生じたことがわかる。自民党は冷や飯を食いながら、「政治は権力である」との思いを強め、「権力さえ持てば何でもできる」と確信して、二〇一二年に政権に復帰した。確かに政治は価値の権威的配分であり、選挙を通じて権力を得た勢力が優位に配分を決めるのも現実である。

しかし、民主政治とは「政治は権利である」という仕組みでもあり、国民の権利が後世に保障されねばならない。回復した権力を確実に行使しようとする政治家とその恩恵を期待して群がる人たちのゲームが動いたのである。

この問題の本質は、「政治主導、官邸主導政治の帰結」であり、「官邸レベルの政治」しかできないことの限界が突きつけられたのである。二〇一四年、安倍政権下で内閣法が改正され、官邸主導体制が深化された。「官僚主導から政治主導へ」「縦割り行政の壁を首相のリーダーシップで突き崩す」という政策は、「決められない政治」を克服するという文脈で理解された。これによって、首相官邸が各省庁の幹部人事を掌握、政治家たる官房副長官が内閣の人事局長として、省庁の人事権を掌握することで統合力を高めようとするものであった。

人事権は組織社会では有効に機能する。各省庁が「官邸の意向」に一段と配慮せざるをえない構造が作り出された。実は、皮肉にもこのことが、官邸レベルの政治しかできない状況を作り出したのである。官邸と文科省の間だけではない、各省庁が官邸の政治判断に引き回され始めた。

消費税増税を巡る官邸と財務省との齟齬、ロシアに傾斜する官邸主導外交をめぐる官邸と外務省との齟齬、原子力などエネルギー政策をめぐる官邸と経産省の齟齬など、幹部人事をちらつかせる官邸の意向を無視できない政治状況が生み出された。

日本の政治家の「質」

一般論からいえば、選挙で国民の信託を得た政治家が高級官僚を主導して意思決定がなされることは妥当である。だが、日本の政治家が優れたリーダーとして錬磨されているかといえば、「二世・三世の溜り場」と言われるがごとく家業として政治家をしている議員が多く、残念ながら政治家の知的レベルが低い。一方、学歴が知的レベルを示すものではないが、高級官僚は社会的に一流大学と呼ばれる大学の卒業者であり、政治家の側に知的コンプレックスを逆立ちさせた対応が存在することは否定できない。

広く世界が抱える課題に目を向け、政策科学に真摯に向き合い、科学的、客観的に政策判断をすることが必要だが、政治家はどうしても選挙を意識し、国民に受ける政策に惹かれる。「国家戦略特区」「一億総活躍」など、事大主義的キャッチコピーに飛びつき、実績を装いがちとなる。「知のレベル」は人生において形成する人的ネットワークに投影される。知を求める努力は、それにふさわしい友人を構築する。人脈を利用して、自分の事業を拡大することにしか関心のない輩にとっては、脇の甘い政治家が格好の存在となる。結局は、レベルの低いお友達と都合の良い御用学者だけが取り巻く政治に堕するのである。日本の意思決定に英知が凝縮されていない理由はここにある。

ユダヤのジョークに「朝寝、昼酒、幼稚な会話、愚か者の集いに名を連ねること、これが身を滅ぼす」というのがあるが、世界の多くの政治家と向き合ってきたが、日本の政治家ほど不勉強で自堕落な存在は珍しい。そのことは、中川俊直、豊田真由子、今井絵理子議員など、このところ報じられる政治家の質をみれば語るまでもない。「政治で飯を食う」ことのハードルを高くすることが肝要であり、民主政治の目的は「政治の極小化」であることを自覚すべきである。

二〇五〇年までに人口が二五%減少することを視界に入れれば、議員定数を三割削減することは代議制の錬磨のためにも不可欠な前提であろう。政治への過剰期待が政治主導の幻想を産み、官邸主導と称する歪んだ利益誘導を産む。トランプのアメリカが陥っている混迷も、「何かを変えてくれる」という閉塞感がもたらした幻想に由来するものであり、ポピュリズムを刺激して形成される政治への期待は必ず屈折するのである。

外なる退嬰――トランプの迷走と空前の株高という怪

トランプ政権がスタートして半年、政権スタート時に「見えてきたトランプ政権の性格」として、人事の布陣から判断して「金融・軍事複合体」的性格をもつのではないかという見方を示した。そして、政権が三か月を超えた時点では「トランプ政権の本質」(2017・5)として、この政権がいかにウォール街の思惑に傾斜しているのか、つまり、産業通商政策では保護主義を鮮明にする一方、金融政策についてはリーマン・ショックの教訓を忘れた規制緩和路線をとろうとしていることを論じた。

半年が過ぎ、迷走を深めるトランプ政権だが、政権の本質をより明確に示す不思議な状況を迎えている。経済政策が成果を挙げているとは思えないのに、株価だけが異様に高騰しているという謎めいた状況にある。TPPからも離脱、北米自由貿易協定(NAFTA)も見直すとしてアメリカの繁栄基盤を突き崩し、公約の「一兆ドルのインフラ投資」も「一五%への法人税減税」も何一つ進捗が見られない状況でありながら、何故か株価だけが跳ね上がり、ダウは実に史上空前の二・二万ドル水準を突破し、昨秋の大統領選挙の時点よりも二割も高騰している。リーマン・ショック後の底値(一・〇六万ドル)からすれば、倍以上に上がっているわけで、異様である。

「ウォール街の懲りない人々」と言われるが、金融資本主義の総本山は実体経済や政治のリスクとは別次元のしたたかなロジックで株価を動かし、「根拠なき熱狂」の相場を形成しているということだ。トランプ政権の布陣をみると、経済閣僚の中核をウォール街の出身者が占めていることが際立つ。しかもフィナンシャル・タイムズさえもが指摘するごとく(四月二七日)「ハゲタカ投資家主導の政権」になっている。財務長官ムニューチン、商務長官ロスもマネーゲームを生業としてきた人物であり、トランプの娘婿として政権に深く入り込んでいるクシュナーもゴールドマン・サックスで働いていた。

オバマ政権が二〇〇八年のリーマン・ショックに懲りて二〇一〇年に成立させたドッド・フランク法といわれる「金融規制改革法」でさえ、トランプ政権は早々と廃止を決めるなど、金融規制緩和に動こうとしており、ウォール街はそれを追い風としてマネーゲームを高揚させているのである。

トランプ政権において極端なかたちで顕在化しているが、この事態は、本質的には現代資本主義が抱える病理であり、「民主主義は金融資本主義の肥大化を制御できるのか」というテーマでもある。このことは、「民主主義は資本主義を制御できるのか――二〇一六年米大統領選挙の深層課題」(2016・11)において、二〇一六年大統領選挙の深層テーマが強欲なウォール街を規制できるかにあるとして論じた。しかし、トランプ政権はしたたかな金融資本主義に取り込まれ、「民主政治は金融資本主義を制御できない」方向に進んでいるのである。

ウォール街の利害と職業軍人の論理

八月上旬、米西海岸を訪れた。強く感じたのは西海岸と東海岸の差、特にシリコンバレーとホワイトハウスの緊張である。現在の堅調な米国経済を牽引しているのはIoTと表現されるごとく情報ネットワーク技術革命の成果を経済産業のあらゆる局面に導入し、経済生産性と効率を高める上で貢献しているICT産業である。その拠点たるシリコンバレーを主導する経営者たちの政権への眼差しは冷たく厳しい。失望を通り越して軽蔑にも近い目線である。創造的経営者は政府の助成も支援も期待しない。自助の精神を貫いているのだ。

もう一つ、半年が過ぎたトランプ政権に新たな展開が起こっている。それは軍事シフトというべき動きで、制服組の軍人がホワイトハウスでの重みを増しているということである。象徴的なのが、七月三一日に海兵隊出身の将軍ケリーを首席補佐官に起用したことである。国防長官マティスも海兵隊の将軍であり、陸軍出身の国家安全保障担当の補佐官マクマスターとともに、政権の要石が制服組の軍人によって固められつつある。トランプの側近中の側近で、当初は「影の大統領」とまでいわれた首席戦略官バノンは八月一八日に辞任した。右派ネットメディア(ブライト・バート)を率い、移民排斥、保護貿易、白人至上主義などの主張においてトランプの本音と最も近く、トランプ現象を支えた男が去ったのである。

トランプ政権は息子、娘婿などの身内派、バノンなどのアメリカ・ファーストを信条とするイデオロギー派、そして前述のウォール街出身の金融派と軍人派によって成り立っていた。それが、ここにきて北朝鮮問題の緊張の高まりもあり、制服組の軍人が政権を主導し始めている。トランプの本質は「家族経営型中小企業の経営者」であり、人事においては忠誠心だけを気にする。コミーFBI長官の解任時に見せた、自分への忠誠へのこだわりがそれを示している。職業軍人は決してトランプを尊敬しているわけではなくとも、国家や組織に対して忠実であり、虚言がない。政権運営が混迷する中で、信頼が制服組に向かう力学も理解できる。

かつてアイゼンハワー大統領が、軍産複合体という言葉を使い、アメリカの国家としての基本性格が産業と軍事の連動関係で戦争に向かう構造に傾斜することの危険を語った。トランプ政権のスタート時、先述のごとく私はこの政権の本質が「金融・軍事複合体」になるのではと論じたが、半年が経過しそれがより鮮明になった。ウォール街の利害と職業軍人の論理が一致したところでこの政権の進路が決まるということであり、それはトランプ現象の震源地であった白人貧困層を中核とする草の根の米国人の期待とは真逆の方向である。

八月一七日付の『ウォール・ストリート・ジャーナル』がUSコメンテーターのエドワード・ルースの「米国にとって、現実的に最も深刻な脅威は北朝鮮かトランプか」という論稿を載せ、「米国の民主主義はトランプの射程距離に脅かされている」と指摘しているが、民主主義のリーダーだった米国は、都合の悪いメディアを「フェイク」といって拒絶する指導者による民主主義の脅威にさらされている。そして、熟考すれば、日本も民主主義の価値を信じることのできない指導者が、国家による統合や規制こそが重要だとする流れを作っているという意味では共通している。日米双方の指導者が、政治を「国民の権利」よりも「国家の権力」に比重を置いて牽引する志向を強めているのである。

我々が取り戻すべき「正気」

五月のGW期間だけでも、五〇人を超す日本の国会議員がワシントンを訪れた。彼らと面談したワシントンにおける東アジアの専門家たちの語る日本の政治家への印象が興味深かった。約言すれば、「日本人は小さいね」というのである。もちろん体の大小ではなく、世界観が矮小だというのである。

トランプ政権になって、アーミテージ・グループを始め大方のジャパノロジストやジャパンハンドラー、つまり日本問題で飯を食ってきた人たちは舞台を降りた。ほとんどがヒラリー・クリントンを支持していたからだ。日本人は知日派を親日派と誤解し、「日米安保は大切」と言って日本マネーを取り込む日本問題の専門家を頼りに日米関係を構築してきた。そうした連中が消え、「ジャパン・パッシングからジャパン・ナッシング」になったという自虐的認識も語られるが、ここは東アジア戦略全体の中での日本の存在が問われる局面と考えるべきだ。東アジア広域の地域専門家は、当然のことながら中国と日本との対比の中で米国の戦略を構想する。そうした視界から見て日本人の思考の枠が「小さい」というのである。

多くの日本の政治家は、北朝鮮の脅威と中国の危険性を語り、その脅威に「日米で連携して戦う」というレベルの話に終始するという。そこにはいかなる東アジア秩序を創造するのか、もしくはいかなるグローバル・ガバナンスを構想するのか、という視界がないというのである。

これに対し中国は、どこまで成功するかは別にして、アジア・インフラ投資銀行(AIIB)構想にせよ、一帯一路構想にせよ、次に目指すものを打ち出し、グローバル・ガバナンスにおいて米国に代わるリーダーとしての構想を模索しているという。そして、そうした構想を実体化させる攻め筋として強く欧州を意識している。トランプの米国と向き合うため、中国と欧州の関係がパラダイムを変え始めているのである。六月のＥＵ・中国首脳会議では、たとえば北朝鮮問題への対応として「対話による解決」を合意してみせ、これが中国を通じた北朝鮮への圧力強化を要求する米国への牽制材料になっている。もちろん中国がすべてうまくやっているとも思わない。拡大主義的傾向、民主化から遠ざかる習近平体制など、中国への警戒心も高まっており、とても世界のリーダーになれるとは思えない。だが、少なくとも中国はグローバル・ガバナンスを意図しているのである。

日本の国益は平和と安定

静かに日本の姿を鏡に映してみよう。大きな構想を模索しようにも近隣に友人がいない。アジアにおいて日本の指導者は敬愛、尊敬されていない。本来なら成熟した民主国家として、「国民を大切にする政治」の見本を示さねばならない。米国の変容に対しても無原則に寄りかかるのではなく、「アメリカ周辺国」から脱し、アジアにおいて米国が果たすべき役割を提起すべきであろう。残念ながら、この数年日本が見せてきたのは「政治は権力である」という力の論理に固執し、戦前のレジームへの回帰を目指す危うい姿である。気がつけば「近隣外交の失敗」というジレンマに陥っている。中韓との関係は冷却したままであり、力を入れたロシアへの接近も、北方領土での日ロ共同開発が同床異夢の幻想と化しつつある。六月、プーチンは「日米安保がある限り、領土返還は難しい」と発言した。近隣外交がことごとく空転しているのである。

これまで内外の政治の退嬰を論じてきたごとく、政治に過大な期待を寄せられる状況ではない。だが、最も大切なのは自らの国を「正気の国」、筋道の通った国にすることだ。原点に立ち返って日本という国の国益、地政学的立地、経済・産業構造を熟慮してみよう。この国の最大の国益は「平和と安定」である。さまざまな対立の要素を極小化する知恵、宗教間の対話を促し、民族間の交流を深め、武力による問題解決を避ける叡智、それこそ日本が近代史の苦闘を経て確認した教訓である。

福沢諭吉「脱亜論」と樽井藤吉「大東合邦論」という近代日本のアジア観を代表する対照的な論稿が発表されたのは一八八五(明治一八)年である。その後の日本は、列強模倣の富国強兵路線を歩み、日清・日露戦争で自信を深め、自らが植民地帝国と化し、「脱亜」を「侵亜」に転換して列強と衝突する。欧米との関係が緊張するとアジア還りするのが日本のアジア政策だが、大東亜共栄圏構想の挫折を踏まえ、戦後の日本は再び脱亜へと傾斜、高坂正堯「海洋国家日本の構想」は一九六四年に発表されたが、これこそ戦後版の脱亜論といえる。

対アジア貿易が貿易総額の五二%を占める時代(二〇一六年)を迎え、アジアでの日本の存在感には正当性が求められる。近隣国が刮目するような、歴史の教訓と戦後七二年の蓄積を踏まえた二一世紀の世界を牽引する構想力が問われている。それは政治的現実主義を理由に米国の核の傘にしがみつき、国連の核禁止条約採択にさえ反対する国を脱することである。

(2017・10)

ウィーンから考える北朝鮮問題と中東エネルギー地政学

二〇一七年夏、米国の東西海岸、アジア（シンガポール、香港）、欧州（ウィーン、ロンドン）、そして九月のモンゴルと動き、識者との議論を通じて刺激を受け、「時代の意味」を考えてきた。この間、恫喝を続ける北朝鮮問題について、まったく違った角度からの再考の機会を得た。また、エネルギー問題の専門家と向き合い、世界の構造変化を実感した。

ウィーンで考えた北朝鮮問題

ウィーンは異次元の国際機関都市である。国際原子力機関（ＩＡＥＡ）、国連宇宙局、麻薬・国際犯罪を扱う国連薬物犯罪事務所（ＵＮＯＤＣ）、工業化支援を行う国連工業開発機関（ＵＮＩＤＯ）など、国連関係機関の本部が国連エリアを形成しており、ニューヨーク、ジュネーブと並ぶ国連都市だが、加えて石油輸出国機構（ＯＰＥＣ）の本部があり、中東産油国の活動基点でもある。また、映画『第三の男』を思い出すが、東西冷戦期に東西外交の接点だったこともあり、今日でもロシアや北朝鮮が大使館を構えて活動している。

そのウィーンで気づかされたことがある。それは七月七日に国連が採択した核兵器禁止条約のことである。一二二か国が賛成したこの条約は、「核兵器やその他の核爆発装置の開発、実験、生産、製造、取得、保有または貯蔵」を禁止するほか、「これらの兵器の使用、使用の脅しをかけること」も禁止する、あらゆる核兵器関連の活動を禁じる条約である。実は、核兵器禁止条約はオーストリアが主導するかたちでまとめられた。

二〇一四年末、核兵器の非人道的側面を話し合う国際会議をオーストリアが主催し、クルツ外相が「オーストリアは核を持たないことを誓う」と演説した。翌二〇一五年の核不拡散条約(NPT)の運用見直し会議において、オーストリアは、前年の外相演説をベースにした「オーストリアの誓い」を文書化し、各国に支持を求める運動を始めた。NPT会議では非核に向けての合意文書はまとまらなかったが、核兵器禁止を求める非核保有国の問題意識が、国連総会での核兵器禁止条約の審議という流れを呼び込み、今回の採決に至ったのである。

驚くべきことに、「原爆許すまじ」と叫び、「二度と過ちを繰り返しません」という誓いを国民合意として歩んできた日本は、この条約に参加しなかった。「日本は米国の核の傘に守られている」という認識に立って、核保有国、とりわけ米国に配慮したからだという。「北朝鮮の脅威といった現実の安全保障問題の解決に結びつかない」との見解を表明、現状の枠組みを追認することから踏み出そうとしない姿勢を示したのである。

オーストリアは、「核の傘」を理由に尻込みする日本に対し、「この条約は核の傘に留まることと矛盾しない」として、「核の傘」は核の使用に向けての「具体的行為」ではないという考え方を示して参加を説得した。つまり、核の傘の下にある非核保有国は、核による恫喝行為をしているのではなく、あくまで抑止行為なのだから、条約への参加は可能だという論理だ。それでも日本は参加しなかったわけだが、日本の条約不参加は、北朝鮮問題を巡る日本の主張の正当性において、きわめて後ろ向きの印象を国際社会に与えている。

北朝鮮の核・ミサイルによる脅迫に対して、「対話」のみによる問題の解決はきわめて困難であろう。KEDO、六カ国協議といったこれまでの「対話」の経緯を振り返っても、北朝鮮という国が信頼できる対話相手であるとは言い難い。「三代世襲の社会主義政権」という存在自体がブラック・ジョークであり、国民を犠牲にして「金王朝の存続」だけを目指す歪んだ先軍国家だからだ。国連合意による制裁を強化し、国際社会が結束して核放棄への圧力を高めていくことはまちがいではない。ただ、その圧力に参加する日本は、「なぜ北朝鮮の非核化にこだわるのか」について、自らの主張の正当性に筋道を通さねばならない。自国にミサイルが向けられているから大騒ぎしているのではなく、無差別殺戮兵器たる核の不条理を知る国としての「非核」に向けた情熱を語るべきなのである。その前提として、非核を目指す国々との連帯が不可欠で、「核兵器禁止条約に入らない」などという選択はありえない。

問われる日本の基軸

この条約は、九月二〇日から署名手続きが始まり、批准国が五〇か国に達した後、九〇日を経て発効する。もちろん、批准しない国に効力は及ばないが、批准国の非核への意思が条約によって確認されることになる。その文脈で注目したいのは東南アジアの国々である。東南アジア諸国連合(ASEAN)の加盟一〇か国中九か国がこの条約に賛成した(シンガポールだけが棄権)。つまり、タイ、インドネシア、ベトナム、フィリピンなどが、「東南アジアの非核化」に強い決意を示したわけで、このことの意味は重い。これらの国々はまた、日本の核政策、「北東アジアの非核化」への主導性を注視しているといえる。

北東アジアの非核化に関しては、九月中旬に訪れたウランバートルでも深く考えさせられた。モンゴルも核兵器禁止条約に賛成した。冷戦期にはソ連の衛星国であり、一九四八年以来、北朝鮮と国交を維持してきた。一九九〇年の「民主化」以後韓国とも国交を持ち、北東アジアに独特の立ち位置を確保している。ロシアと中国の間に挟まれ、この二つの大国がプーチン、習近平という二人の強権的指導者によって変質しつつある現在、モンゴルが核兵器禁止条約にコミットし、非核化の旗を立てていることは北東アジアにとって重要である。

本来、日本こそ先頭に立って、「日本―韓国―モンゴル」の連携において、中・露という核保有国を牽制し、朝鮮半島の非核化に向けての基軸となる方向感を明確にしなければならない。韓国も核兵器禁止条約には不参加だが、文政権は核兵器保有を否定する政策を示しており、「核をもった統一朝鮮半島」という悪夢のシナリオを回避するためにも、現時点から一貫して日本はこの地域の非核化にこだわるべきなのである。

北朝鮮問題にとってモンゴルは重要である。ロシア革命を受けて一九二四年にモンゴル人民共和国として社会主義陣営に入り、北朝鮮との国交の中で、金日成も二回モンゴルを訪問した。前述のごとく、民主化後、韓国との国交を樹立したため、北朝鮮との関係が一時冷却し、大使館閉鎖などの動きもあったが、今日でも朝鮮半島の二つの国と良好な関係を維持しており、現在、約二〇〇〇人の北朝鮮からの労働者を受け入れる一方、韓国に三万人のモンゴル人労働者が働いているという。北東アジアの安定を強く意識する理由もわかる。

日本が、トランプ政権の「あらゆる軍事的選択肢がある」という姿勢に運命を預託することは誤りである。日本は核戦争にコミットしてはならない。核兵器を恫喝に使う狂気の存在に向き合うとき、我々は核兵器がいかに不条理な兵器かについての想像力を取り戻さなければならない。

私には、ワシントンに行くたびに気になる場所がある。ホワイトハウスの正面にあるラファイエット公園を越えたところに小さな黄色い壁の教会が立っている。セント・ジョンズ教会である。トルーマン大統領が広島への原爆投下を決断する直前、一人祈りを捧げたと伝えられる場所である。大量無差別殺戮兵器の使用を、彼はいかなる心の葛藤のうちに決断したのであろうか。

北朝鮮問題が軍事衝突という局面を迎え、戦争がエスカレートして米国や日本の都市が核攻撃を受けることはもちろん、平壌が核の犠牲となることさえも拒否しなければならない。そのためにも日本は現段階で、自らの核兵器の保有を拒否し、北東アジアの非核化を推進する意思を鮮明にしなければならない。NPTの前提は「非核保有国を核兵器で攻撃しない」というものであり、日本が国際社会に訴えるべきメッセージの基軸になる論理がここにある。

エネルギー地政学の変化を投影する油価

さて、今回のウィーン訪問の主眼は「エネルギー地政学変化の確認」であった。八月末、ウィーンで第四二回の中東協力現地会議(主催：中東協力センター、後援：経済産業省)が行われ、私にとっても一一回目の参加で、基調講演を行った。この会議は、一九七三年の石油危機の後、当時の経済界のリーダーであった中山素平(日本興業銀行)、水上達三(三井物産)といった先達が、中東を単なる石油モノカルチャーの相手と見るのではなく、民族・宗教など多角的視点から向き合うべしという問題意識でスタートさせた会議で、日本の戦後を支えた経済人たちの志の高さを思わせるものである。

二〇一七年は、ロンドン・エコノミスト誌のシンクタンクたるインテリジェンス・ユニットの中東・アフリカ担当部長Dr. P. Thakerや開催地ウィーンに本部のあるOPECの石油研究部長Dr. H. G. Fardなどの専門家も参加し、議論を深めることができた。

石油価格の動きは時代の変化を映し出す鏡であり、二一世紀に入っての石油価格の動きを示すのが**図1**である。原油価格の乱高下はすさまじいものがある。二〇〇一年の九月一〇日、つまりニューヨーク、ワシントンを襲った9・11の同時多発テロの前日のNYの原油先物市場、WTIはバーレル二八ドルであった。それが、二〇〇八年夏、洞爺湖サミットの年、なんと一四五ドルにまで高騰した。背景にはイラク戦争を挟む中東情勢の不安定と二一世紀初頭の中国など新興国を牽引役とする世界経済の活況があった。ところが、二〇〇八年秋のリーマン・ショックを機に一気に三〇ドル近くにまで下落、その後再び上昇、二〇一〇年代に入り、二〇一四年秋まではほぼ一〇〇ドル前後の水準を動いていた。それが二〇一六年、一時は二六ドル台水準まで急落、産出国経済に大きな打撃を与えた。現在は、ほぼ五〇ドル水準を回復している。

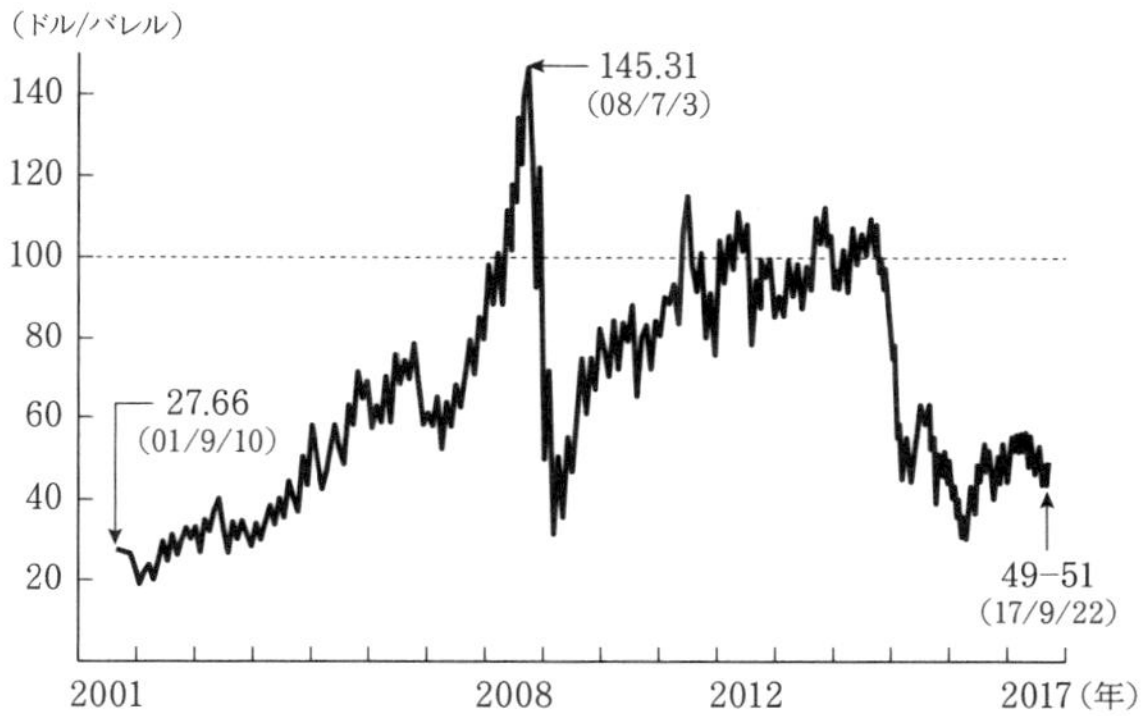

図1　原油価格(WTI)の推移

二〇一四年以降の乱高下の背景にある要因は何か。まず、供給側の要因として、米国の原油生産増が挙げられる。二〇一四年以降、北米におけるシェールガス・ブームが一巡し、過剰供給からLNGの価格が下落、ビジネスモデルとしての魅力が後退し、投資が比較的価格が高かった原油に向かい始めた。二〇一四年には、米国がサウジアラビア、

表1　原油生産量ランキングの推移（単位：万日量バレル）

		2016年	2015年	2014年	2013年
1	米国	1,235.4	1,276	1,178	1,007
2	サウジアラビア OPEC	1,234.9	1,199	1,151	1,139
3	ロシア	1,123	1,098	1,084	1,078
4	イラン OPEC	460	390	373	362
5	イラク OPEC	447	403	329	314
6	カナダ	446	439	427	400
7	アラブ首長国連邦 OPEC	407	393	367	363
8	中国	400	431	425	422
9	クウェート OPEC	315	307	310	313
10	ブラジル	261	253	234	211
	OPEC	3,936	3,813	3,657	3,656

（出所）BP統計

ロシアを抜いて、世界一の原油生産国になった。**表1**を注視すればわかるが、供給過剰の主因は、米国の供給力拡大にある。加えて、二〇一六年からは「核合意」後のイランが制裁を解除され、国際市場に戻ってきたことも大きい。二〇一六年のイランの原油生産は四六〇万ＢＤにまで回復した。ＯＰＥＣが生産調整に動いても、供給過剰を解消できない状況が続いている。

需要側の要因としては、世界的なエネルギーの利用効率の向上、省エネルギーの浸透がある。かつては一単位のＧＤＰ拡大を実現するには、一単位以上のエネルギー消費の増加が必要であった。「エネルギー弾性値」という視点だが、この一〇年間、この数値は〇・三に下がっており、例えば今年、世界全体の実質ＧＤＰは三・五％成長すると予測（ＩＭＦ予測）されているが、それを支えるエネルギー消費の拡大は一％前後に抑えられる時代なのである。加えて、二〇一七年夏、欧州諸国が相次いで自動車の電気自動車化という方針を明らかにしたが、「脱石油」に向けて世界は動き始めている。

需給関係だけで石油の価格を展望した場合、二〇一〇年代に原油価格が七〇ドル水準を超すことは考えにくいというのが、会議に参加した専門家の意見の集約点だったといえる。七〇ドルというのは、産油国の経済を安定させるための望ましい水準という意味である。

マネーゲームがエネルギー価格を揺さぶる

ただし、一つだけ重要な変数として視界に入れるべきは「金融という要素」である。つまり、肥大化した金融が「コモディティ市場」に流入するというマネーゲーム的要素が働いた場合、一〇〇ドル超えもありうるという見方である。強欲なマネーゲームが、経済の基本指標であるエネルギー価格を揺さぶるという構図は繰り返され、増幅されている。マネーゲーマーはメディアを使い、供給不安材料を誇張する情報を流す。直近ではベネズエラの内政不安、ハリケーンによる米南部石油関連施設の被害など需給構造に与える影響を、冷静に判断することなくことさらに強調する。

マネーゲームがいかに原油市場を乱高下させる要因となるかを端的に示すのが、ハイイールド債と呼ばれる債券の動きである。これはハイリスク、ハイリターンの債券で、かつてジャンクボンドといわれていたが、リーマン・ショック後装いを変えて世界の過剰流動性を引き込んでいる。必ずしもエネルギー関連の債券だけではないが、シェールガス・シェールオイル・ブームに乗って一儲けしたい投資家の資金を吸収してきた。**図2**を見てもらいたい。ハイイールド債スプレッ

図2　原油価格とハイイールド債

ドとは、最も安定した債券といわれる米一〇年物国債の利率とハイイールド債の利率の差であり、二〇一六年に原油価格が二六ドルまで下落した時、シェール開発案件のデフォルトが増加して、ハイイールド債のリスクが跳ね上がり、スプレッドが上振れしていたことがわかる。現在、原油価格が五〇ドル前後に落ち着いているためスプレッドも安定しているが、いかに危ういマネーゲーム要素が原油市場に内在しているか痛感させられる。

実はこの問題は、「民主主義は金融資本主義を制御できるのか」という課題と通底している。北朝鮮問題やトランプ政権の迷走など政治リスクが顕在化しているにもかかわらず、株価だけが史上空前の水準に高騰しているのも、「強欲なウォール街」の自己増殖以外の何物でもない。マネーゲームによって実体経済が揺さぶられるという病理が常態化しているのである。悩ましいのは、情報ネットワーク技術革新が、AI(人工知能)、Fintechなどといわれる局面を迎えていることで、金融工学が新たな局面に進化する中で、金融セクターの時代に対する責任という問題が重く存在する。何故なら、マネーゲームの肥大化が格差と貧困を増幅し、社会不安の根底に横たわるからである。

世界史のダイナミズムの中にある日本

さらに、中東の地政学的リスクだが、先述の「米国の原油供給力の高まり」や「脱石油」という動きが金満アラブといわれた湾岸産油国にも微妙な圧力を加えつつある。六月、サウジアラビアをはじめとする中東六か国がカタールと国交断絶し、湾岸産油国の結束に亀裂が生じ始めているが、背景にはシーア派イランの台頭がある。今、中東で進行している構造変化の中で最も重要なのは「シーア派イランの台頭とトルコの野心の高まり」であろう。

一〇一年前、一九一六年の英国とフランスの間の秘密協定たるサイクス・ピコ協定によってオスマン帝国解体後の中東の分割統治が始まった。「大国の横暴」の始まりである。一九六八年に英国がスエズ以東から撤退、代わって米国が湾岸に覇権を確立してきたが、イラク戦争後の統治に失敗、米国の中東でのプレゼンスは後退を続けている。大国の後退により、中東に埋め込まれた地域パワーの下絵が炙り出されてきた。それがイランとトルコの台頭であり、トルコ、イラク、イランにまたがるクルド族二五〇〇万人の独立への動きである。また、シリア介入を橋頭堡として、中東での影響力を高めるロシア、トランプの中東政策の後押しを受けて増長するイスラエル――、いま中東は新たな地殻変動にある。

こうした中東に日本はどう向き合うのか。産油国側のニーズも、単なる化石燃料取引を超えて多様化、多次元化している。日本は中東に領土的野心を持ったこともなく軍事介入したこともない、技術を持った例外的先進国として信頼・期待されている。この立ち位置を自覚し、日本らしい貢献、意味のあるプロジェクトを確実に組成していくしかない。

日本も世界史のダイナミズムの中にある。そのことを思い知らされた夏であった。

（2017・11）

人間機械論の変遷

——デカルトからＡＩまで

単純化すれば近代史は人間機械論への挑戦だったともいえる。人間なるものを解明・要素分解していけば、人間も機械のように部品を組み合わせたメカニズムによって稼働しているという認識に至り、限りなく人間再生の試みを繰り返してきたのである。中世の欧州では宗教的権威の中に人間が置かれ、創造神を中心にした「宇宙」という世界観の下に神によって創られた人間が生きていると考えられていた。その宇宙観を覆したのがコペルニクス、ガリレオであり、「人間とは」という問いかけを探求し、自己の合理的自覚を試みたのがデカルトであった。「理性の勝利」の時代の到来についてはこの連載でも確認してきた。今人工知能ブームの中にあってふと思うことがある。これはデカルトに始まった挑戦をバイオリズムのように繰り返してきたことの究極の現代版ではないのか。そのことの持つ意味を冷静に認識する必要性を痛感する。

デカルトの自動人形——ロボットの原型

一七世紀思想の研究者上野修は『デカルト、ホッブズ、スピノザ　哲学する一七世紀』(講談社学術文庫、原本『精神の眼は論証そのもの』、学樹書院、一九九九年)において「一七世紀は、自動人形＝自動機械の創作に異様な関心を見せる点で際立っている」との視界を提示する。確かに近代合理主義の開祖ともいえるデカルトは「水力装置で対象を感知して洞窟から出現するディアナやネプチューン、片言をしゃべる自動人形」などカラクリ仕掛けの自動人形に強い関心を寄せ、オランダ滞在中に家政婦との間に設けフランシーヌと名付けた、五歳で死んだ娘そっくりの自動人形をトランクに入れて持ち歩いていたという不気味な伝説も残している。どこまで本当の話かは分からない。デカルトは理性が勝利する時代を切り拓いた人物であった。あらゆる事象や権威に関し「本質的に疑ってみる」という懐疑論に立ち、その先にどうしても否定しえない思考する自分自身の存在を確認することによって「我思う、故に我あり」という視界を拓き合理主義の扉を開いた。その彼が自動人形にこだわった事実には違和感を覚えるが、「心身二元論」を主張したからこそ「人間とは何か」を探求する中で、どこまでが身体(機能的メカニズム)で、どこからが心(精神、魂、意思)かを極めるべく自動人形に異様な好奇心を寄せたともいえる。

デカルトについては、「一七世紀オランダからの視界(その14)」において、その生涯と作品『方法序説』に論及した。そして「我思う、故に我あり」に至る、思惟する主体としての個の自覚が近代を突き動かすパラダイム転換になったことを論じた。彼は一六〇六年から一四年、一〇歳から一八歳までの八年間、仏イエズス会のラ・フレーシュ学院でスコラのカリキュラムに基づく、当時としては最高の人文学教育を受けた。日本では大坂夏の陣から江戸幕府の初期の時代である。そして一六一九年一一月一〇日、二三歳の時、相次いで三つの夢をみて電撃のような衝撃をうけた。悪夢と啓示、激しく吹き荒れる風、稲妻と閃光、そして三つ目が静けさの中で詩集の文言が現れ、自分が立ち向かうべき道に関し、あらゆる学問・科学の統一に向けて、「理性を正しく導き、あらゆる学問における真理を求める方法の探求」という使命に目覚める。

デカルトは無神論者ではない。合理的な神の存在証明を試みていた。だが彼は本質的に幾何学者であり、全ての事象は「数値化された世界」に置換できると考えていた。神の啓示ともいえる霊的体験に突き動かされる部分と、全てを幾何学的に分解できると考える部分を共存させるその「心身二元論」は、突き詰めると心と体が結びつく「心身結合」を容認するに至る。

デカルトの評価は揺れ動く。それは近代なるものへの評価にもつながる。一九九三年に『デカルトなんかいらない？』(松浦俊輔訳、産業図書)という刺激的な本が出版されている。フランスのル・モンド紙などに掲載された一九八〇年代の仏内外の科学者のインタビューからなる対話集(原書、一九九一年)で、原題を『デカルトを葬り去らねばならないのか　カオスから人工知能まで』といい、「偶然か決定論か、問われる科学」が基調となっている。ここでのデカルトは近代合理主義の象徴、「決定論に立つ過去の古典」とされ、「カオス、ファジー、曖昧」などＩＴ革命の一時代前に盛んだった議論を投影する論稿が並び、科学にも流行り廃りがあることを思わせる。

西欧の自動人形へのこだわりは一八〜一九世紀のからくり人形作りへと継承された。ゼンマイ仕掛けの自動人形には時計職人などの技術が使われ、驚くほど精巧な機械人形が開発された。興味深いことに江戸期の日本でも「からくり人形」が登場する。出島経由で入ってきたオランダからの機械時計の技術に注目し、細川半蔵(?〜一七九六)が作った「茶運び人形」や田中久重(一七九九〜一八八一)の「弓曳き童子」など驚くべき作品が生まれた。国立科学博物館の「万年自鳴鐘」(万年時計)は田中久重の作品だが、その精巧さは日本人の技術吸収力、器用さを象徴しており、その技術は後の東芝の礎となった。ただし、いかにその動きが精緻であれ、あくまで動きをプログラムされた人形であり、決して人造人間ではない。

コンピューターの登場とサイバネティックス——人間機械論PARTⅡ

コンピューター科学、サイバネティックスの父とされるN・ウィーナーは『サイバネティックス』(一九四八年)、『人間機械論』(一九五〇年、改定版一九五四年)において、通信と制御を一体化する「電子計算機」の開発に向けた問題意識に関し、「人間の非人間的利用」からの脱却を語っている。人間機械論と訳された本の原題は“The Human Use of Human Beings”であり、「人間を鎖でつなぎ動力源とする労働」や「頭脳の一〇〇分の一しか使わぬ単純労働」から解放するためにサイバネティックスの進歩が求められるとの認識を示している。つまり、人間の可能性を信じ人間の人間らしい活動を促すために「閉じた機械仕掛けによって動く自動人形」を超えた機械を構想しているのだ。ウィーナーの時代を微妙な形で投影して誕生したのが手塚治虫の『鉄腕アトム』である。一九五一年の米水爆実験を受け、「この科学技術を平和利用できたらいいな」という思いで産み出されたのが「超小型原子力エンジンと善悪が見分けられる電子頭脳の産物」である「十万馬力の人型ロボット鉄腕アトム」であった。五一年四月に連載が開始された「心優しい科学の子」たるアトムは技術楽観論の象徴ともいえる存在であり、物語上では二〇〇三年四月七日に誕生することになっているが、AIブームの今日でも人工知能ロボットといえるものは誕生していない。

不思議な因縁を感じるのは、アトムが人間の代わりとして開発されたというストーリーである。開発者の天馬博士が、ロボット科学の粋を集めて、死んだ一人息子トビオの代わりを創ったというのがアトム誕生の背景であった。何やらデカルトのフランシーヌ人形が思い出される。アトムは一六〇の言語を話す優れたロボットだが、成長しないアトムに苛立った天馬博士はサーカスに売り飛ばしてしまう。そこから育ての親たるお茶の水博士との出会いなどの物語が展開するのだが、戦争による親のない子どもが溢れていた戦後日本を背景に、無機的ロボットの物語は人間社会の情愛と絡みあう表情を持ち始める。我々はアトムに機械と心の融合の幻影を見たのである。

A・C・クラーク原作、スタンリー・キューブリック監督の映画『二〇〇一年宇宙の旅』は一九六八年の作品で、人工頭脳コンピューターHAL9000が一九九二年に完成し宇宙の旅を可能にしたことになっているのだが、スーパー・コンピューターの能力が飛躍的に進歩した今日現在でも、HALのような人工頭脳コンピューターは完成していない。コンピューター科学の進歩が、SFの想定より遅れているのかといえばそんなことではない。進歩の方向が変わり、インターネットの登場に象徴されるネットワーク情報技術革命の方向に動いたということである。

インターネットの原型となった米国防総省のARPAネットの開発思想は「開放系・分散系」の情報技術で、一九六九年に完成した。冷戦期であり、中央制御の大型コンピューターで情報を管理してもソ連の核攻撃には無力で、「一つの回路が破断されても柔らかく情報が伝わる開放系・分散系のネットワーク型情報技術」が必要だったのである。このARPAネットの基盤技術が冷戦後の軍事技術の民生転換の象徴として技術開放されて登場したのがインターネットであった。冷戦が終わって二五年が経つが、正に世界の情報環境はネットワーク情報技術によってパラダイム転換を起こしたのである。

AI(人工知能)という挑戦——新しい次元の人間機械論

今、我々は新次元の人間機械論の渦中にある。AIの開発の流れである。AIの基本的考え方は、「脳は神経細胞であり、電気回路と同じ」であり、CPUによる演算能力の高度化により限りなく人間の思考・認識・記憶・感情はプログラミングで実現できるとする試みといえる。これは鉄腕アトムの電子頭脳の実現のようなもので、既に囲碁や将棋などでは「ディープ・ラーニング」という高度なプログラミングで、プロの人間を凌駕する能力を持つシステムが開発されている。コンピューター・サイエンスの進化は凄まじく、我々の生活を取り巻く情報環境は大きく変わりつつあり、ビッグデータの解析を取り込んだ人工知能が人間生活や産業活動を便利で効率的に導いていることも否定できない。既に「人工知能は人間を超えるか?」というテーマが現実味を帯び、AIより賢いAIの開発をAI自身が行うという「特異点(シンギュラリティ)」への到達が二〇四五年には実現するとの議論さえ登場している。AI研究者の中には、「現存する労働の七五%がAIによってなされる時代の到来」や「天才にしか仕事の無い時代」を予測する議論をする者もいる。ある意味では、「非人間的労働」から人間が解放される時代の到来ともいえ、ウィーナーの夢、さらにはデカルトの夢の実現かとも思われる。だが、そんな時代が来たとして、「人間は何をするのか?」という疑問が残る。より付加価値が高く、より人間的喜びを味わえる分野に専心できるともいえるが、普通の人間にとってそれはどんな分野なのか。もしそれがスマホで「ポケモンGO」をする時間のごときものだとすれば、あまりに悲しいことではないのか。

もっともそうした先走った悩みに向き合うことはない。どんなに進んだ人工知能でもそれは目的・手段合理性における優秀性であり、設定された目的の下での最適合理性の探求においてプログラムされたコンピューターが効率的なことは確かだが、問題は目的の設定、つまり「課題設定能力」である。人間が高次元の課題設定力を維持できるのかが重要となる。

人間の脳はわずか一・五kg前後にすぎない。しかし、その潜在力は無限とも思われる。最新の神経科学の成果ともいえる伊のトノーニ他著『意識はいつ生まれるのか　脳の謎に挑む統合情報理論』(花本知子訳、亜紀書房、二〇一五年、原書二〇一三年)は興味深い。「人間の脳は意識を生み出すが、コンピューターは意識を生み出さない」というのである。月面に着陸した宇宙飛行士が彼方の地球を見て覚える感動のような意識はコンピューターでは生まれない。さらにいえば、人間には神仏を想い意識する力がある。つまり、大きな力に生かされているという、謙虚に自分を見つめる意識がある。究極の人間機械論が突き動かしてくる時代において、人間の正気を保たねばならない。人間が六〇兆の細胞から成り立つ生物であることを解明しても、その一〇倍を超すウィルスと共生することで生まれる「個体差」には一括りで対応することはできないと、友人の医師が語っていた。

(2016・12)

二〇一八年への確かな視座
――世界同時好況の陥穽と閉塞感を超える視界

二〇一六年末、ロンドン・エコノミスト誌は「二〇一七年の展望」("The World in 2017")において、"Planet Trump"というキーワードを提起していた。トランプによって惑わされる地球、迷走するトランプという二重イメージの言葉だと思われるが、正に二〇一七年の世界は「アメリカ・ファースト」に憑りつかれたトランプなる自己中心主義のリーダーに搔き回され、途方もない消耗を余儀なくされた。そのトランプと強権化するロシアのプーチンに過剰接近する日本――、二〇一七年を振り返り、この連載で論及してきたことを再考し、二〇一八年を見つめたい。

二〇一七年という不思議な年　政治リスクの高まりと異様な株高

二〇一七年一〇月発表のＩＭＦの世界経済見通しによれば、二〇一七年の世界全体のＧＤＰ成長率(ＰＰＰベース)は三・六%の見込みだという。二〇一六年は三・二%成長であり、世界経済は拡大基調にある。しかもマイナス成長ゾーンがないという世界同時好況の局面にあり、二〇一六年まで二年連続のマイナス成長に喘いだロシア、ブラジルもプラスに転じ、BRICSと言われた新興国がこぞってプラス局面となった。

不可解なのは実体経済をはるかに上回る株価の上昇である。二〇一七年初のニューヨークダウ水準に比べ年末は二四％、日経平均は一七％も高騰している。「根拠なき熱狂」というべきで、冷静に世界を観察するならば、北朝鮮危機、中東湾岸産油国の不安定化、トランプ政権の迷走、ロシア・中国の政権の強権化など、政治的リスクが顕在化する中でなぜか株価だけが高騰している。

理由は二つあるといえよう。一つは、トランプ政権がウォール街にとって都合のよい政権であり、「強欲なマネーゲーマー」を喜ばせているからである。「トランプ政権の本質」(2017・5)として指摘したごとく、トランプ政権の経済閣僚の二人、財務長官のムニューチン、商務長官のW・ロスはともにウォール街の出身で、しかも「ハゲタカ投資家主導のトランプ政権」(フィナンシャル・タイムズの表現)とまでいわれる存在である。また、トランプ政権にも筋を通し、金融政策における出口戦略を貫いてきたFRBのイエレン議長の後任に、金融規制緩和を主張するパウエル理事の起用を決め、二〇〇八年のリーマン・ショックを教訓にオバマ政権が二〇一〇年に成立させたドッド・フランク法(金融規制改革法)の廃止を加速させようとしている。ウォール街が拍手を送る性格を露わにしているのである。

もう一つは、「戦争経済の予兆」というべきで、軍産複合体といわれてきた米国の軍事産業が活況を呈している。トランプが一一月のアジア歴訪でみせた武器・装備品、航空機の売り込みもあり、軍事産業が追い風を受けている。戦争は巨大な消耗にすぎないが、短期的にはその恩恵を受けて微笑む業界が存在するのである。

秋口からの日本の株高はもっと屈折した危うさを孕んでいる。株高の理由は二つあり、一つは、そもそも産業の実力以上の株高誘導がなされていたということでもあるが、年金基金（GPIF）と日銀のETF買いという公的資金を約五六兆円も株式市場に注入しているからである。公的資金を投入して株価を支える特異な国が日本である。もう一つは、一〇月以降のヘッジファンド等の外国人投資家の短期資金の流入、約三・五兆円であり、健全な資本主義を毀損する歪んだ株高である。総選挙による与党勝利を見込んで、欧米が金融政策の出口に立っているのに対し、日本だけが「異次元金融緩和」を続けざるをえないことを想定して短期資金が動いたのである。

一二月六日、トランプ大統領による「エルサレムに米国大使館を移転」という決定を受けて日経平均が四四五円下落し、その後乱高下する事態を迎えた。潜在する政治リスクがいつ噴出するかわからない危うさを示したといえるが、短期資金を操るヘッジファンドの動きが株価を揺さぶっており、産業を「育てる資本主義」ではなく「売り抜く資本主義」のマネーゲーマーによって動かされていることを注視すべきである。

「幸運な二〇一七年」という言い方が妥当であろう。経済的には「米国の長期金利が比較的安定推移した」ことにより、新興国からの資金流出という危機が回避されたが、欧米の好況も臨界点に達し、中国にも陰りが見られ始めており、何かの「リスク要素」が噴き出るとマネーゲーム主導の株高が一気に変わる脆弱性を孕んでいることは確かである。

日本と米国ではマネーゲームを助長する政策誘導が主潮であるが、欧州では肥大化する金融資本主義を制御する動きがあり、バーゼル(国際決済銀行)での金融規制の動向やEUにおける「金融取引税」導入の動きなどが注目される。この時代の本質的課題が、「政治(デモクラシー)は経済(金融資本主義の暴走)を制御できるのか」にあることを再確認した一年であった。

トランプとは何者なのか——脱トランプへの視界

結局、トランプとは何者なのか。政権スタートから一一か月、結論が見えたといえる。政権発足直後から低迷していたトランプ政権の支持率だが、一二月五日現在のギャラップ調査によれば、支持率三六%、不支持率五九%と、危険水域を超えており、政権基盤は脆弱なままである。「ロシア・ゲート事件」はこれからが正念場であり、冷戦終焉直後の一九九〇年代に「唯一の超大国」とされた米国は、これほど貧弱なリーダーを抱えねばならないほどの混迷を深めている。

あらためて、ドナルド・トランプだが、一九四六年、第二次大戦直後の戦勝国アメリカに生まれた。ベビーブーマーズといわれるこの世代の幼少期、一九五〇年代は米国の黄金時代であった。七〇年代、ベトナム戦争の時代に徴兵忌避に近い形でズル賢く青年期を生き、ペンシルバニア大学ウォートン校のMBAを出て、父の事業を継いで不動産開発業者として金儲けに専心——「自我狂」とでもいうべき自己主張を美徳とする価値観を身に着け、人生を貫くキーワードは「DEAL」(自分は決して損はしないという価値観)——大人としての練磨した哲学、思想もなく、武器を売り込むしたたかさはあっても、世界をリードする指導国としての理念も構想も示さない。

社会論者は「トランプ登場にも一定の意味がある」と考えたがる。かつて、ヒトラーやムッソリーニの登場に社会論的背景を求めたように、意味論的なこじつけさえ試みる。たとえ、登場の社会論的背景を確認できたとしても、愚劣な人間が権力を持つことを拒否する意思を見失ってはならない。歴史は曲折を経ながら進むものであり、大きな歴史の流れに逆行する存在が一時的脚光を浴びることがある。だが、時間はかかっても歴史は大道を歩み、人間の尊厳を重視し、不条理と専制や抑圧を否定する方向へと向かうのである。

ボストン大学名誉教授(国際関係学、歴史学)のアンドリュー・ベーセビッチは、「トランプの何が問題なのか」(フォーリン・アフェアーズ誌、2017, Sep/Oct)において、「啓蒙的アメリカ・ファーストへの道筋を描く」として、トランプが「十分な情報に基づかない衝動的で気まぐれな決定をする」ことを問題とし、ルーズベルト(FDR)以来の大統領権限強化を見直し、二つの大戦の戦間期に台頭した「アメリカ・ファースト」運動の本来的主張を想起して、大統領権限の制約を図るべしという主張を展開している。大統領が的確な判断力を持たない事態を想定し、大統領制の歪みを正そうというのである。

同盟国である日本が米国を信頼し、行動を共にするのはある程度妥当である。ただし、米国の無謬性を過信してはならず、トランプに簡単に運命を預託してはならない。とくに、北朝鮮問題や中東問題に不連続な衝動で動きかねない危険を察知し、日本国民が不必要なリスクにさらされない賢さが求められる。たとえば、日本自身の非核政策へのこだわりや中東の民族・宗教紛争からの適切な距離感・温度差が必要なのである。

「節目の年」二〇一七年の再検証——ロシア革命一〇〇年、宗教改革五〇〇年

私は「節目の年、二〇一七年——ポピュリズムの先にあるもの」(2017・2)で「ロシア革命一〇〇年、宗教改革五〇〇年」という議論を提起した。率直にいって、日本ではいくつかの雑誌(『現代思想』一〇月号など)が特集を組んだ程度で、この歴史的節目を考察する議論は低調であった。だが、歴史の被写界深度を深くとり、我々の立ち位置を確認することは、本質的課題を炙り出すうえで大切である。

一九一七年のロシア革命とは、三〇〇年におよぶロマノフ王朝の終焉、専制君主制の廃止であった。あの時点でのロシアにおいては、「ブルジョア穏健リベラル改革」から「宮廷内革命」などという他の選択もあったが、結局、第一次大戦への兵士の反発もあって「労働者革命路線」へと過激化し、レーニンによる全権力のソビエト奪取、社会主義政権成立に至った。

日本の二〇世紀は社会主義革命の幻影に怯えた世紀でもあった。赤色革命に対するシベリア出兵、治安維持法、日独防共協定、三国軍事同盟と迷走する中で戦争の悲劇へと吸い込まれていっ

た。戦後の日本も、冷戦期に西側陣営にコミットする中で東側からの社会主義の圧力に緊張を抱き続けてきた。「復興・成長」の先頭に立った経営者たちも、社会主義を掲げる日本社会党や労働組合運動の圧力の中で歯を食いしばった。そのことは松下幸之助が残した著作を読めばよくわかる。敗戦後、一九四六年一一月、松下はPHP研究所を設立、同年一月には松下労組も設立されていた。翌一九四七年、松下はGHQによる公職追放中であったが、労組による「社長追放除外嘆願書署名運動」もあり、五月に追放解除、感激した彼は「対立しつつ調和する労組」を重視、労使協調路線の象徴として「PHP、繁栄を通じた平和と幸福」という概念を真剣に展開した。

だが、冷戦の終焉、社会主義崩壊から四半世紀、資本主義は変質した。グローバル競争の激化と労働組合運動の憔悴により、資本主義の驕りと歪みが進行した。ひたすら市場価値を高める経営、短期的ROI(投資収益率)が求める経営へと傾斜、マネーゲームの肥大化の中で「格差と貧困」は増幅の一途となった。二〇一七年を振り返って、対抗勢力を失った資本主義の堕落・弛緩は深く進行した。その中で、「ものづくり国家」としての日本の誇りは明らかに萎縮しつつある。

驚くべき事実だが、一〇月にアブダビで行われた国際技能五輪において、日本が獲得した金メダルは三個、第九位に後退した。一位は中国、二位はスイス、三位は韓国であり、二〇〇七年の一位を最後に日本は後退を続けている。技能五輪は五一種目からなり、必ずしも製造業・建設業の技術だけではなく、介護・看護、美容・理容、洋裁、洋菓子製造、西洋料理、造園、フラワー装飾、貴金属装身具、レストランサービスなどの幅広い職種が対象であり、日本の現場力が劣化していることは否定できない。

また、このところ日産、スバル、東レなど日本の有力製造企業に不祥事が続き、データ改ざんや検査プロセスでの不正という事案が噴出しているが、経営の弛緩と現場力の劣化とはコインの裏表だといえる。日本の技術力を象徴するブランドであった東芝が、不正経理からM&A経営（ウェスチングハウス原子力部門買収）の失敗によって、医療、半導体など優良部門売却によって消滅の危機に立つのも、日本企業が置かれた現実を示している。

もう一つの節目、宗教改革五〇〇年であるが、この一年、宗教改革が世界史に与えた衝撃を再考してきた。そして、一五一七年のM・ルターによる宗教改革の狼煙が、欧州広域を巻き込むカトリック対プロテスタントの血まみれの宗教対立を呼び、一六四八年のウェストファリア条約によって、「宗教からの政治の自立」という近代のパラダイムが拓かれたこと、そして今、H・キッシンジャーが指摘するごとく「四〇〇年ぶりの宗教の蘇り」、すなわち「宗教の名による殺人」がイスラム過激派のテロという形で噴出していることを論じた。この一年、シリア、イラクにおけるイスラム国（ISIS）は後退したが、テロは世界に拡散し、「宗教対立」は終ってはいない。トランプが火をつけたエルサレム問題は、火薬庫といわれる中東の危うさを増幅するであろう。

また、M・ウェーバーの『プロテスタンティズムの倫理と資本主義の精神』を想起するまでもないが、資本主義の精神は「欲と道づれの利潤だけを探求する卑しいもの」ではなかった。勤勉、克己、努力を積み上げ、契約を守る誠実さ、競争を通じた切磋琢磨を重んじる価値観が底流に深く存在し、マネーゲームに傾斜する現在の米国流の金融資本主義とは一線を画すものであった。

ところで、二〇一八年に向かう今、新しい情報技術革命の潮流の中にあることはまちがいない。一九九〇年代の冷戦後の軍事技術の民生転換によって始まった「IT革命」(インターネットの登場)は、AI(人工知能)、ビッグデータ、IoTといった新たな段階を迎えている。「人工知能が人間の能力を超える時代」という「シンギュラリティ」が迫るという議論は、「人間と機械の関係」に関し、「人間とは何か」というテーマを突きつけてくる。この議論に関し、私は「人間機械論の変遷――デカルトからAIまで」(2016・12)という考察を試みた。

人間の脳はわずかに一・五kg程度だが、ここに宇宙があり、「意識」がある。AIは、その前提として「人間の脳は神経細胞であり、電気回路と同じで再生できる」という考え方がある。この数年、私は何人もの優れたコンピューター科学の専門家と向き合い、啓発されてきた。西垣通氏との対談を通じ、コンピューター科学が「中東一神教」的な世界観によって開発されてきたという認識を深めた。目的・手段合理性を探究する「認識能力」という意味で、AIが人間を凌駕することは否定できず、既に囲碁や将棋などにおいて人間は勝てなくなってきた。ただし、人間の「意識」は異なる次元の知である。その意味で、東洋の思想たる仏教における「九識」の議論は深く、刺激的である。眼、耳、鼻、舌、身といった五識を超えた六識(理知、感情)があり、さらに末那識、阿頼耶識、阿摩羅識に至る意識が情報の結合により宿るという考え方は深い。AI時代を生きる人間拡張の論理として重要であり、どんなに機械が進化しても「人間が人間であるために」不可欠な視座であろう。ＡＩの時代、人間が人間である理由の一つに「人間には宗教心がある」という事実は重いのである。宗教は認識ではなく意識である。

二〇一八年に向けて——一〇〇年前の世界

二〇一八年への視界を拓くにあたって、ちょうど一〇〇年前の世界が一九一四年〜一九年までの第一次大戦期に当たり、とくに日本にとってはこの五年間が帝国主義路線へと迷走してアジア太平洋戦争に至る「運命の五年間」になったという歴史認識を持つことが重要であろう。なぜならば、安倍政権下、五年間の日本は、集団的自衛権を認める解釈改憲から「安保法制」「共謀罪」に至るプロセスにおいて、官邸主導政治によって「戦前への回帰」を図っており、歴史の教訓として一〇〇年前の誤謬——「日英同盟」を根拠とするドイツへの宣戦、対華二一カ条要求、ロシア革命へのシベリア出兵、満州国問題での孤立、日独伊三国軍事同盟——そして、真珠湾への道という悲劇を自戒しなくてはならないからである。そして今進行する世界の流動化に対し、まず日本自身がいかなる構えで向き合うかが肝心である。恒例のエコノミスト誌“The World in 2018”のキーワードは、「Pendulum Swings(振り子は揺れる)——政治と市場」であり、「Trump-ism vs. Macronisme(トランプ主義かマクロン主義か)、すなわち「閉ざされた世界」vs.「Pro Glo-balism」という緊張を展望している。

容易ならざる二〇一八年になるであろう。プーチンの永久政権化とも思われる大統領選挙の年を迎えるロシアは、ＩＳＩＳ掃討とシリア・アサド政権支援を通じて中東における地政学的野望を高めており、イランとイスラエルへのトランプ政策の迷走を利として影響力を強めてくるであろう。強権化する習近平の第二期政権に入った中国は、北朝鮮と台湾に強く踏み込んだ戦略を展開する可能性がある。たとえば米国と北朝鮮の軍事衝突の可能性が臨界点に来れば、中国が北朝鮮に軍事介入するか進駐して、北朝鮮をコントロール下に置く可能性がある。流動化する世界――失われるガバナンスの中で反知性主義、反民主主義が跋扈し、国際協調主義への懐疑が生まれるであろう。

「アメリカを通じてしか世界を視ない」という戦後なる七十数年間を過ごしてきた日本が、不規則なトランプの米国と世界の構造変化に直面し、取り戻すべきは主体的にあるべき日本を構築する意思である。アジアの成熟した民主国家として敬愛される日本を創ることである。しかたなくトランプに運命を預託する過ちは避けなければならない。

鍵はジェロントロジー

こうした世界認識に立って「内なる日本」を見つめる時、二〇一八年の重要なキーワードは「Gerontology＝ジェロントロジー」(体系的高齢者社会学)だと思う。『シルバー・デモクラシー』(岩波新書、二〇一七年)において、「シルバー・デモクラシーのパラドックス」として、世界の意思決定における「世代間ギャップ」に触れた。冷戦が終わり、「イデオロギーの終焉」の後、意思決定における価値座標の混迷という時代にあって、たとえば、トランプ当選、英国のBREXITにおいても、世代間の投票行動の差が生じており、日本のアベノミクスについても金融資産を持った高齢者が支持している。若者の投票率の低さ(政治的無関心)もあり、「老人の、老人による、老人のための政治」に向かっているともいえる。この歪みを正すことは、デモクラシーの再構築のためにも重要である。とくに日本においては、二〇一七年、一〇〇歳人口が七万人に迫り、八〇歳以上が一〇〇〇万人を超し、六五歳以上が三五〇〇万人を超すという「異次元高齢化社会」に突入している。二〇五〇年前後には人口が一億人を割り、ほぼ四割が六五歳以上の高齢者という時代を迎えるのである。

そこで、ジェロントロジーとは、「定年退職」してから三〇〜四〇年生きなければならない時代に、高齢者を社会参画させ活用するプラットフォームの創造とそのための社会意識醸成の「知の再武装」のシステムを構築する試みである。知なくしては責任ある社会参画はできない。ただし、ジェロントロジーは決して「老人学」ではない。若者こそがジェロントロジーの担い手である。なぜなら、この先八〇年も生きるための、自分自身のプラットフォーム構築だからである。

(2018・1)

Ⅱ　デモクラシーと肥大するマネー資本主義

「強欲なウォール街」がもたらしたリーマン・ショックから一〇年目を迎えたが、「懲りないマネーゲーマー」は、トランプ政権というかたちでしたたかに蘇り、再び「金融規制緩和」の流れを実現しようとしている。

「政治、つまり民主主義は金融経済の肥大化を制御できるのか」、それこそが現代世界が抱える本質的テーマだといえる。第Ⅱ部では、この問題意識を軸に、二〇一四年から一六年にかけての政治に関する論稿を収録した。この期間は安倍政権の期間であり、二〇一一年の東日本大震災の衝撃からの「復興」の過程でもあり、「フクシマ」、そして「原子力」という問題から目をそらすことのできない期間でもあった。

時代と並走する連載の宿命として、刻々と変化する情勢と飽きやすい世論やメディアの空気に揺さぶられかねないが、本質を見失わない視座が大切である。時代との緊張関係を見失いたくないと思う。

覚醒の年への思い
——二〇一四年、日本の死角

今年もロンドンでエコノミスト誌の恒例の新年予測レポート"THE WORLD IN 2014"を手に入れた。ここで示される見方は、あくまで英国から見た世界展望にすぎないが、視界が狭くなっている日本のメディアや「米国を通じた世界観」に影響された日本人の時代認識からすれば、この情報は死角を衝くものである。二〇年以上、エコノミスト誌の「新年展望」に注意を払ってきたが、その欧州中心主義的世界観に限界を感じながらも、「欧州から見た優先テーマ」は示唆的である。

二〇一三年の注目要素「米中関係」の着実な深化

二〇一二年の"THE WORLD IN 2013"で、二〇一三年の世界を動かす重大要素として指摘されていたのが、習近平の中国とオバマ第二期政権の米国の関係であった。一年を振り返り、この要素は確実に動いた。習近平体制がスタートしてわずか三か月後に行われた六月のカリフォルニアでの米中首脳会談、翌七月のワシントンでの戦略経済対話、そして中国による東シナ海防空識別圏(ADIZ)設定直後のバイデン副大統領の日中韓歴訪。この経過の中で米中関係の深化を見てとらねばならない。

米中関係が対立の要素を内包していることは論をまたない。人権問題、貿易摩擦、知財権問題、尖閣・南沙などの領土問題など山積しており、表層観察するならば「米中新冷戦」「米中覇権争いの時代」という認識に傾斜することになる。

だが、米中は、相手を戦略的対話の対象として認識し、意思疎通を深めながら、世界での自らの影響力を拡大したいという判断で動いている。日本は「日米同盟で中国の脅威を封じ込める」というゲームを展開しているつもりなのだが、この一年、米中は意思疎通を重ね「シェールガスから原子力まで、エネルギー分野での技術協力」や「投資協定」など、確実にコマを前に進めている。その前提として「日中の領土紛争に巻き込まれての米中戦争は避けねばならない」というのが、米中の基本了解であると考えるべきである。

一一月の中国によるADIZ設定についても、日米の温度差を直視する必要がある。米国は中国が設定したADIZそのものを否定するのではなく、識別圏に入る航空機に事前通告を義務づける運用を問題視しており、しかも民間機には、安全に配慮して中国への事前通告(飛行計画書提出)を容認している。中国が沖縄の米軍を意識することなく、日本との尖閣をめぐる鞘当てだけで東シナ海にADIZを設定するはずがない。米国の動きを想定し、軍事衝突はないとの相互了解の下に、あえて日米同盟の限界を演出したのである。韓国の識別圏拡大に中国が動かないのも、「日本の孤立」を際立たせる意図だといえる。

米国に依存して中国の脅威に向き合うという日本の基本認識が、根底から誤りであることに気づかねばならない。もちろん、日米同盟を一定の抑止力として利用することは重要であるが、過剰期待は危うい。

「日米同盟はアジアの公共財」とまで表現する日本の政策当事者が多いが、米国は自らの戦略意思でアジアにおける米国の影響力を最大化する行動を選択していくわけで、決して公共財としての警察官でも保安官でもない。集団的自衛権にまで踏み込んで、日米同盟で戦争のできる体制作りに腐心することが現実から乖離していることを認識し、主体的にアジアに相互信頼と平和の基盤を作る外交努力をしなければならない。米国への過剰期待と依存だけでは、二一世紀には関われないのである。

「アジア的退嬰」への視線

目を見開き、日本のメディアが伝える固定観念に埋没していてはまったく見えない現実を直視すべきである。

一つの例が一二月二〜四日のキャメロン英首相の訪中である。就任後、ダライ・ラマと面談していたキャメロンだが、このところ「チベットは中国のもの」と発言、中国への接近を試みてきた。今回の訪中では、経済人一〇〇人、閣僚六人を引き連れ、中国の「核心的利益」を支持する姿勢を鮮明にし、「西側指導者の中で、最も中国を支持する存在になる」とまで発言している。

背景には英国の経済的利害がみえる。たとえば、一〇月末、英国は二五年ぶりに原子力発電所の新設を決めた。総額一六〇億ドルの大型案件を落札したのは、フランスと中国の連合であった。フランスのEDF(フランス電力公社)、原子力企業アレバと中国の広核集団(CGN)と核工業集団(CNNC)の四社連携であり、南西部のヒンクリーポイントで二〇二三年に稼働する計画である。

ここに国際社会の冷厳な現実を見る。近年の欧州と中国の関係では、ドイツやフランスとの関係が目立ったが、英連邦五六か国とのネットワークに隠然たる影響をもつ英国の中国接近は重い。

欧州でEU関係者と議論をしていると感じるのは、近隣の中国・韓国との関係について「日本も大変だね」という同情の響きの裏に漂う「アジア的退嬰」への安堵感である。「アジアの台頭」などといわれ、成長著しいアジアに刮目すると同時に、いつまでたっても近隣で足を引っ張り合い、力を消耗するアジアの愚かさへの高みの余裕とでも言おうか。

実は、大航海時代以来、欧米植民地主義の要諦は、現地に内在する対立を利用して自らの影響力を最大化する「分断統治」であった。今日に至ってもアジアは、理性ある連携よりも、民族・宗教などによる対立に埋没するという罠から脱却できていない。そして、二〇世紀の歴史を省察するならば、その対立の誘惑から脱する基点は日本でなければならないはずである。

日本人は「中国・韓国の偏狭なナショナリズムに突き上げられ、やむなく日本も緊張感を持って向き合わざるをえない」と認識しがちである。もちろん、それぞれの国が抱える事情で、政治家はナショナリズムを武器に自身の正当化を図るという手法に陥るものである。だが、安倍政権下の日本が世界に発信しているメッセージも、「同じ穴のムジナ」と思われても仕方がないほど、古色蒼然としており偏狭である。日本近代史の省察に立って戦後民主主義の成熟を図るというよりも、国家主義的な傾向を強め、戦争をした日本への郷愁を抱いているかのような印象を与えている。

靖国神社への姿勢、日本版NSC、特定秘密保護法、集団的自衛権、新安保戦略という流れは、健全な保守という枠を超えて、同盟国米国からも不安視され始めている。二一世紀のアジアのリーダーを自認するならば、ケンカ腰の軍事戦略ではなく、「浩然の気」を漂わせるアジア連携の外交構想を示すべきである。

二〇一四年の注目点はロシアのユーラシア戦略

既に日本の原油とLNGの輸入の一割が、ロシアからのものとなった。この割合は、二〇二〇年には二割を超えると予想される。米国の中東におけるプレゼンスが、「イラクの失敗」によって後退を続け、中東情勢が流動化する中で、日本としてはエネルギー安全保障上、化石燃料の供給源を多角化する必要がある。当面の現実的選択肢としては、米国のシェールガスかロシアの原油・LNGとなる。一方、ロシアも欧州の原油・LNG供給の三割を押さえてきたが、価格引き下げ圧力を受けて「極東の安定的需要先が大切だ」との思いを強めている。相互の思惑が交錯し、まずエネルギーにおける関係が深まっているのである。

二〇一三年にはシベリア・パイプラインが太平洋岸に到達し、サハリンのＬＮＧも軌道に乗ってきた。三月には三〇兆円の投資計画を含む「極東開発プログラム」を発表し、極東に化学コンビナートを建設する他、農業開発プロジェクトなど、日本の投資の導入も含め意欲的計画を盛り込んでいる。日本海側の北陸・新潟・山陰などの行政府は、これまでも「環日本海構想」を掲げてきたが、実体は韓国・中国との連携が主で、極東ロシアは「失われたリンク」であった。それがいよいよ拡がり始めたわけで、だからこそ北東アジアの連携に関し、新たな視界と構想が求められている。

中国・韓国との関係が緊張を高めているだけに、日露関係の密度が際立つという面もあり、このところ日本のメディアも「東京オリンピックのために東京支持票をまとめてくれた柔道好きの親日家」として、プーチンのイメージを高めるという滑稽な傾向さえある。北朝鮮の体制が「張成沢《チャンソンテク》粛清」を機に、流動化局面に向かうと予想され、北東アジアの新秩序に向けて、ロシアとの接近だけではなく、中国・韓国とのわだかまりを超えた柔軟な対話と、相互利益につながる構想が必要な二〇一四年になるであろう。

プーチン露大統領は「ユーラシア国家」というアイデンティティを強調するが、これは「欧州とアジアを繋ぐ」という意味であり、その文脈で北極海航路の現実化も視界に入れるべきであろう。地球温暖化によるもので必ずしも喜ばしいことでもないが、北極海の航行が可能になった。二〇一二年に四六隻が航行したが、二〇一三年には五三二隻に通行許可が出たとされる。既存のスエズ運河航路よりも欧州・アジア間が三分の一短縮になり、二〇二〇年には三〇〇〇万トンの物流回廊になると予想されている。プーチンは最新鋭砕氷船を投入して、優位性の確立をはかるが、北極海の権益については、ノルウェー、デンマークなどの欧州勢に加え、米国・カナダ、さらには中国までが参入を図ろうとしている。

あらためて二〇一四年を見渡すならば、世界は一段と全員参加型秩序への移行を加速していることに気づく。冷戦終焉直後の「米国の一極支配」でもなく、また二一世紀に入って語られたBRICS台頭を背景とする「多極化」でもなく、すべての国・民族が自立自尊の自己主張をする全員参加型秩序に向かっており、「極」などという言葉で世界を捉えることは限界を迎えている。

アフリカや中東、そしてアジア、中南米の動向を注視するならば、多くの国が自己主張を強め、豊かさを志向して動き始めていることがわかるであろう。先進国や新興国という枠を超えて世界は動き始めており、「米国流資本主義の世界化」を「グローバル化」と言い換えてきたのとは違う「真のグローバル化」の局面に向かいつつある。

日本の正気回復の年へ　世界的脈絡の中でのアベノミクス再考

これまでも、アベノミクスの本質が外国人投資家依存の株高幻想にすぎないことは何回か触れてきた。二〇一二年一一月の「解散総選挙」、「安倍政権成立」から一年、異次元の金融緩和と財政出動を誘発剤として、外国人の投資を招き込みつつ形成してきた株高は、危うい臨界点に差しかかってきた。二〇一三年一二月六日の時点で、解散(二〇一二年一一月一六日)からの外国人投資家の日本株への買越しは累計一五・〇兆円となった。この間の日本の機関投資家は累計六・二兆円、個人投資家は累計七・七兆円の売越しであり、日本人は累計一三・九兆円も売り越しているのである。「アベノミクス効果での株高」とはしゃぎながら、実は日本人は心底でアベノミクスなど信じていない。日本の未来に投資することなく、外国人によって株が上がっているのをよいことに、平然と売り抜いてきたのである。

外国人投資家といっても、主体は「育てる資本主義」の産業金融ではなく、ヘッジファンドなど「売り抜く資本主義」のマネーゲーマーである。株・債券・為替・不動産、いかなる分野であれ「利ざやを狙う」ことだけを考える、移ろいやすい主体である。先進国こぞっての超金融緩和と新興国(BRICS)への過剰期待が後退した局面で、行き場のないカネが日本に流れ込むという世界金融構造の歪みを背景とした株高であり、決して実体経済の向上ではない。春先からは世界金融は、異常な緩和基調からの「出口」を求めて動き始めるであろう。

日本の資本主義の性格が変わりつつある。この一年間で外国人が一五兆円買い越し、日本人が一四兆円売り越したことにより、東証上場企業の外国人保有比率は三割を超した。配当性向への配慮など、日本の企業経営は変わらざるをえないだろう。それは、労働分配へのしわ寄せをも意味する。「格差と貧困」は静かに進行している。ヘッジファンド主導のユーフォリア（株高幻想）が去った時、食い散らされた焼け跡に立ち尽くすことになってはならない。技術と産業に立つ「実体経済」と、税と社会福祉のありかたを問い詰める「公正な分配」についての真剣な議論が今こそ提起されねばならない。

愚かな呪術経済学にはまり、「異次元の金融緩和」に酔いしれていた時代としてアベノミクスが位置づけられるようでは、国民的悲劇である。「成長力を取り戻す日本」を世界が期待していると思いがちだが、現実は、歪んだ金融資本主義のマネーゲームの草刈り場を提供し、おだてられ陶酔しているにすぎない。覚醒への時限は迫っている。

（２０１４・２）

ウクライナ危機が炙り出した日本外交のジレンマ

私は二〇〇三年から四年間、経団連のウクライナ研究会の委員長を引き受けていたこともあり、二〇〇四年一〇月からの「オレンジ革命」といわれた時期のウクライナを何度か訪れ、「美しすぎる政治家」として話題を集めていたチモシェンコ首相をはじめ、この国の多くのキーマンと向き合った思い出がある。二〇〇四年一月には「ウクライナという国から見えてくるもの」(『脳力のレッスン』所収、岩波書店、二〇〇四年)として、日本にとってのウクライナの意味を考察する論稿を書いてきた。あれから一〇年、曲折を経てウクライナはいま、世界史と日本外交を揺るがす震源となりつつある。

ユーラシア地政学のカギ握るウクライナ

ウクライナの歴史を振り返るならば、常に欧州とロシアの綱引きの中で振り回されてきたといえる。逆にいえば、綱引きの綱の真ん中の×印のようなもので、ウクライナが欧州に回帰するかロシアに回帰するかで、ユーラシアの地政学が決まるとさえいえる存在なのである。今回の政変も、二〇一三年一一月に親ロシア路線を採るヤヌコビッチ政権が、EUとの連合協定への署名を延期したことに反対するデモが発端であった。

ウクライナを論じるとき、少なくとも視界に入れておくべき二つの点を確認しておきたい。

第一に極東ロシアにおけるウクライナ人の集積と日本との因縁である。現在、極東ロシアといわれる地域に約六〇〇万人のロシア人が生活しているが、その半分の祖先はウクライナ人だといわれる。歴史の皮肉とでもいおうか、三段重ねでウクライナ人が極東に集積したのである。

まず、一九世紀の一八六〇年、ロシアは清国からウスリー川の東側を割譲させ、太平洋への出口としての不凍港ウラジオストックの建設を始めた。ウラジオストックとは「東征」を意味し、ロマノフ王朝の極東への野心をむき出しにした都市の建設であった。

人口の少ない極東ロシアへ、ウクライナからの農業開拓移民が行われた。一九世紀の間に約六万人の入植者が、ウクライナの港オデッサから黒海・インド洋・日本海を経た海路でウラジオストックに送り込まれたという。

次に、一九一七年のロシア革命に際し、独立志向の強いウクライナ人は革命勢力に対して「王党派」として反抗を試みた。「白系ロシア」という表現が使われたが、それは皮膚が白いからではなく共産主義の「赤」に対する王党派という意味であり、多くのウクライナ人が「シベリア送り」となった。さらに、第二次大戦期、ヒトラーがソ連に攻め込んだ時、ウクライナの独立志向勢力は何とヒトラーと手を組んでモスクワを揺さぶり、逆上したスターリンによって、さらなるウクライナ人が「シベリア送り」となった。その結果、極東ロシアにウクライナを故郷とする人が集積したのである。

それらのウクライナ人の中には、人口の浸透圧で日本の北海道や旧満州(中国東北地域)に移住する人もいた。横綱大鵬の父親がウクライナ人だったという事実にも、そうした事情が背景にある。また満州に流れ込んだウクライナ系のネットワークを使って、関東軍は、ウクライナ独立運動を支援する秘密工作を行っていた。戦前の一九三六年までウクライナには日本の領事館が置かれ、戦後首相になった芦田均が若き外交官として働いていたが、北のロシアの脅威をいかに削ぐかは、ロシア革命以前の「反ツァーリ運動」支援工作を行った明石元二郎陸軍大佐などの活動以来の日本外交の埋め絵であった。

ウクライナに関して、視界に入れるべきもう一つの要素が「ユダヤ」である。森繁久弥が演じていたミュージカル『屋根の上のバイオリン弾き』は、ウクライナにおけるユダヤ人の物語であった。ウクライナには歴史的にユダヤ人が多く、それがこの国の科学技術基盤と相関している。キエフ工科大学は、ソ連邦時代から科学技術を支える基点の一つで、宇宙開発や原子力分野において大きな実績を挙げてきた。チェルノブイリ原発がウクライナにあったことも偶然ではない。ソ連崩壊後、「一〇〇万人を超すユダヤ人がイスラエルに帰った」とされるが、それは主としてウクライナからであった。事実、イスラエルに行くと、ウクライナから帰った理科系の高学歴の人間に出会うことが多い。

ユダヤ人はグローバルなネットワーク民族で、「米国にも約一〇〇万人のウクライナ系ユダヤ人が存在する」といわれ、ソ連崩壊から「オレンジ革命」に至る「東欧の民主化」の背後に、ユダヤ勢力の支援が微妙に絡んできた。オバマ大統領のウクライナ政策にも、出身地のシカゴを中心にした中西部や東海岸のユダヤ勢力の影響力が見え隠れしている。

「9・11」というロシアへの追い風

一九九一年にソ連が崩壊した時、それまでユーラシア大陸の実に四一%(約二二四〇万km²)を領有支配していたソ連から、ウクライナやバルト三国などが分離独立し、ロシアは総計五三二万km²(日本の面積の約一四倍)という国土を失った。ソビエト連邦とは、ロマノフ王朝の膨張主義を継承した「社会主義イデオロギーで武装した大ロシア主義体制」であり、それゆえに分離の喪失感は深かった。ゴルバチョフ、エリツィンを引き継いで二〇〇〇年五月にプーチンが登場した頃、ロシアは混迷の中にあった。ロシア通貨ルーブルの価値は惨めなまでに下落し、一九八五年の公式レートに比べ五万分の一(デノミ要素を配慮すれば五〇分の一)になっていた。沖縄サミットに初めてプーチンが登場したときは、"Putin, Who?"(「プーチンって誰?」)という程度の存在であった。

私は二〇〇六年一月、「「大ロシア主義」へ回帰するロシア」(『脳力のレッスンII』所収、二〇〇七年)を寄稿して、プーチン後のロシアが次第に力と安定を取り戻す過程を分析した。プーチンは、大統領としての任期が切れた二〇〇八年にはメドベージェフに大統領職を譲り、その四年後、再び大統領に返り咲くという荒業を繰り出して国際社会を仰天させ、「専制体制」を確立していった。

実は、ロシアを救い、プーチン専制をもたらしたのは、皮肉にも「9・11」とそれ以降の米国の迷走であったといえる。エネルギー価格を注視すればそのことがわかる。9・11事件がニューヨーク、ワシントンを襲った前日、二〇〇一年九月一〇日のニューヨーク原油先物価格(WTI)はバーレル二八ドルであった。リーマン・ショックに際して三二ドルに落ちることはあったが、石油価格は高騰基調を続け、二〇一四年二月末現在、一〇三ドルという水準にある。原油一〇七〇万BD、天然ガス六八一BCMと、ともに世界二位の生産量(二〇一二年)を誇るロシアは、エネルギー価格高騰という追い風を受けて蘇ったのである。「エネルギー・モノカルチャー」というべき産業構造を抱えるロシアにとって、僥倖ともいえる要素がエネルギー価格の高騰であり、9・11後の中東情勢の不安定化と米国による「イラクの失敗」、そして国際社会を束ねる力の喪失は、ロシアとプーチンを際立たせる背景となった。

現時点でのプーチンのウクライナ戦略とは何か。もはやプーチンは、親ロシア路線の前大統領ヤヌコビッチのウクライナでの復権など望んではいない。亡命してきたヤヌコビッチを「統治能力なき失格者」と突き放し、ウクライナの新政権の正当性を否定する宣伝係として利用しているだけである。プーチンが照準を合わせているのは、第一段階としてのクリミア半島のウクライナからの分離、速やかなロシアへの編入であろう。どうしても確保したいのが黒海艦隊の基地セバストーポリである。三月一六日、クリミア自治共和国における住民投票による「ロシア編入支持」(九七%賛成)という正当化の儀式を演じ、米欧の対応を瀬踏みしつつ、国際的孤立を避けながらの綱渡りに踏み込みつつある。

三月一八日の「クリミア編入」を宣言したプーチン演説では、「民族自決は国連のルールに基づくもの」であることを強調し、「クリミアとセバストーポリは歴史的にロシアにとって聖なる土地」であることを訴えて、クリミア住民とロシア国民の意思を受けた編入であると、その正当性を繰り返した。クリミア自治共和国の独立というステージを超えて、一気にロシア編入に突き進んだのである。

クリミア半島は、一九五四年に当時ソ連の第一書記だったフルシチョフが「ソ連という枠組みの中での行政区分の変更」としてウクライナに組み入れたといういきさつがあり、ソ連崩壊後もロシアは黒海艦隊の基地を租借し続けてきた。親ロシア路線のヤヌコビッチ政権は、このセバストーポリ軍港の租借を二五年間延長したが、ロシアとしては、ウクライナが欧州に回帰した場合はNATOの基地に変わる可能性さえ懸念し始めており、黒海を経て地中海に拡がる「南の出口」と制海権を失うことに神経を昂らせているのである。

ちなみに、この地こそ、一八五三年から五六年まで、フランス・英国・オスマン帝国の同盟軍とロシアが戦ったクリミア戦争における「セバストーポリ包囲戦」の戦場である。明確な戦勝国のないまま一八五六年のパリ講和条約が結ばれたが、ロシアとしては産業革命で先行する英国やフランスに刺激を受け、基幹産業、建艦技術など軍事産業、輸送手段などの近代化に向けて、アレクサンドル2世の下に動き出す契機となった思い出の地である。それはペリーの浦賀来航の頃の話である。

さて、クリミア分離併合の動きに米国はどう動くのか。国連安保理を舞台に、ロシアによるクリミアへの介入を「不当」とする決議(ロシアの拒否権で否決)などの外交的圧力、ロシア要人への資産凍結やビザ発給規制など制裁を強めているが、直接的な軍事介入には慎重である。イラク戦争時には七四〇〇億ドルを超すレベルに増大させていた軍事予算も、五〇〇〇億ドルを割る水準にまで圧縮を余儀なくされ、「イラク・アフガンからの撤退」を進めてきた局面において、海外への軍事展開に議会の合意が簡単に得られる状況ではない。

また、アフガン、シリア、イランなどの情勢を制御するためにも、一定のロシアの協力は不可欠であり、決定的対決は避けたいというのが本音であろう。ロシアとの経済関係が強い欧州も一枚岩ではない。

苦渋の対応を余儀なくされる米国の選択に関して、注目すべき論稿が二〇一四年三月六日付のワシントン・ポスト紙へのヘンリー・キッシンジャー寄稿“How the Ukraine Crisis Ends”である。キッシンジャーは、ウクライナの立ち位置として「フィンランド方式」を示唆し、「独立を維持しつつロシアとの敵対を避け、かつ西側との協力関係維持」を目指すべきと語り、そのために、米国としては、ウクライナを単純にEUやNATOにコミットさせることを避けるべしという主張である。あいまいな状況を抑制的に受け入れる、大人の知恵とでもいうべき姿勢がうかがえる。クリミアの分離併合を容認するものではないが、ロシアに配慮して何らかの妥協を模索する方向を探るのか、オバマ外交の正念場が迫っている。

ウクライナ政変の日本にとっての意味

遠い黒海の辺のウクライナをめぐる動きが、安倍政権の外交の危うさを顕在化させる、皮肉な要素となりつつある。いわゆる「価値観外交」で、近隣の中国・韓国との関係を「戦後最悪」ともいえるほど硬直させ、靖国参拝を強行して「戦後秩序を否定して、危険な国家主義への回帰を目指しているのでは」として、同盟国米国からも不信の目で見られる安倍政権にとって、ロシアとの関係改善は暗闇の中での光であった。欧米首脳が「人権問題」を理由に参加を見送ったソチ五輪の開会式にも参加し、安倍首相は、就任後の一年でプーチン大統領と五回も面談、「北方領土問題」への展望も開けるのではという議論さえ始まっていた。このタイミングで噴出したウクライナ危機は、日本をジレンマに追い込みつつある。

ロシアと米欧の対立がエスカレートした場合、日本はG7の側に立ちロシアを牽制するのか、それとも「温度差」を演じ、ロシアとの好関係維持に向かうのか、苦渋の選択を迫られることになる。

まず、浮上するのはエネルギーである。日本のロシアへのエネルギー依存は確実に高まりつつである。中東情勢の流動化の中で、日本が化石燃料の中東への過剰依存(原油八割強、LNG四割弱)を解消するために供給源を多角化するとなると、現実的選択肢はロシアとなるのである。シベリア・パイプラインが太平洋側にたどり着き、サハリンのLNGプロジェクトが軌道に乗ってきた二〇一三年、既に日本の原油とLNGの輸入の一割はロシアからとなった。二〇二〇年には二割になると予想され、ロシアも日本のような安定的需要先に売りたがっている。欧州への化石燃料輸出を優位に展開するためにも、ユーラシア国家として極東への販路を安定確保したいのである。相互の思惑が日露接近をもたらしている時、米国が主導するロシアへの経済制裁がエスカレートした場合には、ロシアからのエネルギー供給は壁にぶつかる可能性がある。

また、ウクライナ危機は、解釈改憲してでも米国との集団的自衛権行使に踏み込もうとする、安倍政権の外交安保政策の矛盾を皮肉な形で露呈させ始めた。

日本が集団的自衛権を急ぐ心理は、中国・北朝鮮の脅威に対して米国との軍事同盟を強化することで向き合おうというものだが、ウクライナ危機によって米露の軍事的緊張が高まった場合、日本における米軍基地はロシアを想定したユーラシアへの展開を担わざるを得なくなる。軍事衝突の可能性は低いが、戦端が切られた場合、冷戦期からソ連を対象にモニタリングしてきた情報通信基地三沢がロシアからの攻撃対象になりかねない。自ら「米国と一体の軍事同盟」に踏み込むということは、そうした事態さえ視界に入れた覚悟がいるということなのである。

世界の「集団的自衛権」に関する潮流は真逆である。NATOなどは代表的な集団的自衛の仕組みだが、加盟国は自国の国益を慎重に配慮し、独自の行動を思慮深く選択する時代を迎えつつある。シリア問題をめぐっても、NATO加盟国の温度差が目立ち、ロシアに対しても共同の軍事行動が行われる状況ではない。

「自主自立」の主体的判断が求められる時代に、「安保条約の双務性」にこだわり、「集団的自衛権の行使容認」に狂奔する日本の姿は、哀しく滑稽でさえある。自衛権は安易に他国に預託すべき問題ではない。自国の青年を不必要な戦争の犠牲にしないための、ぎりぎりの熟慮の判断が問われるのである。

ウクライナ危機はさらに尖閣問題にさえ影を投げかけている。中国はウクライナ情勢を別の文脈で注視している。住民投票によるクリミア分離の正当化というロシアの手法は、台湾問題や新疆ウィグルを抱える中国が賛同できるものではなく、国連安保理でも「棄権・中立」という立場をとるが、ウクライナ問題でどこまで米国が動くのかはきわめて重要である。「米国は動けないし、動かない」となれば、それは北京にとって領土問題へのメッセージとなる。

動き出すユーラシアの地政学

実は、尖閣問題について日本人が明確に認識しておくべき重大な事実がある。二月一〇日に行われたアンジェレラ在日米軍司令官の日本記者クラブにおける共同電話インタビューにおいて、「尖閣をめぐり日中の衝突が起こった場合、米軍は、直接介入はしない」と明言したのである。

詳しく発言内容を読むと、違和感を覚えるものではない。現在、海上警察権レベル(日本側は海上保安庁)で向き合っている尖閣周辺で衝突が起こったなら、在日米軍はまず「救助」に徹し、日中両国の対話を促すというものであり、中国が尖閣を軍事占拠した場合でも、米軍がただちに直接介入することには慎重な姿勢である、と語ったといえる。在日米軍が「すぐに駆けつけてくれる善意のガードマン」ではないことを明らかにしたわけで、沖縄米軍への過剰期待を抱いている人たちからすれば失望かもしれないが、米国のアジア戦略の本質を正直に語った本音であろう。

米国は尖閣の施政権が日本にあることは認めるが領有権についてはコミットせず、日米安保条約第五条の対象として同盟責任を果たすことを繰り返し明言しているが、それが軍事介入(米中戦争)を意味しないことも確かなのである。つまり、日中両国へ配慮し、東アジアにおける米国の影響力を最大化する「あいまい作戦」なのであり、それが現実である。このことを冷静に受け止める視界なしには、日米同盟の今後や基地問題も議論できないのである。

ウクライナ危機を震源として、ユーラシアの地政学が動き始めた。歴史は玉突きの玉のように動く。地殻変動の中で、日本外交は自己矛盾を露呈し始めた。対米過剰依存の固定観念に埋没する一方で、近隣からの孤立という不安の中でロシアの理不尽な行動にも「実効の無い制裁」でお茶を濁している。二一世紀の世界に関与する外交総体の構想に欠けるからである。

取り戻すべきは、近隣との協調と相互信頼を基盤にした自立自尊の構想であり、柔軟で賢明な進路選択である。

(2014・5)

強靭なリベラルの探求

――細川「脱原発」・集団的自衛権・アベノミクスの本質

異様な物憂さの中で二〇一四年の上半期が過ぎ去ろうとしている。この半年、何が動いたであろうか。アベノミクスなる金融政策に過剰に依存した景気浮揚策も、そのシンボル指標ともいえる株価(日経平均)も、年初の一・六万円台から一・四万円前後を揺れ動くところに下落し、実体経済と乖離した株高幻想も構造的限界を見せ始めた感がある。

また、猪瀬前知事の金銭疑惑から唐突に行われた東京都知事選において「脱原発」を掲げた細川元首相の無残な敗北は、この国の原子力のあり方という重い課題に何の方向付けも示さないまま、原発の再稼働と海外輸出への道を開く導線になった空虚感がある。さらに、「日本を取り戻す」のフレーズの下に進行する特定秘密保護法から集団的自衛権行使容認まで、古い国家主義への回帰を思わせる政治状況、さらには近隣の国との寒々とした緊張とウクライナ危機が炙りだした世界の地政学的変化の中に迷走するこの国の姿に、閉塞感を覚えざるをえない。

私にとってこの上半期は、『脳力のレッスンⅣ　リベラル再生の基軸』(岩波書店)を出版してからの半年であった。これは「アベノミクスなる株高に幻惑された一億総保守化」ともいうべき時代の空気の中で、疑似リベラルたる民主党の自壊を問い詰め、真のリベラル再生の基軸とは何かを模索する作品である。特に、東日本大震災の衝撃を受け、原子力問題という深刻な課題を突き付けられ、戦後日本の本質が問い返される中での私自身の知的格闘の軌跡でもあった。

幸い、さまざまな立場で日本の進路を考える人々の議論の叩き台となり、連合など労組や市民運動の研究会、中小企業経営者の経営塾、さらには自民党の国家戦略本部でもこの本を軸とする講演と議論の機会を得た。思えば、自民党も「リベラル・デモクラティック・パーティー」であり、「保守リベラル」という人たちが主軸を形成した時代もあった。宮沢喜一が「リベラルとは一億一心とは真逆の考え方」と語っていた姿を思い出す。またこの半年、米国・欧州・アジアを動いて語り合った人たちの日本への目線も心に残る。多様なリベラルを柔らかく糾合し、この閉塞感を突き破っていかねばと考えている。

かかる状況下で正気の知性を取り戻すために、もう一度思い出したいのが高村光太郎の「火星が出てゐる」という詩である。夜机に向かいながら私はこの詩を静かに心に言い聞かせている。

（前略）
要するにどうすればいいか、といふ問は、
折角たどつた思索の道を初にかへす。
要するにどうでもいいのか。

否、否、無限大に否。
待つがいい、さうして第一の力を以て、
そんな問に急ぐお前の弱さを滅ぼすがいい。
予約された結果を思ふのは卑しい。
正しい原因に生きる事、
それのみが浄い。
お前の心を更にゆすぶり返す為には、
もう一度頭を高くあげて、
この寝静まった暗い駒込台の真上に光る
あの大きな、まつかな星を見るがいい。

火星が出てゐる。(後略)

細川元首相は何故惨敗したか――虚弱なリベラルの敗北

ダブルスコアでの惨敗であった。二月の都知事選、当選した舛添要一の得票二一一万票に対し、細川護熙の得票は九五・六万票、次点の宇都宮健児(共産・社民推薦)の九八・三万票にさえ届かぬ第三位での敗北であった。細川・小泉という二人の元首相を配し、争点の単純化で民衆の心を駆り立てる「劇場型政治」の大団円を見るのかと捉えた人もいたが、結果は投票率四六・一％に象徴される「冷ややかな反応」で、都民は戸惑いの中で「消去法による選択」を余儀なくされた。

なぜ、細川護熙は敗れたのか。その考察の中に、現状におけるリベラルの限界と、新しいリベラルの要件が見えてくる。細川・小泉の「脱・原発論」の虚弱さと限界は、一つの質問を投げかけることで明確になる。それは野田民主党政権が「革新的エネルギー政策」として提示した「脱・原発」政策に対して、私が「総合資源エネルギー調査会基本問題委員会」(経産省)のメンバーとして再三問いただした論点でもあるが、「米国との関係をどうするのか」という一点である。

戦後日本が建設した五四基の商業用原子炉はすべて米国製であり、核燃料の供給も含め、一九五三年のアイゼンハワーの「原子力の平和利用宣言」以来、米国の原子力政策の川下に置かれてきた「受け身の受容者」という認識を日本人はとりがちである。しかしこの八年間で日米間の原子力における位相は大きく変化した。スリーマイル島の事故から三三年間、米国内には一基の原発も建設してこなかったという事情を背景に、二〇〇六年には東芝がウェスチングハウスの原子力事業を買収、日立とGEが原子力分野での合弁事業を設立、三菱重工はフランス・アレバ社と中型原子炉分野での合弁会社を設立するなど日本産業が世界の原子力産業の中核主体になった。日本製鋼所の室蘭工場はロシアを含め世界の原子炉圧力容器供給の八割のシェアを占め、日本の産業協力なしに世界の原子力産業は動かないという事態になっているのである。

つまり、一九五五年の日米原子力研究協定、一九六八年の日米原子力協定と積み上げ、それに基づく「日米原子力共同体」というべき構造を構築してきており、日本が本気で脱原発を目指すならば、「日米原子力共同体をどうするのか」に明確な政策を示さなくてはならない。「米国の核の傘の外に出て脱原発を進める」というのであれば、論理的には一貫している。しかし、多くの日本人は「中国・北朝鮮の脅威を考えたならば、米国の核の傘には守られたいが、脱原発は進めたい」と考えがちであり、細川・小泉両元首相も「安全保障とエネルギーの議論は別だ」と思っているようで、一切踏み込もうとしない。核の議論は、軍事利用の原爆と平和利用の原発がコインの裏表のように絡みついているから悩ましいのである。

「核廃棄物の最終処理のシステムが確立していない限り原発稼働は不条理」という局地的真理を突き、作家・音楽家・宗教家など文化人が主張する「原発は等身大の技術ではなく制御不能で非倫理的」というメッセージと連携して、細川・小泉両氏は「脱原発、反原発」を訴える。だがそれだけでは責任ある政策科学の議論ではない。まず、少なくとも米国と正面から向き合う覚悟がいるということだ。冷戦後のアジア太平洋の秩序構築に向け、日米同盟を根底から見直す問題意識もなく、「対米協力」を政策軸としていた細川・小泉両氏に「脱原発」に向けて米国と向き合う気迫も覚悟も私には期待できない。このお気楽な無責任さが、これまでのリベラルの虚弱さとなっているのである。私は『リベラル再生の基軸』において「リベラル必ずしも脱原発ではない」という主張を展開してきた。もちろん、私は原発推進派ではない。原発の経済効率が良いとも、CO_2を出さないから環境にやさしいとも思わない。チェルノブイリや福島のような事態を起こせば、コストや環境における優位性など吹き飛んでしまう。私がこだわるのは「原子力の技術基盤の維持と進化」である。世界のエネルギー地政学を睨み、国際エネルギー機関(IEA)や国際原子力機関(IAEA)などに何回となく足を運び、そこでの議論を通じた熟考の上、日本は単純に原子力に背を向けてはならず、原子力の技術基盤を大切にすべきだと思うからである。

安全神話から目覚めた後に

安全神話から目覚め、福島の現実を直視して原発に依存しない社会を目指すことには共感する。同時に日本が置かれた国際的位置を冷静に認識すべきだと思う。日本が「脱原発」に踏み込んだとしても、二〇三〇年までに八〇基・八〇〇〇万kWの原発を目指す中国をはじめ、韓国・台湾、ロシアの動きを視界に入れるならば、少なくとも一〇〇基以上の原発が日本を取り巻いているであろう。また、我々は福島を凝視して議論するために五〇年前の第一世代原発に焦点を当ててしまうが、既に第三世代以降の安全性能が根底から異なる原発、さらにはトリウム原発や小型原発の開発の段階を迎えつつある。

順次原発を廃炉にするためにも人材と技術基盤は不可欠である。今日までに戦後日本は三・八万人の原子力工学科の卒業生を世に出し、また、五四基の原発を建設・稼働させるために、官民合わせて一〇〇兆円を超す国富を費やしてきた。すべての議論に「安全」が優先すべきことは論をまたないが、日本が採るべき原子力政策に関する私見は『リベラル再生の基軸』でも論じたごとく、簡明にいえば「非核のための原子力技術基盤の維持・蓄積」である。つまり、IAEAを舞台に「核なき世界」を主導するためにも、日本自身が平和利用に徹した原子力技術基盤を維持・蓄積すべきであり、技術と人材を失ったならば、国際社会に貢献も発言もできなくなるということだ。日本の協力なしには米国も原子力発電プロジェクトを進められないという現実を交渉力として真摯に米国に向き合い、日米協力で核の廃絶と原子力平和利用での安全性の進化に向けて世界をリードすべきである。そのためにも民間電力会社がオペレーションし、規制庁が監視するという現在の原子力推進体制を見直し、「国家がより一層責任を持つ体制」が必要なことはこれまでも主張してきたとおりである。

リベラルの虚弱さは、ともするときれいごとの言葉に酔いしれ、政策科学的構想力に欠けることに由来する。観念論を超えて、経済の現場に生きる大多数の国民の理解と共感をえられる政策論にならなければ、やがて「脱原発」はかつて夢想した「非武装中立論」の運命を辿るであろう。リベラルは敗北の美学であってはならない。「原発は等身大の技術ではなく、原子核の制御は可能という人類の思い上がりがもたらした危険で非倫理的なエネルギー源」という文明論的問題提起には真摯に向き合う必要がある。しかし、遺伝子工学にも通じる危険を内在させるとしても、近代とは科学技術とデモクラシーを両輪とする挑戦であり、その探求は善悪双方のポテンシャルを高め続ける。ここで怖れ、萎縮してはならないと思う。ハンス・ベーテなど宇宙科学の成果を受け止めるならば、太陽エネルギーの源泉は核融合であり、太陽とは「重力で閉じ込められた巨大な水素プラズマ」であり、巨大な核融合炉である。巨大すぎて人知の及ばぬ制御不能の世界と考えられがちだが、現在は制御不能でもイカロスのごとき失敗を積み上げても、科学的挑戦は人類の未来にとって必要である。

集団的自衛権再考——求められるのは対米関係総体の再設計

虚弱なリベラルを脱却する思考の基軸を見つめるならば、実は戦後七〇年近く敗北を抱きしめ、あまりにも影響を受けてきた米国といかに向き合うかが、根幹に横たわるテーマであることに気づく。現在、喫緊の課題とされる集団的自衛権の行使容認問題も、米国との関係を本質的に再考しない限り、日本人が奇妙なトラウマに埋没したまま、世界的には「周回遅れの議論」に時間を費やしていることになるであろう。

ソ連崩壊後、冷戦を前提とした安全保障体制の見直しが世界潮流となった。同じ敗戦国だったドイツは一九九二年に在独米軍基地の縮小と地位協定改定に踏み込んだ。それを横目で見ながら日米双方の「日米安保で飯を食う一群の利害関係者(安保マフィア)」が日本側の同盟負担を維持するために強調し始めたのが「集団的自衛権」である。「日米安保は片務条約であり米国が日本を防衛する義務を負うが日本は米国を守る義務はない」との論点を浮上させ、基地縮小や負担軽減の流れを抑え込む心理的圧力として、日本側が容易には踏み込めない集団的自衛権というハードルを提示してみせたのである。「生真面目な愚かさ」で日本側はこれを受け止め、「アジアで冷戦は終わっていない」「日米安保はアジア安定の公共財」などと正当化し、九六年「安保再定義」、九七年「新ガイドライン」と、本来なすべき日本側負担の軽減ではなく「軍事同盟の深化」を図っていった。二一世紀に入っては9・11後ブッシュ大統領が叫ぶ「テロとの戦い」(米国の力で米国の正義を実現する戦争)に呼応し、インド洋、イラクへと自衛隊を送り、さらに「普天間基地—辺野古移設問題」を抱え込んできた。

駐留米軍経費の七割を日本側が負担し、しかも占領軍時代の地位協定に近い専有権を与える軍事基地という、米国が海外に展開する基地の中でも例外的な基地を提供している日本が、さらなる負担にコミットする必要はない。ところがそこに、常にトラウマのごとく持ち出されたのが集団的自衛権である。今回、「集団的自衛権の行使容認」を提案した「安保法制懇」なる有識者会議のメンバーを注視すれば、ほとんどがイラク戦争への自衛隊派遣を支持し、「イラクの失敗」につながる戦争の本質を見抜くことなく「カネだけでなく人的貢献を」と語り、今米国自身さえ省察している戦争に拍手を送った人たちであることに気づく。

しかも、この数年、集団的自衛権に対する米国の本音は大きく変わっている。日本人は「米国の戦争」に巻き込まれると議論しがちだが、米国側からすれば「日本の戦争」に巻き込まれる可能性が出てきたのだ。尖閣を巡る日中対立が軍事衝突になれば米国としては願い下げの「米中戦争」に引き込まれる懸念が現実となり、日本は「迷惑な同盟国」となる。

四月末に来日したオバマ大統領も、日本側の同盟負担の増大という文脈では「集団的自衛権見直しに理解」を示したが、「東アジアでの緊張を引き起こさないでくれ」という本音を何度も強調していた。日本側は「尖閣は日米安保の対象」とのオバマ発言を本領安堵された御家人のようにありがたく受け止めているが、「尖閣の領有権にはコミットしない。施政権は日本にある。同盟責任を果たす」というのは一貫して米国が示してきたスタンスであり何も新しいものはない。米国の意図は日中双方に配慮し双方の期待をつなぎとめることである。

日本は「日米で連携して中国の脅威を抑え込む」戦略を展開しているつもりで、「沖縄米軍もそのために存在する」と期待する。だが、米国のアジア戦略の基軸は「アジアにおける米国の影響力の最大化」である。単純に「米中覇権争いの時代」と認識するのはまちがいで、米中間に懸案事項は山積しているが、習近平就任以来の「米中首脳会談」「米中戦略経済対話」の内容を見ると、「新しい大国関係」として意思疎通を深めている点に注目すべきであり、「まちがっても米中戦争だけは回避したい」という明確な共通意思が存在している。

集団的自衛権に踏み込むことが、仮想敵国の攻撃をためらわせて戦争を回避する抑止力になるという説明は軍事オタクの空論で、核装備すれば相手は攻撃をためらうという核抑止論にそのままエスカレートしていく論理である。軍事の論理ばかりが先行し、外交が後退している。最も賢い安全保障は脅威を作らないことであり、集団的自衛権だと大騒ぎして近隣との緊張を高めては大局的国益を損なう。

世界潮流を見ると、NATOも集団的自衛権の下に統一した軍事行動をとる時代ではなく、シリアやウクライナ問題に対しても個々の加盟国が主体的意思で行動する傾向を強めている。ASEAN共同体に踏み込む東南アジアも、南沙・西沙問題を抱えつつも「集団的自衛権で中国と向き合う」などとはいわない。主体性が求められる時代なのだ。日本も米国への過剰依存と過剰期待を前提にアジアと向き合う時代を超えていかねばならない。「独立国に外国の軍隊が駐留し続けるのは不自然だ」という基本的常識に還ることが二一世紀日本の基軸でなければならない。

我々が何を忘れているのか確認するために、明治以降の時代を生きた日本人ならば教養の前提として一度は読み、何らかの影響を受けたであろう福沢諭吉の根幹の思想を引用する。

国の文明は形を以て評す可らず。学校と云ひ、工業と云ひ、陸軍と云ひ、海軍と云ふも、皆是れ文明の形のみ。この形を作るは難きに非ず、唯銭を以て買ふ可しと雖ども、こゝに又無形の一物あり、この物たるや、目見る可らず、耳聞く可らず、売買す可らず、貸借す可らず、普く国人の間に位して其作用甚だ強く、この物あらざれば彼の学校以下の諸件も実の用を為さず、真にこれを文明の精神と云ふ可き至大至重のものなり。蓋し其物とは何ぞや。云く、人民独立の気力、即是なり(『学問のすゝめ』第五編)。

さまざまな評価のある福沢だが、日本近代史の劈頭に屹立するその神髄を受け止めるならば、文明の中核を「独立の精神」とし、「独立とは自分にて自分の身を支配し他に依りすがる心なきを云ふ」という点に凝縮できるだろう。いま、新たなる文脈でこの一点を思い起すべきである。日本人は中国・韓国との緊張の中で「近隣の国にはなめられたくない」という次元のナショナリズムに吸い寄せられている。しかし、この国が「人民独立の気力」をもって向き合うべきは戦後なる七〇年間に依存と期待と甘えの構造に浸ってきた米国との関係である。

アベノミクスの臨界点——取り戻すべき「健全な資本主義」

「覚醒の年への思い——二〇一四年、日本の死角」(2014・2)において、「異次元の金融緩和と財政出動を誘発剤として外国人の投資を誘い込んで形成してきた株高は危うい臨界点に差し掛かってきた」と述べた。事実、年初に一・六万円水準にあった日経平均株価は二〇〇〇円近く沈みつつある。その理由は、日本株高騰を支えてきたヘッジファンドを主体とする外国人投資家の日本株への買い越しが、二〇一二年一二月一六日の解散総選挙以来の累計で、二〇一三年末に一六・九兆円に達していたが、二〇一四年五月一六日現在は一五・六兆円となり、二〇一四年に入って一・三兆円の売り越しとなったためである。

海外でよく質問されるのは「なぜ日本人は日本株を買わないのか」という点であるが、前記の五月一六日までの一年半の期間、日本の機関投資家(法人)の売り越しは五・四兆円、個人投資家の売り越しは八・六兆円で、日本人は合計一四兆円売り越してきた。つまり「アベノミクス礼賛」

と表向き評価しているようだが、心底は冷たく、外国人が買ってくれるのを受けて売り抜いてきたのである。理由は明確で、八九年末の日経平均が三・九万円だったのをピークに二四年間も低迷を続け、二〇一二年平均の九一〇八円から一・四万円台に上がったといっても、ようやくピークの三分の一に戻ったという心理で、簡単に株に信頼が戻るというものではないのだ。

外国人投資家の主力であるヘッジファンドは、株・債券・不動産・為替、あらゆる金融商品の動きから「利潤を掬い取ること」をビジネスモデルとするマネーゲーマーであり、日本産業の復活を願って投資しているわけではない。投資行動の本質は「売り抜く資本主義」だ。三月末から四月にかけて米東海岸を動き、ヘッジファンドのキーマン幾人かと会う機会があった。今春話題となった映画『ウルフ・オブ・ウォールストリート』の登場人物のような粗野なカネの亡者とは異なり、高学歴の怜悧なエリートであった。彼らはアベノミクスを驚くほど冷静に捉えていた。その本音を私なりに集約すれば、「日本の超金融緩和と財政支出拡大は我々にとっての好機で、この草刈り場的環境は享受する。だが長期的に考えて日本人にとって適切な政策とも思わない。日本が本当にやるべきは財政の健全化と減税、それも法人税減税ではなく国民を豊かにする減税だ。為替を安く誘導するだけの政策で長期的に産業と国民生活を豊かにすることはできない。我々は世界の金融構造の変化を見極めて行動するだけだ」というものだ。

その世界の金融構造は、超金融緩和の先頭を走ってきた米国が、金融引き締め基調に転じ始めている。連邦準備制度理事会(ＦＲＢ)はＱＥ３といわれた量的金融緩和を昨年末から圧縮してきており、バーナンキに代わり二月に議長に就任したイエレンも「一五年には金利引き上げ」を模索すると発言し始めている。〇八年末以来、「ゼロ金利」を続けてきた米国が金利の引き上げと金融引き締めを本格化させれば、世界の資金が米国に還流することが予想され、潮目の変化の入口にあるといえる。

本格的金融引き締めに米国が動くのは、米国の実体経済が回復基調を強めているからである。シリアやウクライナ情勢を注視してわかるごとく、米国の世界を制御する力は失われており、「一極支配」などといわれた面影はない。だが、皮肉なことに米国自身の経済は追い風の中にある。理由は二つで、「シェールガス・シェールオイル革命」といわれる化石燃料要素と「次世代ICT革命」といわれるIT革命の新しい局面である。安価な化石燃料が大量に国内生産されることにより、「双子の赤字」といわれた経常赤字と財政赤字も、四〜五年前に比べ二〇一三年度は半減した。一〇%台だった失業率は六・六%(三月)まで下がり、二〇一四年の実質GDP成長率も三%を超すと思われる。加えて、「ビッグデータ」「クラウド」といわれる情報ネットワーク技術革命の進化が米国の産業競争力を高め、新たな活力を生み出しつつある。実体経済が好転すれば金融引き締めに動くのは当然の流れで、新興国から米国への資金還流が予想され、日本に資金を流入していた外国人投資家も新たな判断を要する局面が近づいている。

株価が景況感を支えるアベノミクスにとって「何としてでも株価は維持しなければ」との思いがその推進者の心を覆うのは当然である。その株高もヘッジファンド依存の危うい構造であるため「外資が売っても株価維持のために日本人のカネを株式市場へ」という思いが凝縮されたのが少額投資を促すＮＩＳＡのキャンペーンであり、年金基金を株式市場に投入する模索である。年金は安定運用されねばならないはずだが、既に運用委員まで積極運用論者に入れ替え、ＧＰＩＦ一二八兆円の基金のうち二二兆円が株式市場に投入され始めた。なりふり構わぬ株高誘導のリスクはやがて国民に回ってくる。

いかに付加価値を創出するか

マネーゲームはともかく、実体経済はどう動いているのか。これだけ金融緩和をすれば、ＧＤＰ、鉱工業生産、設備投資も若干は上向いたが、株価が二〇一二年比七割も上がったほどではない。企業業績も円安の恩恵や保有株式の洗い替えで表面業績が好転している企業もあるが、基盤経営力が強化されてはいない。気になるのは、円安反転による「輸入インフレ」で、原材料資材が二〇一二年に比べ二割以上も高騰している一方、所得が伸びていない現状で価格を上げれば益々売れなくなるため、最終製品は上げたくても上げられぬ状況で、「原材料インフレ、最終製品デフレ」の構造が極端になっていることだ。

重要なのは国民の所得は伸びるのかだが、三月までの統計では「前年同月比で賃金指数は〇・六％増、現金給与総額は〇・七％増、勤労者家計可処分所得は一・三％減」と所得は微増で、税・年金・保険などを払って実際に使えるカネはむしろ減っているのである。一部の企業のベースアップが華々しく報じられるが、四月の消費増税もあり現実に日本で進行しているのは分配における格差と貧困である。二〇一三年の生活保護の給付基準を六・五%切り下げ、それにより住民税の課税最低限が上がったこと、年金もわずかだが切り下げられたことなどで、低所得層には一段と息苦しい時代になっており、株を売って懐が厚くなっている人との格差は拡大している。

「第三の矢」といわれた成長戦略はどうなったのか。結局ビジョンが語られるだけで実行計画・プロジェクト企画には至っていない。円安に反転させても輸出は伸びず、三年連続で貿易収支赤字が拡大している現状を受け止めれば、従来の工業生産力モデルだけで国を豊かにする戦略は限界に達しており、付加価値の創出について新しい構想力が問われている。マネーゲームに翻弄されることなく、かつ「ものづくり国家」へのかたくなな陶酔でもない、柔らかい知恵が必要だ。

二〇一三年の日本の一人当たりGDPは三・九万ドル、シンガポールは五・三万ドル、デンマークは五・八万ドルで、日本は世界二三位であった。先進国モデルに拘泥せず、工業生産力を持たない中堅国が「目に見えない財」(技術・システム・ソフトウェア・サービス)で付加価値を生み出し成長につなげていることこそ参考になる。「工業生産力で外貨を稼ぎ、食料などは海外に依存した方が効率的」という時代を作ってきた戦後日本だが、「健全な経済社会と国民の豊かさ」という原点に還って次の時代を構想しなくてはならない。世界GDPの四倍を超す金融市場(株式市場の時価総額と債券市場総額)という現実が突き付けるマネーゲームの肥大化に対し、強靭なリベラルは「公正な分配」を求め柔らかい問題意識で対峙するべきだ。

(2014・7)

世界の激震と日本の正気
——二〇一四年秋の世界認識

二〇一四年秋、ユーラシア大陸が鳴動している。その鳴動は「ユーラシアの火薬庫」ともいわれてきた中東に連鎖し、血塗られた混迷を誘発している。「憎しみの連鎖」を食い止める知性を人類は問われている。

第三九回中東協力現地会議が、八月二七・二八日とイスタンブールで行われ、基調講演者の一人として参加してきた。この会議は、七三年の石油危機直後に、中山素平、水上達三などの経済人が「中東との関係をエネルギー・モノカルチャーにしてはならない」という問題意識でスタートさせ、中東協力センターを窓口に、経産省主催、外務省後援という形で積み上げてきたもので、今年も日本から三六五名が参加し、議論を深めた。

私がこの会議に初めて参加したのは二〇〇四年であり、今回で九回目の参加となった。私の役割は、世界のエネルギー情勢と背景にある構造についての基本認識の報告であり、報告のための準備作業と会議を通じての中東の現地事情の把握、さらに会議後、パリの国際エネルギー機関

（ＩＥＡ）、ウィーンの国際原子力機関（ＩＡＥＡ）と動いて専門家と意見を交換し、エネルギーを軸にした世界認識を再構築する作業は、このところ私の年中行事となっている。

激しく動く世界情勢の中で、我々は根拠のある展望を持って進路を模索しなければならない。思えば、この春から夏へと内外を動き回ってきた。移動距離はおそらく地球を三周する位になるであろう。フィールドワークと文献による「今我々が生きている時代」について、私の認識を提示しておきたい。

ロシア・プーチンの荒業――クリミア分離併合とその後

二〇一四年上半期の世界を突き動かした要素として、まずロシアという要素を視界に入れねばならない。三月のクリミア半島の住民意思を根拠にした分離併合は、ヒトラーがオーストリアの併合で採用した手法であり、世界を驚愕させた。その後、ウクライナ東部の混乱に目を向けさせ、クリミア併合を既成事実化する展開には絶句せざるをえない。

米国を中心とするロシア制裁の動きに対しても、ロシアは痛痒を感じないかのような動きを見せている。

その一つは中国への戦略的接近である。五月末、プーチンは上海に飛び、中国とのＬＮＧ供給協定を締結した。内容は「今後三〇年間、年間三八〇億㎥の液化天然ガス（ＬＮＧ）を一〇〇万ＢＴＵ（英熱量）当たり九・六ドルで供給する」というものだ。日本の年間ＬＮＧ輸入の三分の一に相当する量を、二〇一三年の日本のＬＮＧ輸入単価よりも五割安い価格で供給するわけで、Ｇ７の経済制裁がエスカレートしても、中国という回路を確保していることを誇示するかのような動きなのである。九月の上海協力機構総会での動きを見ても、中露を中核として、インド・イランを巻き込み、ユーラシアにＧ７圧力を跳ね返す勢力圏の形成を意図していると判断される。

プーチンのしたたかさは際立ち、五月末のサンクトペテルブルグの経済フォーラム(ロシア版ダボス会議)には、米国の参加自粛要請にもかかわらず、ＢＰ、トタル、シェルという欧州の主要エネルギー企業のＣＥＯを招き込み、シェールガスの合弁協定を結ぶなど、欧米間の温度差、政治とグローバル企業の間隙を突く戦略をみせつけている。

プーチンがエリツィンを引き継いで登場した沖縄サミット(二〇〇〇年)の頃、ソ連崩壊後一〇年を経たロシアは苦闘の中にあった。「プーチンって誰?」というのが世界の論調であった。そのロシアがBRICSの一翼を占めるまでに蘇った理由は「エネルギー価格の高騰」に尽きる。外貨を稼げる産業といえばエネルギーくらいしかない「エネルギー・モノカルチャー国家」たるロシアにとって、9・11以降のエネルギー価格の高騰は僥倖であった。9・11の前日、二〇〇一年九月一〇日のニューヨーク原油先物相場(ＷＴＩ)はバーレル二七・七ドルであり、それが二〇〇八年七月には一四七・三ドルに高騰、リーマン・ショックで同年一二月に三一・四ドルに急落したものの、その後は再び上昇基調で、二〇一四年七月末は九八・二ドルで動いている。つまり、皮肉な言い方をすれば、ロシアを蘇らせたのはアルカイダであり、米国の「イラクの失敗」である。

中東の不安定がロシアの国益につながる構造が存在しているのである。

板挟みの日本

日本にとっては、実に微妙なタイミングでウクライナ危機が起こったといえる。二〇一三年の日本の化石燃料のロシアからの輸入は二・三兆円で前年比三九％増となり、化石燃料の輸入全体に占める比重は九・〇％となった。シベリア・パイプラインが太平洋岸に到達し、サハリンのLNG事業が順調に稼働し、北極海航路を通行した船舶が七一隻となるなど、中国・韓国との関係が険悪なのと対照的に、ロシアとの関係は追い風の中にあった。二〇二〇年には化石燃料の二割はロシアからという展望がなされていた瞬間、ウクライナ危機が発生したのである。「ウクライナ危機が炙り出した日本外交のジレンマ」（2014・5）で指摘したごとく、日本は、本音ではロシアとの関係を維持・拡大したくとも、次第にG7と連携してロシア制裁に与せざるをえない状況になってきている。

特に、七月のウクライナでのマレーシア航空機の撃墜事故以降は、欧米間に温度差のあった対ロシア経済制裁も一段とエスカレートし、ロシア経済を縛り始めている。何よりも、世界の金融がロシアには向かわなくなっている。IMFの七月の世界経済見通しでは、ロシアの実質成長率予測は、二〇一四年〇・二％、一五年一・〇％と、四月時点の予測（二〇一四年一・三％、一五年二・三％）から大幅な下方修正となった。グローバル化時代、いかなる国も孤立しては生きていけないのであり、ロシアが払う代償も大きい。

ウクライナ危機に出口はあるのだろうか。ブレジンスキーやキッシンジャーは、「フィンランド方式」を示唆する。ウクライナがロシアにエネルギー(LNGと原子力)を過剰依存する現実を踏まえ、極端な形でEUに引き入れるのではなく、ロシアとEU間の適切なバランスの中に置くという考えである。

この「フィンランド方式」に関して、興味深い論稿を目にした。フィンランドの元ロシア大使R. NYBERGの「ウクライナへのフィンランドの教訓」(ニューヨーク・タイムズ国際版、14・9・2)である。フィンランド方式が単なる大国への妥協ではなく、ロシアに侵略の口実を与えない、絶えざる努力の産物であること、とくに「民主主義を守り抜く意思」「抑制された軍事力(武力で対抗することの限界)」「西側との密度の濃い関係構築」を強調する内容であり、考えさせられる論稿であった。いずれにせよ、プーチンによるクリミア半島の分離併合は既存の国境線という秩序に衝撃を与え、中東液状化の誘発剤となっていることは否定できないし、ロシアも領土を奪い取ることはできたが、同胞であったウクライナ人の心と世界の信頼を失ったことはまちがいない。

中東の液状化と「イスラムの台頭」という歴史エネルギー

オーストリアのウィーンとイスタンブールの距離は一二五五km、ウィーンとロンドンは一二五四km、つまりウィーンはロンドンとイスタンブールの中間点だということを知った。二〇一四年は第一次世界大戦の勃発から一〇〇年目であり、第一次世界大戦を経て、神聖ローマ帝国を引き継ぐハプスブルク家のオーストリア・ハンガリー二重帝国が滅びるまで、その首都ウィーンは長く欧州の中心であった。高齢化したフランツ・ヨーゼフに象徴されるように帝国は既に傾きかけてはいたが、遡る一八一五年のウィーン会議をオーストリア帝国の宰相メッテルニヒが主導して「ウィーン体制」と呼ばれる欧州秩序を形成したごとく、ウィーンの存在感は重かったのである。

そのウィーンが、一六世紀から一七世紀に二度もイスラム国家オスマントルコによって包囲された。この歴史的事実は長く欧州のトラウマとなり、今日も深層心理に横たわっていると感じる。ウィーンの北十数kmにカーレンベルクの丘という、ウィーン市街を望む丘がある。一九八三年、この丘にローマ法王ヨハネ・パウロⅡ世がヘリコプターで降り立った。それより三〇〇年前の一六八三年、この丘にウィーンを救援に駆け付けたポーランド王ヤンⅢ世の旗が立ったことを記念する式典への参加が目的であった。「第二次ウィーン包囲」は、オスマン帝国の宰相ムスタファ・パシャが率いる一五万人のイスラム軍によって行われ、ハプスブルクの皇帝レオポルドはウィーンから逃亡、まさに風前の灯であった。この「キリスト教の危機」に際し、ポーランドをはじめドイツの諸侯が救援に駆けつけたことで、かろうじてウィーンは解放されたのである。

オスマントルコの脅威は、現在でも欧州の潜在意識に存在する。欧州の母親がぐずる子供を静かにさせる時、今でも「トルコ人が来るよ」と脅かすという話を耳にするが、バルカンを制圧されて欧州の中心ウィーンを二度包囲された恐怖は、トルコのEU加盟への拒否反応にもつながるほどに刷り込まれている。そうした潜在意識を有する欧州にとって、いま再び「イスラムの台頭」という脅威が現実のものとなっている。欧州には一五〇〇万人を超すイスラム人口が存在し、毎年五〇万人増え続けているという。フランスは四五〇万人、ドイツは四〇〇万人、英国は二〇〇万人を超すイスラム系住民を抱えている。それは二重構造となって存在感を高めている。

まず目立つのは「金持ちアラブ」である。今世紀に入ってからの油価高騰の追い風を受けて湾岸産油国の石油収入が増え、潤沢なオイルマネーが欧州を買い占めているとさえいえる。英国の名門百貨店ハロッズはカタールに買われ、自動車メーカーやホテルまで、オイルマネーの傘下に入っている。湾岸産油国からの金持ちが高級住宅に住み、買い物客として高級ブランド店を闊歩する姿は欧州の日常的風景となっている。だが、底流で静かに存在感を高めているのが「貧しく抑圧されたイスラム」である。何世代にもわたる移民、出稼ぎ労働、不法滞在などで積み上げられたイスラム人口は、欧州の諸都市において差別され屈折した不満層となって溢れ始めている。

「イスラム国」(ＩＳＩＳ)という動きがシリアからイラクをまたがって活発化し、五一か国の国籍の人間が参加しているとされるが、この多国籍テロリスト集団の兵員供給源が欧州というのも事実である。「複数の米国人を公開処刑した人間が英国国籍らしい」という情報は多くの英国人の心を傷つけている。西ドイツの首相だったシュミットが「二一世紀の欧州の最大の課題はイスラムとの対話だ」と語るのを聞いたことがあるが、事態はその通りになりつつある。イスラムの問題は中東の地域問題ではないのだ。

オスマントルコ解体から一〇〇年　覇権なき中東

現在の中東混迷の淵源は、一〇〇年前に欧州が蒔いた種にある。中東にとって第一次大戦とは「オスマントルコの崩壊」を意味した。大戦後、英国主導のオスマントルコの解体と「サイクス・ピコ協定」などによる勢力圏の分配がなされ、人工的な国境線が引かれた。また、大戦中の一九一七年に英国によってなされた「バルフォア宣言」による「パレスチナの地にユダヤ国家建設の約束」が、今日のパレスチナ問題につながる起爆剤となったことは否定し難い。

その欧州の大国による人為的国境線が融解し始めているのが、現在中東で進行していることの意味である。一九六八年に英国がスエズ運河の東からの撤退(七一年末までに実施)を表明して以降、英国に代わって中東に覇権を確立してきた米国が、二〇〇一年の9・11に衝撃を受けてアフガニスタン、イラクと軍事展開、消耗を重ねたあげくに撤退を余儀なくされ、中東を制御する力を失いつつある。

結局、二〇一四年八月末現在、米国は、9・11以降、アフガニスタンとイラクで六八〇〇人に迫る兵士を死なせ、累積三兆ドルもの戦費を費やしてきた。現在中東を覆う混迷は、一九七〇年代以降四〇年間にわたり中東秩序を支える岩盤だった米国が、権益を有する湾岸産油国だけは必死で守り抜くが、外縁の中東には「動かないし、動けない」という姿を晒していることによる。

米国に代わってどこかが覇権を確立するなどという単純な話ではない。「覇権なき中東」に向かっているというのが的確であろう。その中で注目すべきは、地域パワーとしてのイランとトルコの台頭である。

七九年のホメイニ革命以来、イランは米国のトラウマであり、敵対を続けてきた。「核保有疑惑」をめぐり、国際社会を巻き込んで制裁を強め、イランも苦しみ抜いてきたが、シーア派イスラムの中核たるイランはペルシャ湾北側における勢力を強め、サダム後のイラクからシリアにまたがる「シーア派の三日月」といわれる勢力圏を拡大してきた。ISISも、イラクの政権がシーア派主導のものになったことへのスンニ派の反発を土壌に勢力を拡大した、イラク・アルカイダ機構(AQI)が原型である。AQIが〇六年に指導者ザルカウィを失った後、シリアの混乱に乗じてシリア国内に活動拠点を移して勢力を拡大し、再びイラクにも舞い戻ったのである。

イランでは、米国のイラク進攻を目撃して硬化した世論が二〇〇五年に成立させた右派アフマディネジャド政権が去り、二〇一三年、保守穏健派のロウハニが大統領に当選して国際協調路線に回帰し、同年一一月には核疑惑問題解決に向けてジュネーブでの六か国(米・中・露・英・仏・独)と「共同行動計画」で合意した。原油生産も二〇一四年には四〇〇万BD(輸出二〇〇万BD)水準への回復が見込まれる。

こともあろうに、この宿敵イランに妥協してテーブルについた同盟国米国のオバマへの不信が、二〇一四年の夏繰り広げられたイスラエルのガザへの攻撃の背景にあるといえる。

そもそも、イスラエルにネタニヤフという右傾化した政権が成立(二〇〇九年)した理由は、イラク戦争後、イランが右傾化して核装備さえしかねない状況になったことへのイスラエル国民の反発にあった。この数年、単独でもイランの核施設を攻撃しかねない姿勢を見せていたイスラエルにとって、イランの術中にはまって「イランの非核化」に向けての国際交渉テーブルができることは、必然的に「イスラエルの非核化」というテーマを誘発する可能性に直面する。

イスラエルと米国の間には「ニクソン―メイヤ秘密協定」(一九六九年)なるものが存在し、「米国はイスラエルの核武装を認識しているが、国際的核管理の仕組み(NPT)に参加することを要求しない」という暗黙の了解がなされてきた。これが「米国の二重基準」として指摘され、米国の中東戦略の「正当性」を疑問視する側から糾弾されてきていた。イランの非核化を求めるのであればイスラエルの非核化も、というのは妥当な議論であり、オバマも「中東の非核化」(NPTの普遍化)に言及し始めていた。アラブの海に取り囲まれているという緊張感で存立しているイスラエルからすれば、「米国は頼るに値せず」という心理に追い込まれ、過激で孤独な戦いに向かっている。この夏、イスラエルは戦闘においてハマスを圧倒したが、国際世論の支持を失った。

専制を強めるトルコ

トルコは一一年間も首相を務めたエルドアンが、八月の直接選挙で大統領に選ばれ、二期一〇年の任期になる可能性を考えると、民主的手続きを経た専制を強めることになろう。八月二九日の就任演説では、イスラム化を主導してきたエルドアンとしては従来にないほど、一九二三年の共和国トルコの建国の父で世俗化を主導したアタチュルクを持ち上げ、「宗教よりも権力」という本音を示し始めた。

イスラム国家でありながらNATO加盟国という特殊な立場を維持してきたトルコは、一〇〇〇万人といわれるクルド系対策に腐心しつつ、隣国シリアの混乱に乗じて、多国籍テロリスト組織ISISとも巧みな駆け引きで関係を維持している。中央アジアのトルコ系をもにらみ、ユーラシアにおける潜在武断国家トルコの存在感の高まりは注目される。

わずか三年前、「アラブの春」「中東の民主化」と騒いでいた中東は虚しい混迷の中にある。液状化する中東に、米国はイラク・シリアの国境を超えて増殖するISISへの空爆を開始した。ベトナム戦争時の北爆を思わせる展開であり、液体を紐で縛ることはできない。大国の論理での秩序回復は不可能である。日本としては、中東に対して軍事介入も武器輸出もしてこなかった先進国としての自覚に立ち、日本らしい中東での役割を貫くべきである。

米国——好調な経済とリーマン・ショック再びの危険

二〇一四年秋の世界認識において、慎重に見きわめねばならないのが米国に対する評価である。ロシアから中東へと一連の動きを注視すると、米国の国際社会を制御する力が希薄化しているという認識が深まる。事実、冷戦が終わり、ソ連が崩壊した一九九一年から二一世紀にかけて、「唯一の超大国」とされて「米国の一極支配」といわれていた米国の存在感は、アフガニスタンとイラクでの消耗によって、大きく後退した。

しかし、我々は単純に「米国の衰亡」と捉えるべきではない。短期的な景気の話ではなく、構造的に米国の実体経済はこのところ驚くべき回復基調にある。二〇一〇年に九・六%だった失業率は、八月には六・一%にまで下がった。米国経済の課題とされてきた「双子の赤字」も改善されつつある。二〇一一年度に一・三兆ドルだった財政赤字は、一三年度には〇・六八兆ドルと半減、経常収支赤字も二〇〇八年度の六七七一億ドルから一三年度の三七九三億ドルに大幅改善、数年前の米国論は通用しなくなっている。実質GDPの成長率も、一三年は二・八%と先進国でも際立って高く、欧州がマイナス成長局面にあるのと対照的に、一四年も三%前後の成長を実現すると思われる。

米国経済の追い風要因は二つある。「化石燃料革命」と「次世代ICT革命」である。化石燃料革命についていえば、米国は天然ガスに加えて、原油の生産においても世界一になったということである。シェールガス革命については認識が定着してきたが、頁岩層の隙間に埋蔵されたLNGを回収する技術を確立した米国は、この五年間で世界一の天然ガス生産国となった。むしろ天然ガスが出すぎて北米市場のLNG価格が軟化(二〇一二年春には二ドル/一〇〇万BTUまで下落、現在四ドル前後で推移)し、価格の高い原油に投資がシフトしたことで、原油生産が急増してきた。二〇一三年には一二三一万BD(DOEベース)とサウジアラビア、ロシアを凌駕し、世界一の原油生産国にのし上がった。

再生可能エネルギー重視でスタートを切ったオバマ政権としては、皮肉な話だが、足下から化石燃料が噴き出る展開となってしまったのだ。このことが、化学工業のみならず米国の産業競争力回復の力になってきた。また、「エネルギー」が輸出の主力品目になり、一三年には一四七九億ドルの外貨を稼ぐ産業になってきた。

そして、次世代ICT革命とは、「インターネットの登場」に象徴されるIT革命が一巡して、ビッグデータに象徴される新たなステージに入ったことを意味し、この分野における米国の優位性が際立つということである。データ処理の大量化・大衆化が産業活動の質を高め、統合的にデータを利用することで企業の競争力を高めることを現実としつつある。九〇年代のペンタゴンのARPAネットの技術開放(冷戦後の軍民転換)がIT革命の基点であったが、幕が代わり、ICT分野での新たなビジネスモデルが、雨後の竹の子のごとく創生されつつある。

皮肉にも、この米国の実体経済の好調が、米国民の意識の内向と微妙に相関している。米国の若者の血を流してまで、リスクとコストを懸けて中東に張り出す必要はないという空気であり、中東に依存しなくても米国のエネルギー戦略は成立するという潜在意識も絡み合って、「もはや米国は世界の警察官ではない」というオバマ発言を支えているともいえる。

好調な米国経済を背景に、米国は本格的な金融引き締めに動き始めた。QE3といわれた量的緩和も一〇月には収斂させ、二〇一五年には金利の引き上げを探る局面を迎えている。二〇〇八年末から踏み込んだゼロ金利政策も、出口を模索し始めたというべきであろう。実体経済が好転すれば金融を引き締めるというのは、当然の理で健全な判断だが、米国だけが引き締めに向かうということは、世界の金融を米国に還流させる転機ともなり、二〇一五年に向けて世界の金融構造は激震を受けかねない。

追い風の中にあるかに見える米国経済に不安はないのかといえば、そうともいえない。オバマ政権は、「イラクの失敗」に対する幻滅とリーマン・ショックを受けた「強欲なウォール街」への反発を背景に成立したともいえるが、私が最も危機感を抱くのが、アメリカを震源とする金融不安、リーマン・ショック再びの懸念である。

米国が出口に向かい始めたとはいえ、世界は超金融緩和の中にある。二〇一四年の世界全体のGDP総額は約七四兆ドルと推計されるが、金融市場の規模(株式市場の時価総額、債券市場、銀行貸出の総計)はその四倍以上の推計三二〇兆ドルに膨れ上がっている。異常な金融肥大型のマネーゲーム経済になっているのである。視点を変えていえば、IT革命の成果を最もしたたかに吸収してビジネスモデルを拡大してきたのは金融セクターだといえる。

「経世済民」の原点に還れ

金融の肥大化は、冷戦後の米国流金融資本主義の世界化の中で加速し、既に世界は二〇〇一年の「電力デリバティブを主導したエンロンの崩壊」、二〇〇八年の「サブプライム・ローンの破綻に連鎖したリーマン・ショック」を体験した。それにもかかわらず、懲りない人々が悪知恵のマネーゲームへと世界を誘導している。再び臨界点が迫っているとさえいえる。金融の肥大化は必然的に、その恩恵を受ける人とそうでない人との格差と貧困という不条理をもたらす。世界は、まちがいなくその方向に向かっている。

日本も「異次元の金融緩和」に酔いしれ、日銀による国債の買い入れ規模は既に累積一二〇兆円を超し、市場には潤沢な資金が供給されているが、金融機関はリスクを取ってプロジェクトを組成する力も、自前で運用する力にも欠け、外資が売り込んでくる「リスクが低い」と説明される金融商品を受け身で買い入れている。

リーマン・ショックをもたらしたサブプライム・ローンも、後になって考えれば、とんでもなく危うい仕組みで成り立っていたことに気付く。だが、それを混ぜ込んだ金融派生型商品はあまりに複雑であり、十分な理解のないままリーマン崩壊の波に飲み込まれていった。悪知恵の資本主義を主導するウォールストリートの懲りない人々は、さらに複雑怪奇な金融商品を生み出して誘いをかけている。金融政策だけで自国通貨を安く誘導し、資源・エネルギーの調達コストを高くし、国富を流出させ、一方で、輸出は増えず、貿易収支の赤字を積み上げる政策が賢いのか。「経世済民」の原点に還って、国民経済の理にかなった政策論が問われる局面に入ったといえる。

肥大化したマネーゲームに幻惑された景況感から脱し、正気の経済学を論ずべきである。

（２０１４・11）

宗教とマネーゲーム
——二〇一六年への視座

ロンドン・エコノミスト誌は、今年も新年展望"The World in 2016"を発表した。英国から見た世界展望であり、一つの見方にすぎないが、「米国を通じてしか世界を見ない」という傾向にある日本のメディア環境を考えると、欧州の目線は示唆的である。私は一九八七年に創刊されたこのロンドン・エコノミスト誌の新年展望に三〇年近く目を通してきたが、この分析と展望は、同誌のシンクタンクＥＩＵ（エコノミスト・インテリジェンス・ユニット）によるデータ解析の集約点でもあり、内外の雑誌の断片的展望を並べた新年展望とは異なり、体系性において注目すべきである。日本語版が日経ＢＰから『２０１６世界はこうなる』として発行されているが、二〇一五年の日本語版で「アベノミクスに厳しい評価をした日本に関する論稿」を全文削除するという不可解な面があり、できれば原文で読むことを薦めたい。

二〇一四年末の"The World in 2015"では、二〇一五年について、「指導力の欠落」「無秩序」「分断」という三つの言葉を提示していたが、確かにイスラム国（ＩＳ）なるテロリスト集団に翻弄され、恐怖の中でイスラムへの偏狭な拒絶反応を示し始めている欧米社会を見ていると、世界は混沌に向かっているように見える。

さて、同誌の二〇一六年の展望だが、編集長が提示したキーワードは、WOES(災禍)、WOMEN(女性)、WINS(勝利)の「三つのW」である。まず、WOESとはあまりに不気味な予見だが、無秩序を通り越していつ災いが襲ってくるかもしれない現実を象徴する言葉といえる。次のWOMENは、表紙の中心にドイツのメルケル首相、米国の大統領候補ヒラリー・クリントン、連邦準備制度理事会(FRB)のイエレン議長を並べて、「危機の時代こそ女性が活躍」という認識を提示している。WINSは、ブラジルでの五輪などスポーツの世界的イベントが予定されていることを象徴する言葉ともいえるが、重苦しい時代状況への救いを求める心理の投影でもあろう。新年早々、この新年展望、とりわけWOESは既に現実のものとなりつつあるとさえいえる。「災い」はどこからくるのか。「宗教」と「マネーゲーム」の歪みから醸成されるようだ。

宗教の復権への向き合い方

二〇一五年、一月、一一月と二度にわたりパリを襲ったISのテロの余燼くすぶる中、二〇一六年に入っても世界各地でテロは続き、特にドイツのケルンで発生した難民による集団暴行事件は、これに反発する極右勢力の台頭と相俟って、世界を暗澹とした気持に陥れている。いらだちの中で、異教徒を一括りにして排除する空気が充満しているのである。米国の大統領選挙における共和党候補トランプが「米国にはイスラム教徒を入国させるべきではない」と発言し、一定の拍手が起こるところにまで米国も追いつめられている。それは、合衆国憲法修正第一条「宗教の自由」の否定であり、トランプ自身の祖父がドイツからの移民であったという「移民の国アメリカ」を否定することだからである。世界は宗教という要素によって、歪んだ形で突き動かされ始めている。

その意味で、戦後の国際政治に大きな影響を与えたヘンリー・キッシンジャーが近著"World Order"(二〇一四年、邦訳『国際秩序』日本経済新聞出版社、二〇一六年)で示している視点は示唆的である。彼は、世界は四〇〇年ぶりの構造転換に直面しているとして、一六四八年のウェストファリア条約を持ち出している。この条約は、宗教戦争といわれた三〇年戦争と、カトリックのスペインに対するプロテスタントのオランダの八〇年におよぶ独立戦争の終結において結ばれたもので、欧州がローマ教皇という宗教的権威からの政治の解放と各国間の勢力均衡の中での共存を確認する転機となった条約である。つまり、近代国際秩序の起点となった条約であったが、それ以来の転機ということは、世界政治を動かす要素として再び「宗教」が蘇ってきたことを意味する。

確かに、冷戦の終焉から二五年、イデオロギーの対立の時代は終わり、地球が一つの市場となる「グローバル化」なる時代に向かうと思っていたら、宗教とか民族といった要素が再び頭をもたげ、紛争や対立の火種となってきた。

シュミット元独首相の言葉

忘れがたい思い出は、二〇一五年に亡くなったドイツのシュミット元首相の言葉である。二〇〇九年五月、ベルリンでのOBサミットの専門家会議に参加する機会を得、三日間、何度となく食事をしながら彼の話を聞いた。北朝鮮の脅威が話題になった時、彼は次のように言った。「北朝鮮のことなどもはや重要な話ではない。なぜなら、今の北朝鮮には世界の若者を引き付ける理念がない。かつて、カストロでもゲバラでも、強大な脅威ではなくとも若者の心を引き付ける力があり怖かった。いま最も恐れるべきはイスラムだ。コソボ紛争、イラク戦争とイスラムを血まみれにしているが、欧州にもイスラム人口が増え続け、恨みと憎しみに満ちた目で事態を見つめている。二一世紀欧州の最大の課題は、イスラムとの対話だ」

シュミットの視点は的確だったと思う。あらためて、イスラム対キリスト教の歴史的関係を再考するならば、この話の根の深さに慄然とする。遺恨の積み上げと敵対を通じたアイデンティティの確立の繰り返しだからである。

そもそもイスラムはキリスト生誕から約六〇〇年後に、アラビア砂漠に忽然と現れたムハンマド(五七〇年頃〜六三二年)なる商人出身の預言者によって開かれた宗教であり、教義においてキリストの神性を否定し、自らを唯一の絶対神の下の「預言者」として、モーゼ、キリストと同列に置いた。コーランにおいてキリストの三位一体性を否定し(第五章七六〜七九節)、当時キリストなる存在(神なのか人なのか)をめぐり混乱していたキリスト教側の事情を背景に登場してきたイスラムは、キリスト教にすれば「神の子キリスト」を否定して「キリストも一個の使徒(預言者)」とする「怪しげで不快な仇敵」となった。

登場からわずか一〇〇年で、ビザンツ(東ローマ)帝国を中東から追い払ったイスラムは、征服軍となって欧州に迫った。七一五年には、ダマスカスを首都とするウマイヤ朝イスラムがイベリア半島を制圧し、七三二年にはピレネーを越えフランク王国と衝突する。これが第一の衝突である。この時、欧州はイスラムの脅威を目前にして「キリスト教共同体」としての自覚を高めた。

イスラム史を貫く特色として気づくのは、預言者ムハンマド自身が弾圧を跳ね返して、六三〇年に一万の軍勢を率いてメッカ征服を成し遂げたごとく、宗教的権威(神の使徒)と政治的権力(イスラム共同体・ウンマの統治)が一体となって動くことであり、征服(ジハード)へ向かう衝動を内在させていることである。わずか一世紀でペルシャからイラク、シリア、北アフリカ、イベリア半島を一気に制圧した理由はここにある。このことは、今日、イスラム国なる存在が、国家を称して唐突に現れる伏線になっている。

二回目の衝突が一一世紀末から約二〇〇年にわたる十字軍である。アナトリアのセルジューク朝の勢力拡大に対するビザンツ皇帝からローマ教皇への救援要請を受け、一〇九五年のクレルモン宗教会議で「聖地回復の義務」が宣言され、一二二一年の第五回まで、エルサレムを目指し熱病のごとく繰り返された十字軍は、キリスト教・イスラムの相互にとって「敵対心とアイデンティティ」を増幅する埋め絵となった。

三回目の衝突が、オスマン帝国と欧州の血みどろの戦いである。イベリア半島における「国土回復運動」が、一四九二年にはグラナダの陥落をもたらし、欧州からイスラムを撤退させたものの、オスマン帝国の脅威は厳然と存在した。大航海時代とは、中東におけるイスラムの壁を迂回してインド・アジアにアプローチする欧州の苦闘でもあった。一五二九年と一六八三年、神聖ローマ皇帝の居城で当時の欧州の中心ともいえたウィーンがオスマンの軍勢に二度包囲され、陥落寸前に追い込まれた。欧州のトラウマは深く、今日でも欧州では母親がぐずる子供をしつける時、「トルコ人が来るよ」という逸話があるという。

イスラムと西欧　四回目の衝突とその展開

さて、イスラムと西欧社会との衝突の歴史の根の深さを概観してきたが、最も肝心なこの一〇〇年、四回目の衝突とその展開を我々は目撃していることになる。二〇一六年はサイクス・ピコ協定から一〇〇年目となる。第一次世界大戦を背景に結ばれたこの協定は、オスマン帝国解体後の中東を欧州列強(英仏)が分割統治すべく「人工的に国境線を引いた秘密協定」であり、今日の中東の国境の原型である。「シリアとイラクの国境線を超えてＩＳなる疑似国家が跋扈し、昨年だけで一〇〇万人を超す難民が欧州に流入した」という情報に接する時、一〇〇年前の歴史の因果が逆流している思いがするのである。

一九六八年、半世紀にわたり中東に覇権を維持してきた英国が、スエズ運河の東側から撤退、代わって米国がペルシャ湾の覇権を確立、一九七〇年代はイランのパーレビ体制を支えてペルシャ湾の秩序を維持していた。ところが一九七九年、ホメイニ師率いるイスラム原理主義革命によってパーレビ体制は崩壊、衝撃を受けた米国は、隣国イラクのサダム・フセインを支援して、一九八〇年九月から八年間にわたるイラン・イラク戦争に側面協力、一九九〇年には増長したサダム・フセインがクウェートに侵攻して湾岸戦争に至り、ついには自らが育てたモンスターというべきサダムを処断することになった展開が、9・11後のイラク戦争であった。つまり、「敵の敵は味方」という短絡的判断で中東をかき回し、混迷を増幅してきた米国の地域政策の失敗の歴史が見えるのである。

現在、中東で進行している最も重要なことは、過去一〇〇年間、大国の横暴によって動かされてきた地域が、大国の力が相対的に後退して自らの運命を自分で決める力が高まっていることで、その象徴ともいえるのが地域パワーとしてのイランの台頭である。気がつけば、米国はイラク統治の失敗によって、ペルシャ湾の北に巨大なシーア派のゾーンを残して湾岸から後退しつつある。

皮肉な話で、サダム政権を打倒し、「イラクの民主化」を掲げて選挙を行ったことにより、人口の六割以上がシーア派であるイラクも、シーア派主導の政権となった。イランの影響力を顕在化させるゾーンたる「シーア派の三日月」が、イラン・イラク・シリアにかけて形成されたのである。追い詰められたスンニ派の過激派勢力が、イラク・シリアの国境線を超えて跋扈し始めたのがＩＳの原型である。

二〇一五年、そのイランが核開発を凍結することで合意し、二〇一六年一月にはイランへの経済制裁が解除され、イランの原油の生産が五〇〇万ＢＤ(二〇一五年は三六〇万ＢＤ)を超して、国際市場に出る局面を迎えている。これは、サウジアラビアが最も懸念する事態であり、一六年に入りサウジ・イランが国交断絶に踏み切った背景にある要因でもある。イランが強大化し、石油収入を拡大すれば、イランが背後から支援するレバノンのヒズボラ、パレスチナ過激派(ハマス)、イエメンの反政府勢力(フーシ派)を勢いづけ、中東をさらに緊張させることになるであろう。

なぜ宗教のために人を殺すのか

宗教対立の根は深い。しかも、根っこには石油権益や政治抗争などの要素が絡む。本質的問いとして、人間は何故、宗教のためとして人を殺すのであろうか。本来、宗教は救済であり、赦しであり、解脱(欲望の制御)であるはずだ。ただ、信仰が深ければこそ、自分以外の信仰は誤りであり、排除されるべしという確信に変わる。特に、中東の一神教は、異教徒への妥協なき戦いに向かう。だが、それでも歴史の教訓に学ぶならば、この問題の解答は相互の共存の容認しかない。それ故に、それぞれの宗教の中心に立つ指導者・権威者の「対話と協調」が重要となる。

宗教の名における殺人さえ正当化がなされる局面において、日本人がこの問題に向き合う姿勢には自らの文化の蓄積を熟慮した賢さが求められる。単純に「テロとの戦い」という言葉に共鳴して、一方の武力攻撃に肩入れして他方の逆恨みを引き受ける愚に踏み込んではならない。宗教的多様性を重んじる日本がなすべきことは、常に宗教対立の外に立ち、「世界宗教者会議」などの宗教間対話の枠組み作りに知恵を出し、主導することであろう。武力による解決ではない第三の道があることを示すべきであろう。中東に領土的野心を抱いたこともなく、軍事介入したことも武器輸出したこともない日本は、基本的に中東諸国、および人々から信頼され期待されているというのが、この一二年間、中東協力現地会議(中東協力センター主催)に参加してきた私の実感である。

堅調な米国経済とリスクの顕在化

ＩＭＦは二〇一六年一月一九日、定例の世界経済見通しを発表した。二〇一五年の世界全体のＧＤＰ成長率(ＰＰＰベース、実績見込)は実質三・一%と、前年の三・四%に比べて〇・三%の減速となった。一六年については三・四%成長と回復基調を予測しているが、一五年一〇月時点での予測三・六%に比べれば、世界経済は明らかに下方修正局面にある。

先進国のなかでは米国が堅調であり、実質成長率は、二〇一三年一・五%、二〇一四年二・四%、二〇一五年二・五%と右肩上がりであり、一六年については二・六%成長が予測されている。欧州(ユーロ圏)は、ギリシャ危機などを内在させながらも、一五年は一・五%成長を実現し、一六年も一・七%成長を予測している。

問題は日本で、二〇一四年のゼロ成長、一五年も〇・六％程度の実質成長で、実体経済は動いていない。一六年は一・〇％成長を予測しているが、改定の度に下方修正を繰り返しており、アベノミクスに入って三年、異次元金融緩和と財政出動を続けている割には、依然として第三の矢（成長戦略）は飛ばない。

BRICSといわれた新興国の失速が目立つ。ブラジル、ロシアは二年連続のマイナス成長（ブラジル：一五年マイナス三・八％、一六年マイナス三・五％、ロシア：一五年マイナス三・七％、一六年マイナス一・〇％）が予想され、中国も一五年は六・九％にまで減速、一六年も六・三％成長と予測され、かつての一〇％成長軌道からは明らかに異なる局面に入り、実体は五％を割っているのではという見方もある。堅調なのはインドのみで、一五年は成長率で中国を抜き、七・三％成長を実現、一六年も七・五％成長が予測されている。

それにしても、年明けの世界の株式市場の乱高下は凄まじい。日経平均も一五年末比、一時三〇〇〇円以上も下落した。株価の動きに一喜一憂する必要はないが、背景にある構造は見抜く必要がある。基本的には、一五年末に米国が政策金利を〇・二五％引き上げ、ゼロ金利を脱したことにより、世界の資金が相対的に金利の高い米国、おそらく一六年中に一％水準に引き上げを模索するであろう米国に還流する流れが形成されていることである。

その基調変化の中で、「原油安」という要素が思いもかけないリスクとなってきた。二〇一四年半ばまでバーレル一〇〇ドル水準にあった原油価格が、三〇ドルを割るところまで下落してきた。原油価格下落の要因は、世界経済の減速という需要側の要因もあるが、供給過多、つまり原油が出すぎているのである。何よりも、米国の原油生産が一二〇〇万BDの水準に達し、世界一の原油生産国になったという点がある。一方、石油輸出国機構(OPEC)全体で約三六〇〇万BDを生産しているが、減産や生産調整の合意形成は難しい局面にある。前述のごとくイランへの経済制裁が核合意によって解除され、国際市場にイラン原油が入ってくる流れを、サウジアラビアなど湾岸産油国は強く警戒しており、「イランつぶし」で減産に踏み込もうとはしない。

また、二〇一五年末、米国は一九七五年以来四〇年ぶりに原油の輸出を解禁し、既に欧州や日本を含むアジア向けの輸出を始めた。本音に「ロシアの牽制」が見え隠れする。化石燃料しか外貨を稼ぐ手段のないロシアにとって、原油価格の下落は致命的である。あらゆる意味で、当面は原油価格を下方に向かわせる要素しか見えないのが現状である。一月二四日現在、WTIはバーレル二六ドル台にまで下落している。

金融不安の影

日本へのインパクトも波状的に襲いかかってきた。まず動いたのが日本株に入っていた産油国のオイルマネーであった。原油安で急速に悪化した産油国財政を補うため、日本株への投資を引き揚げ始めた。ピーク時、外国人投資家の日本株への投資は累積二〇兆円を超す買い越しとなっていたが、このオイルマネーの剝落で、一七兆円前後にまで減少した。さらに、不透明感を加速させているのが「ハイイールド債」のリスクの顕在化である。

ハイイールド債とは、かつては「ジャンクボンド」といわれていたハイリスク・ハイリターンの低格付け債のことで、ウォール街の懲りない人たちによって生まれ、リーマン・ショック後に警戒心を高めた世界の金融市場に形を変えて売り込まれた債券である。折からの米国の「シェールガス、シェールオイル・ブーム」に乗って、リスクはあるが利回りの期待できる投資として、エネルギー分野のハイイールド債が、世界中の超低金利にあえぐ資金を引き寄せた。

ところが想定外の原油価格の下落で、デフォルト(債務不履行)に至る債券が増え始め、ハイイールド債のスプレッド(米一〇年国債との利回りの差)は危険水域の七%に達した。これがリーマン・ショックのような金融危機に波及することのないように、細心の対応が迫られる局面にある。

ハイイールド債のリスクは、日本にも影を投げかけている。国債の利回りが一〇年もので〇・二%などという現実を背景に、資金運用力に欠ける金融機関はハイリターンに惹かれて、ハイイールド債に吸い寄せられており、年金の運用機構GPIFもハイイールド債への運用で毀損が生じる可能性を内包している。

表層判断するならば、原油価格の下落はガソリン価格や電力料金、航空運賃のサーチャージを下げ、日本経済の追い風要素となる面もある。だが、エネルギーの分野にハイイールド債などマネーゲーム的要素が絡みつくと、話は複雑化し、金融不安を招来しかねないリスクが臨界点に近づくのである。本質的に考えるならば、金融政策に過剰に依存して、金融を異次元緩和して調整インフレを引き起こし、それを成長戦略の起爆剤とするリフレ経済学の限界と弊害が顕在化してきたことに気づかねばならない。

実体経済の成長率よりも金融活動による資本収益率が大きい状況を政治主導で誘導することは、必ず経済に歪みをもたらす。マネーゲームの恩恵を受ける人とそうでない人との格差と貧困、金融工学を駆使した手の込んだ金融商品がもたらす、制御不能なまでに肥大化したリスクによって、経済社会は加速度的に腐敗していく。今世紀に入ってからだけでも、エンロンの崩壊(二〇〇一年)、リーマン・ショック(二〇〇八年)と、金融不安を繰り返し、格差と貧困は一段と深刻になっている。「資本主義の死に至る病」とまでいわれるマネーゲームの肥大化をどう制御するのか。技術と産業に軸足を置いた「健全な経済社会」を志向する新しいルール作り(たとえばグローバルな金融取引税導入など)が求められていることはまちがいない。

リーマン・ショック後、緊急避難的にリフレ経済学を主導してきた総本山ともいえる米国は、量的緩和(QE3)を二〇一四年一〇月に終わらせ、ついにゼロ金利も解除して金融政策の出口に出た。日本は出口なき異次元緩和に埋没したままである。「黒田バズーカ」などといって政治的に金融を弄ぶことの副作用は大きい。

(2016・3)

東日本大震災から五年

――覚醒して本当に議論すべきこと

東日本大震災から五年が過ぎた。ようやく、冷静にあの震災の意味を総括できる局面が来たと思い始めていたら、熊本での震災に襲われ、震災列島に住む日本人として改めて深く考えさせられている。わずか五年前のことである。我々日本人は、あの3・11が突きつけた問題を早くも忘れ、「アベノミクスで株が上がれば結構」程度の自堕落な感覚で生きているのではないのか。簡単に忘れてはならないことがある。

3・11の衝撃と思考の再起動

3・11の激震に襲われた時、私は新幹線の中にいた。関西に向かう新幹線で、品川を出た直後であり、五時間半も閉じ込められた。この時のことは、『世界を知る力――日本創生編』（PHP新書、二〇一一年）に書いたが、不思議な偶然で、この時、カバンの中に親鸞に関する本を三冊持っていた。東本願寺からの依頼で、この年の五月に予定されていた「親鸞聖人七五〇回御遠忌讃仰行事」の記念講演として「今を生きる親鸞」という話をする予定があり、親鸞関連の本を読み込んでいたのだ。車内での五時間半、私は腹を据えて親鸞の本を奇妙に落ち着いた気持で読んでいた。

外部から遮断された孤独な時間が流れ、しばらくすると水と乾パンが配られた。車掌に状況説明を求めて詰め寄る声も聞こえたが、私には親鸞のいう「善人なおもて往生す、いわんや悪人をや」が腑に落ちる気がした。大災害に直面した瞬間、人間社会における関係性はフラットになる。組織社会における上司・部下などの階層関係、社会における「貴賤」、社会通念における「善人・悪人」など、一瞬にして意味を失い、一人の人間として生きなければならなくなる。「避難所」に身を寄せた人も、「帰宅難民」となって座り込んだ人も、群衆の一人として生きなければならない。つまり、虚飾や依存を捨てて自らの生き抜く力だけに向き合うことになる。その時、根源的問いかけが浮かんでくる。自分たちが作ってきた社会の意味とは何か、そして本当に守るべきものとは何なのか。

脳震盪を起こしかねない衝撃の中で、雑誌『世界』は二〇一一年五月号で「生きよう！」と叫ぶ特集を組んで「深い悲しみと巨きな不安」を伝える特別編集号を発行した。その号で、今は亡き鶴見俊輔は事態を「日本文明の蹉跌だけでなく、世界文明の蹉跌」と語り、大江健三郎は「私たちは犠牲者に見つめられている」として「狂気を生き延びる道」という言葉で結ぶ論稿を寄せていた。同じ号に、私も「脳力のレッスン109」として「東日本大震災の衝撃を受け止めて――近代主義者の覚悟」という論稿を、3・11から二週間という時点で書いた。「原子力からの脱出」を軸とする『世界』の論調の中で、原子力の技術基盤の維持の重要性を主張する私の論稿は違和感をもって受け止められたと思うが、戦後日本の産業の現場で生きてきた人間として、簡単に宗旨替えをして「近代主義」を否定する立場に豹変する気持はなかった。

無論、私は原子力推進論者ではない。しかし、コペルニクス的転回以降の近代科学技術の本質を熟慮し、世界エネルギー戦略における日本の貢献・参画を視界に入れた場合、原子力の専門的技術基盤の蓄積は重要だという立場での発言をした。五年たって、現状を踏まえて、いまどう考えるかは、後述したい。

結局、東日本大震災の死者は一万五八九四人、行方不明者は二五六一人、関連死は三四一〇人、合計二万一八六五人が犠牲(二〇一六年三月一〇日現在)となった。しかも、単なる地震・津波の被害というだけでなく、福島原子力発電所のメルトダウンという事故により、「避難民」という形で故郷を離れざるをえなくなっている人が今も一六・五万人(福島だけで九・三万人)という異次元の災禍をもたらした。

「軽度の破綻国家」

3・11体験は、「日本は原発事故も収束させられない国なのか」という失望と屈辱を体験する事態でもあった。愁嘆場になればことの本質がみえるわけで、日本国自体が「破綻国家」といえるような混乱に直面した。菅直人政権の原子力事故への対応能力の欠落は、同盟国米国の不信を極限まで高め、「日本だけで福島を収束させられないのなら、世界に与える被害を考え、米国が日本を再占領しても、特別部隊を投入して事態を制御せねばならない」という判断をワシントンがする寸前にまで至っていた。

表面的には「トモダチ作戦」として、米国が友情をもって駆けつけてくれたことになっている。三月一三日から四月五日まで、宮城県北部の沖に空母ロナルド・レーガンを派遣して支援物資をヘリコプターで運んだ。また在沖縄の海兵隊二二〇〇人が艦船三隻に分乗して三陸沖に展開、支援物資空輸、電力復旧、がれき撤去などに当たった。トモダチ作戦によって、米軍は艦船二四隻、航空機一八九機、兵員延べ二・五万人が救援活動に参加したと発表されている。

だが、注意深くその活動を見るならば、福島には一切入っていないことに気づく。その理由は、いうまでもなく、福島事故の深刻さを知っていたからである。

屈辱的なことだが、日本という国家が自らを制御できない事態に至り、首相官邸に米国の原子力規制委員会の専門家を受け入れていた。この間のことはD・ロックバウム他憂慮する科学者同盟『実録FUKUSHIMA――アメリカも震撼させた核災害』(岩波書店、二〇一五年)、木村英昭『検証福島原発事故――官邸の一〇〇時間』(同、二〇一二年)などが参考になる。日本は「軽度の破綻国家」として当事者能力を喪失していたのである。

私も大きな衝撃の中で、本質から目を逸らさず、再生の筋道を模索せねばとの思いで、『世界』

での連載で論究を続けた。前記「衝撃を受け止めて」（二〇一一年五月号）の後、「震災考」（同六月号）、「大震災復興への視座」（同七月号）、「いま原子力をどう位置づけるのか」（同八月号）、「戦後日本と原子力」（二〇一二年六月号）と、必死に思考の再起動を図った。この間、宮城県震災復興会議や経産省の総合資源エネルギー調査会への参加などを通じ、復興と日本の選択に関して解析・発言も続けてきた（これらの論稿は『脳力のレッスンⅣ　リベラル再生の基軸』（岩波書店、二〇一四年）に所収）。

この五年で何が変わったのか

あれから五年、日本の何が変わったのであろうか。

第一に、日本の人口構造が変化した。人口減と高齢化が加速し始めた。岩手、宮城、福島という被災三県の人口は、震災前の二〇一〇年に五七一万人だったが、二〇一五年には一九万人減って五五二万人となった。三・三％の減少であり、この間の全国の人口減九五万人（〇・七％減）に比べても、人口減は顕著である。日本の人口は二〇〇八年に既にピークアウトしていたが、東日本大震災は人口減少社会を一気に顕在化させ、とくに東北の人口減を決定づけた。この五年間での全国九五万人の人口減とは和歌山県、もしくは香川県の総人口が消えたことを意味し、被災三県の一九万人減は甲府や松江級の都市が消えたことを意味するのである。

また、この五年間が人口構造の高齢化を加速させたことも視界に入れねばならない。戦後生まれの先頭世代たる「団塊の世代」が、五年ですべて高齢者ゾーンに入ったためである。二〇一〇年に二三％だった六五歳人口比重は、二〇一五年には二七％となり、「人口の三分の一が高齢者によって占められる日本」の現実味を突きつけてきた。五〇年前の一九六六年、日本の人口が一億人を超した年、人口に占める六五歳以上の人口の比重はわずか七％であった。それが三割を超す「超高齢化社会」に向けて、日本はその入口に入ったのである。

第二に、復旧復興の皮肉な現実としての被災三県の県内総生産の拡大とその歪んだ構造を指摘しておきたい。実は不可解なことが進行している。全国の経済活動(生産、所得)が低迷する中で、被災三県の県内総生産や県民所得は、統計上驚くほど伸びているのである。県民所得は二〇一〇年度の被災三県の合計一四・〇兆円が一三年度には一五・六兆円にまで一一％も伸びている。

復興需要である。産業別の県内総生産の動きをみると、第二次産業だけが、三県とも突出した伸びとなっており、とりわけ建設業だけが二〇一〇年度比で二〇一三年度が岩手県一〇七％増、宮城県一二〇％増、福島県一一三％増となっており、復興予算の投入というカンフル注射で、表面的には経済が活性化しているようにみえるが、長い目で見た産業創成は全く進まない歪んだかたちの地域経済になってきているのである。

国の復興予算をみると、二〇一一年度から一五年度の累計で実に三二・〇兆円が投入された。国民はその財源確保のため、復興特別税として二〇一五年度までに累計一・九兆円を追加的に負担している。復興特別所得税として所得税額の二・一％が付加され、それは二〇三七年度まで今後二〇年継続されるのである。復興特別法人税は一五年三月で終了した。

それほどまでの復興予算を注入して、復旧復興は進んだのかというと、前述のごとく表面統計を見ると、建設需要だけを拡大させて経済が伸びているようにみえる。

しかし、踏み込んで凝視するならば、大きな問題に気づく。復興予算の投入で、県別・市町村別の復旧復興計画は進んでいるかに見える。がれき処理、住宅の高台移転、堤防のかさ上げなどは順調に進捗していることが数字で確認できる。だが、視界を東北全域に広げると、いまだに広域東北をいかなる産業基盤で再建するかの構想・グランドデザインは描けていない。

復興庁まで創設し、復興を束ねているかに見えるが、後藤新平を持ち出すまでもなく、関東大震災に立ち向かった世代と対比しても、我々の時代の構想力は劣弱である。国交省によって「国土形成計画」が二〇一五年には策定され、私自身も作業に参画したが、人口減社会を睨んだ「コンパクト・アンド・ネットワーク」を志向する国土形成という方向感が示され、東北ブロックの広域地方計画も策定された。

国土政策という視点からの「対流促進型のインフラ整備」を進めるという視界は的確だと思うが、人口減を加速させる広域東北をいかなる産業基盤をもった地域にするのか、もっといえばこの地域に生きる人たちはどうやってメシを食うのかについての、産業政策的戦略はまだ見えない。

3・11から五年を受けたメディア報道は、相変わらずの「被災地と寄り添う報道」を繰り返し、涙目で人間ドラマを伝え続けた。悪くはない。だが、構造を問わねば復興は前に進まないのである。また、五年前はいわゆる「3・11本」という出版物が相次いで出版され、誰もが戦後日本のあり方を再考する論点に真摯に向き合っていた。朝日新聞のオピニオン面掲載の識者八〇人による『3・11後　ニッポンの論点』(朝日新聞出版、二〇一一年)などがその典型であり、あの頃の日本人の心理を象徴する論調が確認できる。だが、出版業界にいる友人の言葉によれば「3・11本はもう流行らない」のだという。流行っているのは「FINTECH」など投資指南・金融技術物だという。

五年間で迷いこんだ隘路　まちがった路線への傾斜

震災に立ち尽くしてわずか一年半、政治とりわけ民主党政権への失望と息苦しさの中で、日本人は「やっぱり経済だ」という意識に回帰し、「デフレからの脱却」というメッセージを掲げる「リフレ経済学の誘惑」に引き込まれ始めた。

異次元金融緩和はアベノミクスが始まってからと思われがちだが、米国FRBのQE3をモデルとする「量的緩和」は民主党政権下でも動き始めていた。日銀のマネタリーベースは二〇一一年平均の九八兆円から二〇一二年平均で一二一兆円にまで拡大しており、それを黒田日銀は二〇一六年四月現在三八一兆円にまで肥大化させたわけである。市中の資金量を四倍にしたわけで、尋常な話ではない。

この間、東京株式市場の日経平均は、「円安」をテコにした外国人投資家の買いを柱として、二〇一〇年平均の一万〇〇一〇円から二〇一五年平均の一万九二〇四円にまで一・九倍に跳ね上がり、「株が上ってめでたい症候群」といわれる浮薄な空気に覆われることになった。

だが、実体経済は動かない。マネタリーベースは四倍になったのに、銀行の貸出残高は二〇一〇年の三九六兆円から二〇一五年の四二六兆円と約八％弱増えたにすぎない。資金需要がないからである。より重要な視点は「国民は豊かになっているのか」という点であり、経済は「経世済民」で民に視点を置くことが肝要なのであるが、勤労者世帯可処分所得は、二〇一〇年の月額四三・〇万円から二〇一五年の四二・七万円と、むしろ減っているのである。

アベノミクスの結末は明らかである。金融政策だけで実体経済は浮上しないということであり、国民は豊かになっていないという現実である。3・11直後の「戦後日本のあり方を省察する」という視座は、重苦しい閉塞感に堪え切れず、「デフレからの脱却と円安誘導」という誘惑に引き寄せられ、中央銀行の金融緩和と財政出動で経済が好転するという幻惑に巻き込まれてきた。しかし、構造改革と産業と技術を重視する具体的プロジェクトの実行しか、経済を成長させる戦略はないのである。

東日本大震災は戦後民主主義の息の根を止めるか

次に、この五年間に日本が迷い込んだのが「戦後民主主義」の挫折と国権主義への回帰である。関東大震災は大正デモクラシーの息の根を止めたといわれる。一九二三年九月一日、相模湾を震源とする関東大震災が発生した。党政治の迷走とそれへの失望感が「挙国一致内閣」として山本権兵衛に組閣の大命が降った直後の震災であった。一九一七年のロシア革命、一九一九年の朝鮮半島での三・一朝鮮独立運動などを背景に、不安を深めた政府は一九二五年に治安維持法を制定、「国体の変革、または私有財産制度の否認を目的とする結社の禁止」に踏み込んだが、これは後に、反体制的文化運動・宗教運動をも圧殺する基盤となった。日清・日露戦争を経て、一九一〇年の日韓併合、さらに日英同盟に基づく集団的自衛権の行使を理由に第一次大戦に参戦して、新手の植民地帝国としての性格を露わにし始めていた日本は、国威発揚的誘惑の中で、揺籃期の民主主義を否定したのである。

時流れて約九〇年、東日本大震災は戦後民主主義の息の根を止めかねない情勢にある。「絆と連帯」を叫ぶ心理は秩序への希求となり、混迷から生まれる無気力と不安は力への誘惑を招く。国際環境も不安を増幅している。「イラクの失敗」以降の米国の求心力低下を受けて、ユーラシアの秩序基盤は融解し、東アジアも新しい緊張局面に入っている。日中韓も相互の自己主張を強め、ナショナリズムを政権浮揚の素材とする誘惑に駆られている。安保法制を進める力学が生まれる土壌がここにある。

安倍政権が推進してきた安保法制は、表層観察するならば、「集団的自衛権にまで踏み込んで、日米で連携して中国の脅威を制御する」意図にみえるが、本音は複雑である。米国が日本を守るために中国と戦争をする意思などないことはわかっている。嫌中と対米不信を本音とする、屈折したナショナリズム、それが現政権の外交安保政策の基調である。

リトマス紙として対ロシア外交をみればわかる。G７によるロシア制裁が続く中、二〇一五年における日本の化石燃料輸入の八・七％はロシアが占め、二〇一三年の七・四％に比べ、急増している。伊勢志摩サミットの直前(五月六日)にソチで行われた日露首脳会談をみても、「北方四島」「平和条約」さえ俎上にのせようとする蜜月で、安倍政権は単純な親米政権ではないという、基軸不明の脆さを内在させている。今こそ従来の固定観念を超えた視界に立ち、日米の真の相互信頼を土台として近隣外交を踏み固める外交論が求められている。

戦後民主主義の試練は、内外政一体となった視界を持たねば克服できない。憲法を改正して国権主義に回帰させる力は、危機と不安をテコに忍び寄るのである。

いま本当に議論すべきこと――原子力と対米外交

３・11を振り返る時、避けられないのが原子力の議論である。あれから五年、この間私はウィーンのＩＡＥＡに三度足を運び、国際的な原子力の専門家の目線から見た日本の原子力政策についての議論を受け止めてきた。一言でいえば、日本の原子力政策は「あいまい」であり、多くの人たちが奇異な印象を持っている。何よりも、福島の総括報告がなされておらず、あの事故の原因、収束への道筋が明確には説明されていない。国会、民間の事故調査委員会が報告書を出したようになっているが、たとえば、「フル・ターン・キー」で福島の事故サイトを建設した米ＧＥ社の製造者責任、つまり津波で全電源が遮断されるリスクの想定や対応などについて、一切の調査も分析もされていない。

にもかかわらず、新しい規制基準に照らして再稼働可能なものから順次再稼働を進めている。しかも、国民に対しては「限りなく原子力に依存しないエネルギー社会」という選択も可能という姿勢を示しながら、日米協力で世界に原発を売り込みたいという動きをみせており、あまりにあいまいかつ無責任である。日本の原子力政策のあり方については、前記の『脳力のレッスンⅣリベラル再生の基軸』で語っており繰り返さないが、少なくとも現時点で以下の三点だけは行動を起こすべきである。

• 福島事故の原因・現状・教訓に関する誠意ある国際社会への説明をなすべきである。
• 原子力に関する国家の責任体制を明確化すべきである。廃炉にも除染にも汚染水処理にも技術が必要であり、個別電力会社では限界がある。非常事態対応体制を含む原子力発電事業の国策統合はフクシマの教訓であるはずである。
• 二〇一八年の日米原子力協定の改定にむけて、平和利用だけに原子力を使う非核保有国として「非核のための原子力」(核軍縮と不拡散)への筋道を明示すべきである。

一方で、「反原発・脱原発」の立場に立つ人たちもその議論を深化させるべき段階である。日本は「米国の核の傘」に守られながら、一方で「脱原発も可能」と考える人も多いが、原子力だけは軍事利用と民生利用が表裏一体になっていることを直視すべきである。日米原子力共同体というべき現実(東芝・WH、日立・GEの連携)をどうするのかを明示することなく「脱原発」は語れないのである。

原発の話も外交・安保の話も、結局は「対米関係の再設計」に行き着く。奇しくも、米国の大統領選挙を巡り、トランプのような候補者が「駐留米軍経費の日本側負担」や「日本の核武装」に言及している。一九九〇年代初頭のジャパン・バッシャーが「防衛ただ乗り」として日本を批判していた文脈を髣髴とさせる時代遅れの発言であり、米軍基地経費の七割を日本側が負担している構造が現状を固定化させているという事実さえ理解できていないようだが、むしろこれを機に「核抑止力を含む東アジアにおける米軍の前方展開基地と日米同盟のあり方」について根底から議論をするべきであろう。

そろそろ日米が本当のことを話し合うべき局面なのである。米国の軍事力が緩やかにアジアからも後退する流れの中で、さらにTPPの国内合意形成さえ危ういほど内向する米国と向き合わねばならない状況において、日米関係の再設計は必然である。冷戦を前提とした「日米安保体制」という枠組を見直し、アジアの安定を視界に入れた「基地の段階的縮小、地位協定改定、適正なコスト分担」を実現しなければならない。歴史的に孤立主義に回帰するDNAを内在させている米国をアジアから孤立させないために、同盟国日本の構想力が問われている。

（2016・7）

民主主義は資本主義を制御できるのか
――二〇一六年米大統領選挙の深層課題

何とも色あせた対決となったものである。二〇一六年米大統領選は、七〇歳の共和党ドナルド・トランプと六八歳の民主党ヒラリー・クリントンの戦いとなった。シルバー・デモクラシーの、究極の選択である。高齢だというだけではない。何の新鮮な要素もない不人気な候補者が、二大政党の党内事情で生き延び、お互いの過去を攻撃し合いながら、未来なき選択を国民に迫っているのだ。世界と米国が直面する問題についてリーダーたるべき国を率いる大統領としては、あまりに未来ビジョンに欠けることは明らかであり、この選択自体「劣化するアメリカ」を象徴している。米国が英国に代わり世界のリーダーとして台頭した頃のT・W・ウィルソンの「国際連盟構想」にせよ、第二次大戦期のルーズベルトのニューディールや「平和の構想」にせよ、冷戦期に向き合ったケネディの「自由を守る義務」にせよ、米大統領は次の時代に向けた理念性において米国を際立たせたが、二人の候補にそうした構想力はない。時代が人を呼ぶのか人が時代を象徴するのか、これがいまのアメリカなのである。

米国の大統領選挙は、その仕組みにおいて次世代を担う若いリーダーが登場するチャンスを孕んでいる。日本のような議員内閣制は、代議者の投票で首相を決めるため、どうしても政治のボスが選ばれがちだが、国民が直接選ぶ米国の大統領制は、議員、州知事、ビジネス・リーダー、社会運動家など広いジャンルから候補者が登場するため、これまでもライジング・サン型の指導者を創り出してきた。ＪＦＫが選ばれた時は四三歳、ビル・クリントンは四六歳、オバマも四七歳であった。ヒラリーとトランプ、どちらが就任してもこれまでの最高齢、ロナルド・レーガンの六九歳に匹敵する高齢なのである。

二〇一六年米大統領選挙――不毛の選択への視界

ビル・クリントンが米大統領選挙に登場した一九九二年、私はニューヨークでの四年の生活を終え、ワシントンで仕事をしていた。クリントンは一九四六年生まれで、私にとっても同世代であり、私は当時アーカンソー州知事であったこの人物に注目し、「冷戦後のアメリカを率いるリーダー」として期待もし、彼に関する情報を集めた。そして、寄稿したのが「アメリカの新しい歌――クリントンとは何か」(『文藝春秋』一九九三年八月号)であり、その結末を見る思いで書いたのが「結局、クリントンとは何者だったのか」(『フォーサイト』一九九六年四月号)であった。

調べるほどに、米国のベビーブーマーズ世代の先頭に立つかたちで登場してきたこの人物が、思想、信条、哲学を練磨してきたのではなく、「カメレオン型パーソナリティ」と表現する心理学者もいたように、その場に適当に合わせて変容して生きる人物であることに気づいた。「ベトナム徴兵忌避」「フリーセックス」「ドラッグ」という、この世代のアメリカ人が手を染めたネガティブな話題にはことごとく関与し、巧みな言い訳で自己正当化を図る鉄面皮な政治家であった。だがこの人物は今日でも米国民に嫌われてはいない。笑いながら妻の大統領選挙キャンペーンの横に立っている。モニカ・ルインスキーという研修生との「不適切な関係」が記憶に残るが、その八年間の任期は冷戦後のアメリカが「唯一の超大国」として存在しえた期間でもあり、米国人にとっては、9・11に襲われる前の比較的幸福な時間のリーダーという印象があるのかもしれない。しかしクリントン政権は、財務長官サマーズ、同次官ガイトナー体制の下に新自由主義的な政策を展開し、一九九九年には銀行と証券の垣根を設けたグラス・スティーガル法(一九三三年制定)を廃止してウォール街による金融資本主義の肥大化を招き、二〇〇一年のエンロンの崩壊、二〇〇八年のリーマン・ショックへの伏線を引いたといってよい。つまり、「強欲なウォール街」に拍車をかけた政権であった。

ところで前記の「クリントンとは何者なのか」を問いかけた論稿において、私はビル・クリントンと同じ年生まれの経済人としてトランプとマイケル・ミルケンに論及していた。二人は同じくウォートン・ビジネススクールを卒業、トランプはニューヨークのビルの再開発を進める「不動産王」として、かたやミルケンはウォール街の「ジャンクボンドの帝王」として、時代の寵児のごとく話題を集めていた。ミルケンはその後インサイダー取引で逮捕され、映画『ウォール・

ストリート』の主役のモデルとなる運命を辿る。金融工学のフロントランナーとして「リスクをマネジメントする新しい金融ビジネスモデル」を生み出した人物で、マネーゲームを肥大化させた張本人でもあった。一方トランプは、父の威光の中でニューヨークのビルの再開発を進める目立ちたがり屋、そしてスキャンダルまみれの好色家で、とても実業を生きる誠実な事業家とはいえぬ存在であった。

九〇年代初頭、既に時代の最前線に登場していたクリントン、ミルケン、トランプという三人のベビーブーマーズを見つめながら、「この世代にまともな人物はいないのかね」という思いが込み上げてきたものである。あれから二五年、再びアメリカは代わり映えのしない選択肢の中でもがいている。

ベビーブーマーズのアメリカ

ヒラリーとトランプ、この二人もアメリカの戦後なる時代を歩いてきた。第二次大戦の戦勝国であり、一九五〇年代の米国は冷戦期の西側のチャンピオンとして「黄金の五〇年代」を謳歌し、幼少年期だったベビーブーマーズは「偉大なアメリカ」へのノスタルジーを感じるはずである。キューバ危機と向き合ったJFKとその暗殺、そしてベトナム戦争で疲弊し、七五年のサイゴン陥落を目撃した青年期、映画『七月四日に生まれて』ではないが、同世代の友人が戦争に傷つき死んでいったのを体験したはずである。そして七九年のイラン革命後の中東における迷走、冷戦の終焉と9・11後の混迷と、知見のある米国人ならば、暗転する祖国に深い悲しみを覚えたであろう。こうした時代と並走した心象風景を、二人はどこかに内在させているはずである。誠実に向き合ったか否かは別にして。

対照的に見えるトランプとヒラリーだが、戦後アメリカが生み育てた世代のコインの裏表である。ホームルームにこの二人がいるクラスを想定し、その後の二人の人生を想像しながら読み進めてもらえれば、その同質性が見えてくるであろう。ヒラリーは聡明で野心的な上昇志向の女性で、計画通り高学歴をきわめ、奨学金による欧州留学で知り合った青年ビル・クリントンと結婚した。J・ムーアの『クリントン　急ぎ足の青年』(Clinton: Young Man in a Hurry, 1992)は、ビルの本質を描き出した本で、決して優れた資質を持ってはいないが「負け続けても級長選挙に立候補し続ける異様な上昇志向を持つ」「恵まれない出自を留学・ロースクールといった金メッキで覆い一流を装う青年」と描写されている。この乗りのよい危うい青年を操縦し、夫婦の情愛を超えて、クリントン・ブランドの事業の共同経営者として生きてきたのがヒラリーであった。

トランプは、父親の威光と支援でビルの再開発やカジノの経営で「金ピカのアメリカ」を象徴するように生きてきた男であり、人生を貫く価値は「ディール(取引)」である。はったりで相手をたじろがせ、落としどころで取引するワザが人生だと考えている。思慮も哲学もない反知性的存在なのだが、その彼が、饒舌なヒラリーとの対比において、率直で本音を語る人物に見える瞬間がある。彼が大統領候補として台頭した過程には、「民主党の大統領候補はほぼヒラリーになる」という状況が前提として存在していた。彼女への国民の不信感、「ヒラリーは嘘つきで何かを隠している」という印象に火をつけたのが、彼の歯に衣着せぬ舌鋒であった。彼女への拒絶感がトランプを際立たせたともいえ、その意味で二人はコインの裏表なのである。

オバマとは何だったか――二〇一六年の選択はその結末でもある

オバマの八年が終わろうとしている。オバマ政権を成立させたのは「イラクの失敗」と「リーマン・ショック」であったといえるだろう。イラク統治の失敗と消耗にいらだっていた米国民は、イラク戦争に反対していたオバマの「イラクからの撤退」という主張を支持した。民主党の大統領候補の座を競っていたヒラリーは「イラク戦争に賛成していた」という事実が、二〇〇八年に彼女を失速させた一因であった。また、直前のリーマン・ショックの衝撃が「強欲なウォール街を縛る」という彼のメッセージが国民の支持を引きつける要因となった。

公約に対しては、オバマは一応やることはやったともいえる。イラクからの撤退については二〇一〇年八月に主力部隊の撤退を開始、一一年には訓練部隊を除き全面撤退、結局米国はイラク戦争後、六八八三人の米兵士を死なせ、イラクを去った。ただし、アフガニスタンについては〇九年一二月に三万人の増派を余儀なくされ、「オバマのベトナム」といわれるほど泥沼に引きずり込まれ続けたが、一二年以降は順次撤退開始、中東における米国の軍事プレゼンスは、石油権益を持つ湾岸産油国を除き、大きく後退した。それが、イラクのスンニ派過激勢力を起点とするイスラム国(ISIS)なる存在を生み、シリアの混乱、そしてイスラム・ジハード主義者によるテロの拡散を誘発し、米国民の不安といらだちは増幅されるばかりである。アトランティック誌二〇一六年九月号は9・11以来の米国のホームランド・セキュリティのための費用が一兆ドルに達したという特集を組んだ。

「ウォール街を縛る」という公約についても、何もしなかったわけではない。二〇一〇年七月に「金融危機の再発を防ぐ」として金融規制改革法を成立させ、「監督体制強化、機動的破綻処理、高リスク取引の制限、ヘッジファンドの透明性向上」など一定の方向付けを行った。一九八〇年代からの金融市場の競争促進(自由化)で動いてきた米国の政策転換との見方もあったが、したたかなウォール街にとっては「ザル法」にすぎず、その後の経緯をみても、FINTECHなる言葉に象徴されるごとく、ICT革命の成果を金融に取り入れた複雑怪奇な「ルール不在の領域」が増殖しており、マネーゲームの制限は中途半端なものに留まってしまった。

オバマの八年の最終局面における米国経済は堅調を維持している。リーマン・ショック後、二〇〇九年に前年比マイナス二・八%に落ち込んでいた実質GDP成長率は、二〇一〇年代に入って堅調に転じ、二〇一四年からは二年連続で二・四%成長を達成、二〇一六年も二%台の成長が見込まれている。先進国の中では際立って高い成長軌道にあり、リーマン・ショック後一〇%を超していた失業率も四・九%(八月)と、大きく改善した。金融政策も引き締めを模索する段階に至り、量的緩和(QE3)も一四年一〇月に終わらせ、政策金利も一五年一二月に〇・二五%引き上げ、年内に更なる引き上げを探る段階を迎えている。

二〇一六年の選択　強いアメリカへの郷愁

しかしながら、米国経済の好転をオバマ政権の成果とする認識は米国民の中にはない。なぜか。米国経済好転の要因は大きく二つある。一つは化石燃料革命であり、北米大陸の足元からシェールガスやシェールオイルが生産され、米国が二〇一四年から世界一の原油・天然ガスの生産国になったことである。このところ生産過剰で価格の軟化を招き、米経済の不安定要素にさえなっているが、基本的には、化石燃料の増産は米国の追い風要素として機能してきた。これは、「再生可能エネルギー重視」「グリーンニューディール」といってスタートを切ったオバマ政権にとってはまことに皮肉な話である。

もう一つはIoTといわれる情報技術革命の新局面であり、米国経済・産業活動のあらゆる局面において、ビッグデータ時代を迎えた情報技術革命の成果が浸透し、効率化と生産性向上に機能しているという要素である。確かに、米国の企業活動の現場を見るとネットワーク情報技術革命の浸透を実感するし、ウーバーのような自動車社会を「所有から共有に」変える新しいビジネスモデルが生まれつつあることもわかる。

だが、マクロ経済指標の好転にもかかわらず、米国民のいらだちの背景にある構造にも気づかざるをえない。注目すべきは貧困率の高まりである。米国には「貧困率」という統計があり、二

表 2　米国の貧困率

※ 2014 年の基準：(4 人家族の場合)年収 2 万 4230 ドル以下

	2000 年	2004 年	2008 年	2014 年
米国全体	11.3%	12.7%	13.2%	14.8%
白人	9.5%	10.6%	11.2%	12.7%
黒人	22.5%	24.7%	24.7%	26.2%
ヒスパニック	21.5%	21.9%	23.2%	23.6%
アジア系	9.9%	9.8%	11.8%	12.0%

(出所)米国・国勢調査局

〇一四年の場合、四人家族で年収二・四万ドル(日本円で二六〇万円)以下の家計を貧困とするという指標が存在する。二一世紀に入って貧困率は二〇〇〇年の一一・三%から一四年には一四・八%にまで上昇しており、特に白人の貧困率が増えている(**表2**)。この「プア・ホワイト」が、トランプに心動かされるトランプ現象の震源地になっているのである。

堅調な景気回復にもかかわらず、なぜ貧困率が高まり続けているのか。確かに、景気拡大に伴い雇用環境もよくなり失業率も低下しているのだが、IoT時代のパラドックスというべきか、雇用の量ではなく質が問題なのである。増えている仕事は、俗にいう「BAD JOB」、つまり付加価値の低い単純労働であり、資源開発、素材供給、生産、流通、販売などのあらゆる局面でネットワーク情報技術が活用され、「雇用なき景気回復」、正確に言えば「高付加価値の仕事を増やさない経済成長」が進行しているといえる。したがって、米国においては金融経済の肥大化がもたらす格差の深刻化と、雇用の質の劣化による貧困率の高まりが同時進行する事態が生じており、それが国民の不安と不満をかき立てているといえる。

オバマがやろうとしたのは「核なき世界」の実現、オバマ・ケアと言われた健康保険制度の充実などを含め歴史的挑戦であった。だがベトナム戦争後に登場したジミー・カーターが「癒しの大統領」といわれたごとく、イラク戦争後が生んだ黒人初の大統領は「いい人」ではあるが、「きれいごと」と「建前論」の繰り返しで、米国の世界における主導力を失わせた「弱腰な指導者」というイメージが米国民の中にできあがっているといえる。「偉大なアメリカ」という表現が大統領選で飛び交うのも、強い豊かなアメリカへの郷愁が蘇るのであろう。

本質的課題──民主主義による資本主義の制御

米外交問題評議会(CFR)が発行するフォーリン・アフェアーズ誌二〇一六年八月号に載った、ブラウン大学教授のマーク・ブリスによる論稿「危機の資本主義──もはや民主主義では資本主義を制御できない」には考えさせられた。政治経済学の常識では、資本主義は「市場を通じた資源配分」、すなわち市場による自律調整を原則とする。そして、民主主義は「投票を通じた権力配分」、民意に基づく価値の配分を正当なものとする。さらに、民主政治は利潤追求のみに向かいかねない資本主義に対して制動をかけてきた。この民主主義と資本主義の緊張関係のバランスが近現代史の主題でもあった。

特に、第二次大戦後は社会主義陣営との対立を横目に、労働法、社会保障、金融規制など、行き過ぎた資本の論理を制御する制度の導入が国民の意思として選択されるなど、民主主義は一定以上に機能してきた。ところが一九八〇年代から冷戦の終焉以降、「新自由主義」の名による規制緩和とグローバル競争の加速の中で、金融資本が肥大化して優位性を高め、金融破綻が起こっても政府介入による資本の救済が行われるなど、歪んだ資本主義へと傾斜していった。資本の圧力による景気浮揚のための「債務(赤字財政)を前提とする政府」、超低金利の下の消費刺激がもたらした「ローンまみれの民衆」など、資本主義を構成する主体はすっかり歪んでしまい、健全な経済社会へと制動をかける力を失ったかにみえる。

こうした問題意識と資本主義の総本山たる米国の大統領選挙を重ねると、ことの本質が見えてくる。皮肉なことに両候補の政策が一致している点を注目したい。実は両候補ともオバマが進めてきたTPPについては見直しか反対であり、証券と金融の垣根を作るグラス・スティーガル法の復活を掲げ、金融規制強化に踏み込むと主張している。つまり新自由主義からの決別を語っているのだ。市場原理を泳いできたトランプやウォール街を友としてきたヒラリーがどこまで本気かは別にして、サンダース支持者や白人貧困者を取り込むには有効な政策と判断したのであろう。つまり、「資本主義改革」に触れざるをえないほど、資本主義の変質は深刻であり、米国の民主主義が機能するかどうかの試金石ともいえる注目点なのである。

「経済の金融化」が進む二一世紀資本主義の変質と民主政治に齟齬が生じ、格差と貧困を増幅させていることは、欧州においても政治の中心課題に浮上しており、BREXIT後の英国を率いることになったメイ首相も、就任演説以来「資本主義改革」(格差と既得権益の解消)を強調している。英国も唯一のバイタル産業が一・六㎞四方のシティ(ロンドン金融街)に集積する金融で、ウォール街と並んでFINTECHと租税回避地を駆使する金融資本主義の居城を抱えている。BREXITの影で、金融規制を嫌うシティ、とりわけシャドーバンク系の意思が働いたことは確かで、メイの資本主義改革も本質に切り込むことは容易ではない。

いまや地球全体のGDP、つまり実体経済の四倍を超すまでに肥大化した金融資産(銀行の与信、債券・証券市場の総額)、ICTで武装した金融工学の進化により制御不能とさえ思われるマネーゲームの自己増殖をいかに人間社会のあるべき仕組みにおいてコントロールできるか、それこそが格差と貧困を克服する基点であり、新しい公正な政策科学が求められている。EU一〇か国が進める金融取引税の導入など国際連帯税の動きが重要になる。

「資本主義改革」を自覚できていない日本

おそらく、この「資本主義改革」という世界的テーマをまったく自覚できていないのが日本であろう。日本は米国が採用する経済政策の川下に置かれてきた。今世紀に入って、米国の新自由主義的潮流を受け、小泉政権の規制緩和、とりわけ「郵政民営化が本丸」という小泉改革に邁進し、新自由主義のエピゴーネンのような経済学者が跋扈していた。ところが〇八年にリーマン・ショックが起こり、政府主導の金融危機の回避に動くと、日本政府は緊急避難的政策であった米

FRBの超金融緩和策（量的緩和とゼロ金利）を「デフレからの脱却」という目的に置き換え、政府の主導の下に日銀が「異次元金融緩和」に踏み込んだ。第一の矢「異次元金融緩和」と第二の矢「財政出動」で景気はよくなるというリフレ経済学はもはや機能しないことは、二〇一四年から三年間の日本の実質成長率がゼロ成長軌道を低迷していることが証明している。異次元緩和はエスカレートし、日銀のマネタリーベースは二〇一六年七月末残高は四〇四兆円と二〇一二年比で四倍近くにまで拡大、名目GDPの七割超という異常な金融肥大化状況をもたらしている。欧米も金融緩和基調にあるものの、二割程度である。さらにマイナス金利にまで踏み込み、金融秩序の動揺を招いている。産業活動や家計消費など実体経済は動かず、金融政策に過剰依存した経済政策が展開されているのである。

にもかかわらず、あたかも「株価を上げる政治が良い政治」であるかのごとく時代が動いている。「二〇一六年参院選に見るシルバー・デモクラシーの現実――それでもアベノミクスを選ぶ悲哀」（2016・9）において、私は、日本の高齢者がアベノミクスに拍手を送る構造を解析した。金融資産の保有状況をみると、貯蓄の五八%、有価証券の七二%は六〇歳以上の世帯によって保有されている。貯蓄がマイナス金利を受けて一切の利息を産まない状況となり、年金だけでは苦しくなってきた高齢者にとって保有する株が上がることへの関心は尋常ではなく、「株を上げること」につながる政策誘導を支持する心理がアベノミクスに向かうという論旨である。

政府主導の金融緩和だけでなく、公的マネーを突っ込んででも株価を支える方向に向かい、年金基金(GPIF)と日銀のETF買いだけで、実に三九兆円(一六年三月末)もの額を直接日本株に投入している。その結果、日経新聞が八月末に報じたごとく、上場企業の四分の一の筆頭株主が公的マネーという事態が生じており、国家資本主義ともいえる様相を呈しており、健全な市場機能が急速に失われている。アベノミクスに入り、三年は外国人投資家の買い越し(ピーク時累計で二一兆円)が日経平均を二・一万円に押し上げたが、二〇一六年に入って八兆円の売り越しとなり、代わって公的マネーの投入で、なんとか一・六万円台を維持している。これがなければ、日経平均は既に一・二万円を割り込んでいるであろう。株価の維持が政権基盤となり、安易に株価を上げる政策だけに誘惑を感じるという高齢者心理で政治が動いている現実を噛み締める必要がある。二〇一六年のシルバー川柳の入選作「金よりも大事なものが無い老後」には、笑えない現実が滲み出ている。

日本のような産業国家は、「経済の金融化」に振り回されることを極力避けねばならない。マネーゲームを抑制して財政を健全化し、技術を重視する産業政策をもって、実体経済に地平を拓かねばならない。世界が「資本主義改革」を俎上に載せざるをえなくなった今こそ、議論の先頭に立たねばならない。それが日本のシルバー・デモクラシーにとって真正面の課題である。

(2016・11)

III

沖縄が拓く視座——忘れてはならないこと

二一世紀の日本の進路を考える時、「沖縄」を避けて通ることはできない、ここに戦後なる日本の未解決の問題が凝縮されているからである。ここでは沖縄を考える基本認識として「江戸期の琉球国と東アジア、そして沖縄の今」(2015・4)とこれを踏まえた翁長雄志沖縄県知事との対談(同・5)を収録した。

その後の二年半の経年変化の中で、辺野古での工事再開など、「辺野古しかない」という固定観念での展開がみられるが、北朝鮮問題が緊張を高める中、長期的視野で「北東アジアの非核化」を睨んだ、在日米軍基地総体の見直しとその中での沖縄の基地の再検討が、日米双方にとって重要になっている。トランプ政権となった米国に日本国民の安全保障を全面的に預託するのではなく、日本としての主体的構想力が試されている。そうした議論の前提として、「沖縄が拓く視座」を提起したい。

江戸期の琉球国と東アジア、そして沖縄の今

二〇〇〇年沖縄サミットの会場であった「万国津梁館《ばんこくしんりょうかん》」の名の由来にもなった首里城正殿の鐘銘には、次のように刻まれている。

「琉球国ハ南海ノ勝地ニシテ、三韓（朝鮮）ノ秀ヲ鍾《あつ》メ、大明《だいみん》（中国）ヲ以テ輔車《ほしゃ》ト為シ、日域《じちいき》（日本）ヲ以テ唇歯ト為ス、此ノ二中間ニアリテ、湧出スル蓬莱《ほうらい》ノ嶋ナリ、舟楫《しゅうしゅう》ヲ以テ万国ノ津梁ト為シ、異産至宝ハ十方刹《じっぽうさつ》ニ充満セリ」（原文は漢文）

一四五八年に鋳造された鐘で、日本では足利義政の室町期、世界ではオスマントルコが東ローマ帝国を滅亡させた一四五三年の直後である。この頃の沖縄は、一四二九年の尚巴志による沖縄本島統一により「琉球王国」として光を放っていた。明治期日本による一八七九年の「琉球処分」までの約四五〇年間、東シナ海には独立国としての琉球国が存在した。このことへの理解が沖縄に関する議論の前提にならねばならない。

特に、江戸期の琉球の位置付けは微妙で、「日中両属という形の独立国」であった。かのペリ

ー提督も、日本来航時に五回も沖縄に寄港しており、琉球の特殊性を理解した上で、独立国として「琉球・米国修好条約」を締結しているのである。

江戸期の琉球への正確な理解の重要性

一六〇九年四月、琉球国は、幕府の許可を得て琉球出兵に動いた樺山久高を総大将とする約三〇〇〇人の薩摩の軍勢に敗れ、尚寧王は降伏し、同年五月、国王と重臣である三司官など約一〇〇名が薩摩に連行され、さらに駿河で徳川家康、江戸で二代将軍秀忠との面談を強いられた。何故、簡単に琉球は薩摩の軍勢に敗れたのかは謎だが、調べてみて感じるのは、琉球は尚真王時代の刀狩で武器を捨てた「平和と守礼の国」で、戦国時代の余韻を残し、朝鮮出兵、関ヶ原と鍛えられ、鉄砲で武装した薩摩軍には抗しえなかったということである。

興味深いのは、敗北した琉球王朝の尚寧王の日本連行は、あくまで異国の王の江戸訪問という形をとったことである。待遇は朝鮮通信使並みで、将軍秀忠は琉球について「薩摩公附庸《ふよう》の国ながら、十万石以上の格とする」とした。尚寧王は二年間も鹿児島に拘留され、一六一一年に帰国が許された。帰国にあたり、薩摩に盟約書(奄美大島他五島の割譲と薩摩に負うべき貢租を定める)を提出、日本との微妙な関係が始まった。この時、盟約書への署名を拒否した謝名親方《じゃなうぇーかた》は処刑された。そして、琉球王朝としての未曽有の屈辱を味わった尚寧王は帰国九年後の一六二〇年に死去するが、歴代国王が眠る首里の玉陵《たまうどぅん》ではなく、浦添の陵にひっそりと眠っている。

何故薩摩の領地として日本に併合しなかったのか。幕府の明国への配慮と薩摩の思惑が絡み合った判断であった。徳川政権は秀吉の朝鮮出兵のダメージ・コントロールに苦慮していた。この間の事情は江戸期の日朝、日中関係に関する論稿(「「朝鮮通信使」にみる江戸期の日朝関係――一七世紀オランダからの視界(その21)」「「国交なき交易」としての江戸期の日中関係――一七世紀オランダからの視界(その22)」)で触れたが、琉球が明国の冊封体制下にあることを認識し刺激を避けたのである。また、薩摩は琉球を「附庸」という曖昧な形で実効支配することで琉球ルートでの中国交易の実利を確保する思惑を有していた。西国の雄藩として薩摩が討幕のエネルギーを蓄積した背景には、「薩摩口」といわれる琉球経由の中国貿易回廊の確保があった。琉球での黒砂糖の栽培を促して砂糖貿易を独占、抜け荷(密貿易)にさえ関与しながら力を蓄積した薩摩のしたたかさに驚かされる。

薩摩の琉球支配は、一四四一年に、将軍足利義教が叛乱の疑いのあった弟足利義昭を日向で切腹させた恩賞として、島津忠国に琉球を与えたことから属領意識が芽生えたという。だが、当時の琉球は尚氏による統一の直後で、日本が実効支配していたわけではなく、あまりに勝手な恩賞であり、一五世紀後半の記録に琉球から薩摩への「随時紋船派遣」とある程度の関係であった。一五九一年、豊臣秀吉は朝鮮出兵に際し薩摩に対して琉球からの出兵も命ずるが、薩摩は琉球への「出兵要請」は控え、兵士七〇〇〇人の兵糧一二か月分の供出を要請した。琉球王朝は渋々要求の半分程度の兵糧を送ったという。

東アジア史で独特の存在感を放つ琉球

薩摩侵攻以降の江戸期の琉球王朝は、日本の幕藩体制の中で藩籍が与えられたわけではなく、あくまで独立国なのだが、「附庸」として薩摩に制御され、一方で中国に朝貢を続け、明から清への変化を受けながらも中国の冊封体制に組み入れられていたという「両属国家」だった。この両属性は「国交なき交易関係」を続ける江戸期の日中両国にとって都合のいい絶妙の関係だった。琉球と中国の冊封関係は一三七二年に遡る。当時の琉球は「三山体制」といわれ、山北、中山、山南と三つの王国が分立していたが、明の洪武帝の使者が中山の王察度《さっと》を訪問、返礼の入貢使節として王の弟泰期《たいき》を派遣したことに始まる。この関係は一四七五年に「二年一貢」になるなどの変更もあったが、幕末の一八六六年の最後の冊封まで続いた。

琉球を困惑させたのが、中国が一六四四年に明から満州族主導の清へと体制転換されたことであった。当初琉球は漢民族の明への共感が強く、南明政権(福王、唐王)との関係を重視していたが、一六四七年に清に帰順して招撫使を迎え清との朝貢関係を続けた。中国における交易基点は福州の琉球館で、釜山の倭館のごとく江戸期の日中交易の回廊となっていた。

余談だが、興味深い史実を知った。モンゴル元朝の遺子・地保奴《ティボヌ》が一三八八年に琉球に追放されたというのだ。『明実録』によれば、明朝の太祖の配慮で資財を与えられ、一族と共に琉球に配流されたらしく、東アジアの鳴動の歴史が沖縄に埋め込まれているということであろう。江戸期琉球には「清の皇帝は父、朝鮮は兄、琉球は弟」という認識があったようで、東アジア史で独特の存在感を放つ琉球を理解する必要がある。そして、この二七〇年間にわたる「日中両属性」という時間が、ファジーな中を生き抜くという沖縄の性格を熟成し、歌舞音曲に象徴される逞しい文化を形成させたことを痛感する。

米国と沖縄の歴史的関係――ペリーが結んだ米琉修好条約

ペリー来航以前に、琉球には一八四四年のフランス船、一八四六年のイギリス船など、五〇回以上も欧州列強の船が訪れていた。背景にはアヘン戦争(一八四〇年)など「西力東漸」の大きな動きがあり、食糧と薪炭、水などの供給のみならず通商やキリスト教伝道へと要求をエスカレートさせ、琉球政府も苦悩を深めた。基本的には要求拒否を貫きつつ、薩摩を通じて幕府の意向を確認したが、「琉球は異国であり、薩摩に委ねるが、やむなき場合は通商容認」との反応(老中、阿部正弘の時代)であり、当惑している矢先のペリー来航であった。

一八五三年五月二六日、ペリー艦隊は浦賀に向かう途中、上海から那覇に入港した。日本との和親条約の締結が不調の場合、琉球の占拠を意図しており、六月六日には強引に泊《とまり》港に上陸、武装兵・軍楽隊など総勢二百余人を引き連れて首里城に行進、「圧すれば制する」の威圧外交を強行した。この時、米国は琉球の持つ「日中両属性」という性格を見抜き、強烈な球を投げ込んだというべきであろう。

ペリーの『日本遠征記』を確認すれば、ペリー一行は五回、延べ八五日間も琉球に滞在している。浦賀を訪れる前の一八五三年六月九日にいったん那覇を出港、小笠原を周回して帰還している。小笠原を測量し、父島に貯炭場を確保することが目的だった。同年七月二日、浦賀に向けて出発、浦賀での開国を迫る交渉後、回答を一年待つことを約束して、七月二五日那覇に帰還、琉球政府に「①貯炭庫の設置、②乗務員への尾行禁止、③必需物資の自由購入」を承認させて、八月一日に一艦を残し香港へ発った。翌一八五四年一月一四日、香港から那覇へ再入港した後、浦賀に向かい、三月三一日、神奈川で日米和親条約を締結し、函館まで周回して七月一日に那覇に帰還、琉球との米琉修好条約を締結している。この条約は、米国でも一八五五年に大統領が正式の対外条約として布告、一八七二年、明治政府によって琉球藩が外務省出張所管下に置かれた際、日本外務省に引き継がれるまで存続している。

沖縄と米国の関係を考えるとき、視界に入れるべきは沖縄からのハワイ移民という要素である。日本からの最初のハワイ移民は一八六八年、「元年者」といわれた一五三人が海を渡った。最初の沖縄からのハワイ移民は、ハワイが米国に併合された一八九八年以降の一九〇〇年の二六人であり、一九二四年の排日移民法で禁止されるまで続いた。移民一世の人たちの苦労は筆舌に尽くしがたいもので、私自身、サトウキビ畑で働き続けて指が擦り切れて極端に短くなった高齢の一世と出会ったことがある。詳しくは鳥越皓之の『沖縄ハワイ移民一世の記録』(中公新書、一九八八年)『琉球国の滅亡とハワイ移民』(吉川弘文館、二〇一三年)の一読を勧めたい。

第二次大戦前にハワイに移民した日本人は約二二万人、沖縄からは約四万人とされる。沖縄からの移民には、他の地域とは異なる事情が存在した。「沖縄移民の父」とされる当山久三は、沖縄の民権思想家として『沖縄時論』を発行(一八九九年)した謝花昇《じゃはなのぼる》と共鳴して、奈良原繁官撰知事が主導する藩閥政治と戦い、「移民は時期尚早」とする知事の圧力を振り切ってハワイ移民を実現したのである。後述する明治政権による「琉球処分」以降の沖縄の鬱々とした空気が、希望をハワイに託しての渡航へと若いウチナーンチュを駆り立てたといってよい。

二〇一四年、ハワイ州知事に、祖父が沖縄県西原町出身というデービッド・イゲ(伊芸)が当選した。沖縄県系初の州知事誕生で、彼の父は、第二次大戦時に欧州戦線で活躍した442連隊の兵士として従軍、勲章を受けた。この442連隊こそハワイ日系人からなる部隊で、イタリア戦線で活躍し、「死傷率三一四%」(一人で何回も負傷したため)という伝説を残して日系人の評価を転換させた象徴的存在だ。これまでも県人会などを通じて交流の深い沖縄とハワイが新たな局面を迎えた。

琉球処分と近代史における沖縄の苦闘

明治維新から一一年後の一八七九年、沖縄は本土の廃藩置県(一八七一年)に遅れること八年、「琉球処分」といわれる局面に立たされる。内務大丞の松田道之が警察官吏一〇〇人余、歩兵大隊四〇〇名余と共に首里城に入り、太政官令で「琉球藩を廃し、沖縄県を置く」と通告、王家の人々は首都東京に退去させられた。司馬遼太郎は琉球処分について、「日清両属という外交上の特殊関係もあって、琉球処分はより深刻であったかもしれないが、しかし事態を廃藩置県という行政措置に限っていえば、その深刻の度合は本土の諸藩にくらべ、途方もない差があったとはいえないように思える」(『街道をゆく六　沖縄・先島への道』)と述べるが、それは違う。まがりなりにも独立国であったものが、明治になって唐突に琉球藩とされ(一八七二年)、さらに琉球藩から沖縄県にされる経緯を考えれば、琉球処分が幕藩体制下の藩や士族制度を失うだけではなく、「国を失う」衝撃だったことに気付かされる。

沖縄は日本近代史に巻き込まれていく。その行き着いた先の悲劇がアジア太平洋戦争における沖縄戦であった。沖縄戦は日本での唯一の地上戦で、一九四五年四月一日に米軍が上陸し、六月二三日の第三二軍司令官牛島満陸軍中将の自決までの三か月近く、少年から婦女子まで動員した悲惨な戦いであった。沖縄は本土決戦のための「捨石」とされ、集団自決を含む日本人の二四・四万人(正規軍六・六万人、防衛隊二・八万人、戦闘協力者五・五万人、住民九・五万人)が犠牲になった。県民の四人に一人、米軍も一・三万人の屍を積み上げた。海軍陸戦隊を率いた大田實海軍中将の海軍次官への最後の打電「沖縄県民斯《か》ク戦ヘリ、県民ニ対シ後世特別ノ御高配ヲ賜ランコトヲ」を読んで、目頭が熱くならない日本人などいないであろう。

敗戦後の沖縄は、一九七二年の沖縄返還まで米国による占領・統治の時代を迎える。実体的には今もその中にあると言えるかもしれない。一九四三年のカイロ会談での戦後の領土問題に関し、ルーズベルトが蔣介石に琉球領有を欲しているか打診したという、興味深い史実がある。これに対する中国側(蔣介石)の沖縄問題への姿勢は微妙で、台湾を中国に返還させることは明確に主張したが、沖縄については「琉球は国際機関の中美共管に委託」することを主張(『蔣介石日記』)した。理由は米国に対する配慮で、米国が戦後のアジア展開の基点として沖縄に関心を抱いているとの判断と、沖縄が日清戦争以前に日本に帰属していたという認識に基づいていた。

宮里政玄の『アメリカの沖縄政策』(ニライ社、一九八六年)など戦後の米国の沖縄政策研究に目を配れば、終戦直後から「施政権の日本への返還」を主張する国務省と「米国による排他的統治」を主張する軍部の対立という構図が存在し、結局は軍政の継続という判断に傾いたことがわかる。一九五〇年には民政府設立(琉球列島米国民政府)、五一年のサンフランシスコ講和条約後も暫定措置として「軍政」継続となっていく。「琉球は日本本土とは別次元の存在」という米国の潜在意識が透けて見える。

沖縄問題を考えるとき、米国において「沖縄は海兵隊の島」という認識が潜在していることを知る必要がある。現実に在沖米軍基地面積の七六%、駐留する米軍の六割は海兵隊である。あの「沖縄戦」を戦った主力が海兵隊で、海兵隊にとって硫黄島と沖縄は血で勝ち取った戦果であり、旧日本陸軍にとっての「二〇三高地」なのである。海兵隊は戦後に一度解散された後、一九五三年、朝鮮戦争を背景に第三海兵団として再結成されて日本本土に配置され、一九五七年に沖縄に移転した。理由はコスト面で沖縄が優位だったことと、日本国民の反米軍基地感情に配慮したためであったという。より本質的には、在日米軍が冷戦下の仮想敵国ソ連への「抑止力」であるならば、ソ連侵攻の可能性の高い北海道にこそ配置されるべきと考えるところだが、米国にとって御しやすい琉球に基点を置き、緊迫した対ソ連リスクから距離をとり、アジアへの影響力を最大化させる本音を内在させていたということであろう。

沖縄の今——自立自尊の基盤

沖縄の基地問題のような複雑な歴史を内包し、利害が錯綜した課題の解決には大きな構想力と胆力が必要である。二〇〇九年の日本における民主党への政権交代が結局失敗に終わったのも、普天間移設を巡る迷走が主因であった。鳩山政権の挫折の本質は、この問題を「沖縄の負担軽減」としか捉えきれなかったことである。「最低でも県外移設」という鳩山の真情が本気だったとしても、米国の既得権益確保へのこだわりと「現状維持こそが国益」との固定観念に凝り固まった日本側の外務・防衛官僚の羽交い絞めによって政権内の結束が崩れ、「米軍は東アジア安定の抑止力」という建前論での「辺野古移転容認」という腰砕けに終わったことの責任は重い。真に踏み込むべきは、在日米軍基地のあり方を再点検し、基地の段階的縮小と地位協定の改定を進める日米戦略対話の実現であった。

どこかに普天間の移転先を求めて迷走する次元の話ではなく、冷戦終結後のドイツがすべての在独米軍基地の使用目的と必要性を俎上に載せて、基地の縮小とドイツの主権回復に踏み込んだごときアプローチが必要であった。世界の多くの政権交代を経験してきた米国は、日本側からのそうした問題提起に一定の覚悟をしていた。ところが、鳩山政権は「基地問題の歴史的転換を図る」という政権公約を見失い、続く菅・野田政権は「米国の虎の尾を踏んではならない」という怯えと萎縮の中で「政治的現実主義」の名の下に、「既に決まっていることはいままでどおりが良い」という裏切りに堕してしまった。

しかし、鳩山政権の「辺野古容認への回帰」から五年、沖縄の基地問題は、二つの意味でその本質を再考すべき局面を迎えている。一つは尖閣問題の緊張の高まりによって日米同盟の質が明確になったことだ。日本は「日米同盟で中国の脅威と戦う」シナリオを組み立てているつもりで、在沖米軍基地もそのために存在していると期待しがちだが、米国の本音が「日中の領土紛争による米中戦争には巻き込まれたくない」であることは明らかである。確かに米国は「尖閣の施政権は日本にある。領有権問題にはコミットしない。尖閣は日米安保の対象内であり同盟責任を果たす」との原則を繰り返すが、日本を支援して中国と戦うという単純な意思でないことは明確で、その東アジア戦略の基本は「米国のアジアにおける影響力の最大化」にあり、同盟国日本の期待もつなぎとめるが、二一世紀の経済大国中国も重要、という「あいまい作戦」なのである。

もう一つは、二〇一四年県知事選で翁長雄志が当選し、県民の意思が明確になったことである。なぜ翁長は当選したのか。それは、前知事がうやうやしく東京から持ち帰った「国の立派な経済振興策」の見返りに辺野古新基地建設を認めることは、「沖縄が主体的に基地を受け入れる」ことであり、ウチナーンチュは覚悟を決めて、新たな沖縄のあり方を模索する意思決定をしたということである。

こうした経年変化にもかかわらず、「日米合意があるから、選択肢は辺野古しかない」という思い込みで、巨額の沖縄振興予算との抱き合わせで辺野古移設を強行し、沖縄を沈黙させる政策に突き進んでいるのが現状である。最近は、基地と振興予算を結びつけて「カネと利権の構図」に浸ってきた沖縄を指弾する論調が目立つ。確かに二〇一三年一二月に仲井眞前知事が日本政府の沖縄振興策を「立派な計画」として感謝し、「辺野古埋め立て承認」を腹に「いい正月になる」と語る姿を見て、薩摩に拘束された尚寧王の悲哀とともに、琉球蛇のしたたかな笑みを感じ取ったのは私だけではないであろう。

だが、仮に「累積一〇兆円を超す振興予算と基地の受け入れを刺し違えてきた沖縄」という構造が事実だとしても、基地がこのままでいいということにはならない。私は「反米・反安保・反基地」というかつての「革新」勢力の三題噺を蒸し返しているのではない。新たな局面が見えているのに、戦後七〇年も経って外国の軍隊が占領軍のステータスのままに存続していることに問題意識を抱かない国は独立国とは言えない、と語っているのだ。もちろん、東アジアの安定のために日米同盟を賢く「抑止力」に利することも大切である。そのために日本における全米軍基地を再点検し、二一世紀の東アジアの安全保障を睨んで基地の段階的縮小と地位協定の改定を粘り強く提起し、その中で辺野古の位置づけを議論すべきである。

これまでも私は「常識に還る意思と構想――日米同盟の再構築に向けて」(二〇一〇年二月号)「日米同盟は「進化」させねばならない――普天間迷走の総括と今後」(二〇一〇年八月号)を書き、日米同盟の安易な「深化」ではなく「進化」を主張してきた(『脳力のレッスンⅢ 問いかけとしての戦後日本と日米同盟』所収、二〇一〇年)。また、定点観測のごとくワシントンを訪れ、むしろワシントンの方に、柔らかい選択肢で日米同盟や基地を考える海兵隊出身のジム・ウェッブ前上院議員などの政治家や国際問題の専門家が層厚く存在することを確認してきた(『脳力のレッスンⅣ リベラル再生の基軸』所収、二〇一四年)。「日米同盟のためには沖縄が犠牲になってもしかたがない」などと安易に考えてはならない。いまなすべきは、筋道の通った情熱で米国と向き合うことだ。確かに短期的利害として、七割の駐留経費を受け入れ国たる日本が負担し、占領軍のステータスに近い地位協定を享受する基地を失うことは、ペンタゴンの官僚からすれば容易に譲れないであろう。海兵隊は沖縄に集中しており、その基地縮小となれば米軍内の陸・海・空・海兵の力学の調整問題も生じる。だが、大切なのは日本側の意思と構想力である。日本の自立自尊とアジアの安定を見据え、二一世紀の日米同盟を再構築する視界が問われる。課題は日本自身が冷戦型の思考回路からいかに脱却できるか、なのだ。

ファジーに生き抜く知恵の蓄積

あらためて沖縄の歴史を振り返るならば、常に「日本」によって運命を翻弄されてきたことは間違いない。ただし、同情や贖罪意識で沖縄を論ずることは、大江健三郎が『沖縄ノート』で言う、別次元での「日本中心の中華思想」であろう。一方で日本を振り回し、国境線を超えてファジーに生き抜く知恵を蓄積してきた沖縄に気づくからである。歴史の渦に巻き込まれているようで、実はそれを切り返すたくましさを内在させる沖縄がどう動くのか。翁長県政となり新局面を迎えた沖縄に注目したい。沖縄はワシントンに事務所を出すことになった。米国と沖縄の歴史的関係を背景にした交流が沖縄人の心に何をもたらすのか。「沖縄独立論」に踏み出す前に、まずは真の「経済的自立」への展望が重要になるはずである。

七二年の「沖縄返還」から四〇年余、本質的な意味で祖国とはいえない日本への「復帰」に期待した沖縄人の心情が、敗戦後苦しみながらも「民主主義と平和主義」に立脚して進もうとする日本への共鳴と連帯にあったことを真剣に受け止めるならば、ヤマトンチュ（日本人）たる我々も襟を正さねばならない。いま我々は一九九三年にNHK大河ドラマで『琉球の風』を放映し、小渕恵三首相が沖縄サミットの開催にこだわった時に比べ、沖縄と真摯に向き合う姿勢を喪失してはいないか。日本と共に歩むことが沖縄の希望となるように努力する、それが沖縄を翻弄してきた日本が沖縄の問いかけに答えることではないのか。基地問題の解決なくして戦後は終わっていない。

（２０１５・４）

【対談】翁長雄志×寺島実郎

沖縄はアジアと日本の架け橋となる

——辺野古からアジアの平和構築を

翁長雄志(おなが・たけし) 沖縄県知事。一九五〇年生まれ。法政大学法学部法律学科卒業。会社員、那覇市議会議員、沖縄県議会議員を経て二〇〇〇年那覇市長に初当選。四期を務め、二〇一四年一一月県知事選で当選、一二月より現職。

ペリーが見た独立国としての琉球

寺島 この対談の機会をつくっていただくきっかけになったのが、私が「江戸期の琉球国と東アジア、そして沖縄の今——一七世紀オランダからの視界(その28)」と題して、一七世紀オランダ論の流れの中で沖縄について書いたことでした。歴史性の中で沖縄を再考してみて、長い射程距離の中だからこそ見えてきたものがあります。本音を言いますと、調べれば調べるほど自分自身の立ち位置であるヤマトンチュが沖縄を議論する限界を感じ、いわば覚悟が我々に問われているのだという思いが去来しています。

ここ寺島文庫で知事と対談ができることに、私には高揚感があります。縁あって、ペリー提督の『日本遠征記』の本人のサインが入った原本と、やはり本人のサイン入りの『マッカーサー回想録』初版本を入手することができました。二冊ともここに所蔵しています。日本を変えた二人のアメリカ人、しかも沖縄とはきわめて深い関わりがあるアメリカ人の存在が息づいた本を背にしながらお話しすることに、象徴的な意味を感じるのです。

アメリカなる存在を意識しながら、日本、沖縄、アメリカというトライアングルの中で議論を深めていかないと、日本の二一世紀の筋道は見えてこないのではないか。

最初にお話しした「一七世紀オランダからの視界」というシリーズでは、江戸期の日本と中国、また日本と朝鮮半島との関係について論を重ねてきました。「その28」では東アジアにおける沖縄の存在を再確認したわけですが、江戸期の琉球が、日中両属という性格を持ちつつ、独立国として存在していたことには重要な意味があると思ったのです。ペリーが浦賀に来航したのは一八五三年ですが、その前後、実は五回沖縄を訪れているんですね。

『日本遠征記』を調べて計算してみると、ペリーは通算八五日ほど那覇にいて、一八五四年には独立国としての琉球と合衆国との間に「琉米修好条約」を締結しています。その中身を読んでみると、日中両属という琉球王国の性格を十分に認識した上で、アメリカのアジア戦略にとっての琉球の重要性を認識して条約を結んでいることがわかります。

いまヤマトンチュの多くが、沖縄戦におけるあまりにも甚大な惨禍、そして戦後はアメリカの支配を受け、現在に至るまで在日米軍基地の四分の三を沖縄が引き受けていることに対する憐憫や同情という文脈と、もう一方は基地の見返りに沖縄振興予算を積み上げてきて、いわば「金をもらっているんだから少々の負担には文句は言うな」という二分された視点で議論しています。

しかし、いま、琉米条約の存在に現れているような歴史的背景を確認した上で、明治以降の近代史において日本が沖縄にどう関わってきたのか考える必要があります。

翁長　実は、三月二九日まで、沖縄県の浦添市美術館では「琉球・幕末・明治維新　沖縄特別展」という展覧会が開催されて、いまお話に出た琉米条約だけでなく、琉仏・琉蘭修好条約という、琉球王国がアメリカ、フランス、オランダと結んだ三条約の琉球側原本を展示したのです。外務省外交史料館に保管されていたものが沖縄に里帰りしたわけですが、フランスとアメリカの公文書館にも、向こう側の原本が保管されていることが確認されています。

私もこの展示を見てまいりました。アメリカの国務省歴史事務所が琉球国について「一九世紀半ばには、琉球は日本とアジア大陸との交易に特化した、独立した王国だった」と定義しています。私自身、歴史を発見する中から、展望を開いていこうという思いを新たにしました。しかし、日本の本土ではこうした歴史はほとんど知られていないでしょう。

私がいま「オール沖縄」や「イデオロギーよりアイデンティティ」とお話ししているのも、歴史の新しい一ページを開いたという気持があります。三〇年来の沖縄の政治家としての思いはずっと変わらずにありましたが、時代が来たという感覚と、私自身政治家としてこれ以上望むべくもないところまできて、沖縄のために、沖縄のためにということは日本のために、さらには世界のためにもなるのだという信念、沖縄問題解決なくして日本が一人前になるわけはないという思いを持って、この数年来動いてきました。

沖縄の思いをどう伝えていくのか。私は、二〇一三年一月二七日に、「オスプレイ撤回・東京要請行動」として日比谷野外音楽堂で集会を開いたとき、県市長会長として発言しました。沖縄の歴史や日本との関係ではいろいろなものが絡みあっていますが、何とか一言で表現できるものがないだろうかと考え、苦心しました。そこで申し上げたのが、「沖縄が日本に甘えているのでしょうか、日本が沖縄に甘えているのでしょうか。これを無視してこれからの沖縄問題の解決、あるいは日本を取り戻すことはできない」ということでした。

沖縄に帰ったら、「よくぞ言ってくれた。あの一言に沖縄の思いが集約されている」と、思いがけなく多くの県民から激励の言葉をいただきました。そして、その励ましの言葉の中にこそアメリカ占領下の二七年、あるいは振興策と基地の問題、沖縄戦での出来事、薩摩侵攻といった、さまざまな歴史への思いが絡みあっているのだと思います。

米施政権下の沖縄が戦後日本へ注いだ視線

寺島　なぜ沖縄は、日本の敗戦後、独立しようとしなかったのかという疑問があります。いま聞くと奇妙に思われるかもしれませんが、実際、第二次世界大戦後多くの旧植民地が独立しています。世界史的なアナロジーで沖縄に相当するのは朝鮮半島で、やはり江戸期に朝鮮王朝があり中国に朝貢して、日本とも通信使というかたちで関係を持っていましたが、一九一〇(明治四三)年に日本に植民地化されました。朝鮮半島は敗戦を機に独立したけれど、沖縄では独立運動が起きなかった。

その理由の一つとして、県民が一二万人近く亡くなり、独立どころではなかった沖縄の悲惨な状況に気づかされます。もう一つはアメリカの存在です。文献を読んでいて、沖縄は日本に返還すべきだという国務省と、国防総省（ペンタゴン）間で大議論が行われていたことに気がついたのですが、東アジアにおけるアメリカの展開において、特にペンタゴンが沖縄に対する非常に強い関心を持っていた。それが独立への動きを阻んだことをまず確認しておきたい。

いったん解散して引き下げた海兵隊が朝鮮戦争に際して岐阜や山梨に駐留し、それから沖縄に移っていった経緯がありますね。本土における反対運動もありましたが、同時に、アメリカにとっての沖縄や硫黄島は血であがなった土地であり、日本にとっての「二〇三高地」なんですね。だから、日本における米軍基地の配置をめぐるペンタゴンの中での確執が、絶えず大きな影響を与えていると痛感します。

そして、なぜ沖縄に米軍基地が集中しているのか。調べても調べてもわからない部分があるのですが、見えてくるのは、在沖縄米軍基地の七六％が海兵隊であるということです。私は北海道の出身で、沖縄の対照としての北海道について考えざるを得ないのですが、日米安保条約が冷戦を前提にして東アジアの安定と日本の防衛のために結ばれたのだとしたら、大きな疑問が生じます。つまり仮想敵国は圧倒的にソ連だとしたら、北の北海道にこそ基地がなければいけないはずです。しかし、青森県三沢基地が米軍にとって北限で、三沢は通信基地です。これは米国の秘密外交軍事委員会で実際に出てきますが、米軍の本音は、ソ連侵攻の危機があったからこそ南に下がっていたということなのです。まず旭川の自衛隊が戦って、アメリカは最後まで余裕を持って、この局面で戦うべきか否かを判断しようという意識が背景にあった。つまり、日米安保の目的はほんとうに日本の防衛なのだろうか、と考えざるをえない。

二七年もアメリカの施政権下に置かれたのち、「本土復帰」を掲げた沖縄、そして本土の運動や日米政府の意向もあって一九七二年の復帰に至るわけですが、その時の沖縄の心理について、私は深く思うことがあるのです。戦後日本なるものが平和と民主主義を実現し、アメリカ主導の西側陣営の一翼を占めるかたちではあるけれど、経済的にも安定しながら七〇年代に入っていく姿を、沖縄はアメリカに支配されながら見ていた。軍国主義への反省から、日本が自由と民主主義に対して真剣に向き合っていこうとした、その空気に沖縄は共感したんだな、と思うのです。戦後日本に対する沖縄の期待というものを、日本を見ている沖縄の目線を、私は日本人として、自分に問いかけておく必要があると思っています。

翁長　ご存じの方も多いと思いますが、沖縄の歌に「唐《から》ぬ世《ゆ》から大和ぬ世　大和ぬ世からアメリカ世　アメリカ世からまた大和ぬ世　ひるまさ変わゆるくぬ沖縄」というものがあります。中国に恭順した時代、そして薩摩侵入で日本の時代、そして戦争に敗けてアメリカの時代にと、日米中三か国に支配された地域なんですね。そこから日本復帰を果たして、さあ日本国憲法の下で平和に暮らせるかと思ったら、基地に関してはまったく一顧だにされない事態になりました。

私たちはいま自分たちの言葉、ウチナーグチを復興しようとしていますが、かつて皇民化政策の中で標準語が奨励され、方言札といって、学校でウチナーグチを使ったら札をかけられて厳しく指導されました。実は戦後も復帰運動の中で同じようなことが行われました。沖縄の名字は普通三つ字ですが、二字の姓に改名している人も多いのです。私は六五歳ですが、この戦後の世代でさえ、東京等で下宿を探すと、琉球人・朝鮮人はお断りという体験をしています。日本からの沖縄差別にはやはり根深いものがありましたね。

一方で、戦後二七年間にわたるアメリカの厳しい軍政下では、当然日本国憲法の適用もなく、布令・布告で、全部アメリカ民政府が法律をつくっていく。県議会議員ではなく立法院議員といって、私の親父も立法院議員をしていましたが、何もかも民政府にお伺いを立ててしかできない。中でも最も圧政を敷いたキャラウェイ高等弁務官という人は、「自治は神話である」と言いました。つまり、ここは植民地なんだから何も言うなということです。

沖縄県民は一生懸命デモをしたり、決議を出したりして抵抗しましたが、日米地位協定どころではありませんので、米兵による殺人事件や轢き逃げ事件が起きても、無罪になってアメリカに帰って行くのを、人々は本当に悔しい思いで見てきました。

このまま強圧的なアメリカ支配が半永久的に続いていいのかという思いと、日本はサンフランシスコ講和条約で独立はしたものの、どうやらアメリカ一辺倒のようだ。沖縄を切り離して高度経済成長を謳歌する、そんな日本が信じられるかという思いの両方があったのです。そういう中で「独立」についても実はかなり議論はありました。

しかし、何より生活が成り立たないという基本的な問題があったわけです。革新からは憲法九条で守られた日本の憲法に帰っていこうという祖国復帰運動が起きて、保守の方が冷めていて、日本に戻ってもいいことはないぞ、基地関連収入で生活していたほうがいいのではないか、場合によっては独立するか、あるいはアメリカの一州に加えてもらおうじゃないかという議論もありました。

終戦直後から六〜七年はまだ産業も何もありませんから、基地関連収入が五〇%で、生きるか死ぬかというきわめて深刻な話だったのです。基地関連収入はその後復帰時に一五%に落ちて、いまは五%を切っています。一方で日本という国に対する憧れ、しかし復帰が近づいてくるに従ってつのる幻滅など、沖縄社会にさまざまな葛藤がありましたね。

ペリー提督が数回沖縄に来たとき、実は測量から何から、綿密に調査をしていました。一九四五年、米軍が読谷に上陸した、あるいは久米島に来たのも、みんなペリー提督がその九〇年前に来たときの調査に基づいた計画だったのです。一九四四年一〇月一〇日、「10・10空襲」と言われる那覇空襲がありました。いま、一〇月一〇日には那覇の大綱引きが平和の祭典として行われていますが、アメリカは戦争が始まる以前の五〇〜六〇年の気象もみんな調べあげていて、沖縄で一〇月一〇日だけが雨が降ったことがないらしいのです。

その後も、研究に基づいて、沖縄は日本とは民族が違うから必ず分離できる、だから優しくしなさいと、最初の間だけは大変琉球の人を大切にしたんですね。私たちは皇民化で日本という国を信じていたのに、戦争中は日本兵が隠れていた墓から住民を追い出し、また自分たちが先に逃げて行くありさまを見て、日本と同じ民族であるはずなのに、こんなに差別されていいのかと痛切に思ったところに米軍が入ってきた。そしてＤＤＴで消毒したり、収容所とはいえ食料は確保されたりしたので、救世主があらわれたという思いを抱いたのです。日本かアメリカかという志向が二七年間に混在していて、とても「独立」というかたちに一つにまとまるようなものではなかったのではないかと思います。

辺野古問題は全体解の中でしか解決しない

寺島　翁長さんは沖縄の新しい時代を象徴する形で登場してこられたと思うのです。なぜなら沖縄県民の意思がこの数年で大きく変わってきた。知事を選択する中で、沖縄振興予算と引き換えに辺野古新基地建設を認めてしまったら、沖縄自身が主体的にコミットしたことになるという判断から、県民は明らかに新たな問題意識を見せ始めています。

知事選の争点であり、そしていま最大の問題である辺野古新基地建設問題は、全体解の中でしか解決しない。鳩山政権下での迷走の最大の問題点は、沖縄の負担軽減という視点しか持っていなかったことです。鳩山氏の沖縄に対する思いや負担軽減への情熱は否定できるものではありません。しかし、海外移設や嘉手納統合、あるいは県外移設と、さんざん持ち回ったあげくに米国と対峙することなく潰れていった。

本当にやるべきだったのは、冷戦終結後にドイツがすべての在独米軍基地をテーブルに載せて米独間で真剣に検討したように、日本における全米軍基地について、一つひとつの使用目的と機能と将来の必要性を議論して全体の配置を決め、今後海兵隊は東アジアにどう展開していくのか、抑止力とプレゼンスをどう残すのかというアメリカとの戦略対話です。

私は、かつての「反米、反安保、反基地」という議論を蒸し返しているのではなく、東アジアの安全保障における最適解としての「同盟」関係とは何かを考えようと言っているのです。つまり、日米の真の意味での戦略対話が必要だということです。

ところが世の中には代替案を出せ、辺野古がだめならどこか別のところを出してみろと言う人がいます。私はその議論をやめろ、と言っているのです。それは、普天間の安全性を毀損した米国に、検証して代案を提示する責任があるのであって、日本側がどこかで引き取ってもらえないだろうかと持って回るような類の、迷惑施設の立地問題と全然違う。

沖縄が、県として辺野古の問題を負うことには限界があります。二元外交をして県が米国と交渉するわけにはいきません。しかし県が、国の責任においてやるべきことを明らかにしていくこと、そして東アジアにおける安全を担保する真っ当な議論をすべきだと提示していくことは非常に重要です。

翁長　二〇一二年に朝日新聞のインタビューを受けた時、記者が「利益誘導が沖縄の保守の役割でしょう」と、革新が基地に反対して、保守が振興策をとるのが沖縄の政治の仕組みだと言いました。私は、「振興策を利益誘導だというなら、お互い覚悟を決めましょうよ。沖縄に経済援助なんかいらない。税制の優遇措置もなくして下さい。そのかわり基地は返して下さい。国土の面積〇・六％の沖縄で在日米軍基地の七四％を引き受ける必要は、さらさらない。いったい沖縄が日本に甘えているんですか。それとも日本が沖縄に甘えているんですか」と言ったのです。

これも多くの県民から、「よく言ってくれた」という声がたくさん寄せられました。この言葉一つから、沖縄がいま何を思っているかがよくわかるでしょう。その延長線上に、二〇一三年一二月に、仲井眞さんが振興策と引き換えに埋め立てを承認して、「いい正月になる」と言った時の沖縄県民の、自分たちのアイデンティティ、歴史、といったすべてにわたって、世界中のウチナーンチュも含めて、自分たちは何を糧にして誇りを持って生きていったらいいんだという思いが噴出していったことがあるんですね。

私が日頃から言っていた「オール沖縄」「イデオロギーよりアイデンティティ」という言葉が焦点化した背景には、県民のそうした思いがあり、だからこそ、保守も革新も含めた結集に行き着いたのだと思います。

明確になる日米同盟の本質

寺島　「沖縄が日本に甘えているのか、それとも日本が沖縄に甘えているのか」という翁長さんの言葉は非常に重い。そしていま、尖閣問題を起点にして日米同盟の本質が明確になってきています。つまり、日米中トライアングルの中で、日本と中国との領土紛争に巻き込まれて米中戦争になることは絶対に避けたいというアメリカの意思がはっきりしてきた。

当然ながら、アメリカの政策意思は東アジアにおける自分の影響力の最大化です。だから中国に対しても同盟国日本に対しても、最後まで期待をつなぎ留めることが必要です。そのために、日本が尖閣の施政権を持っていることは認める。しかし領有権については日中どちらのものなのかコミットしたくないから、日米安保条約の枠内だとしか言いません。

それを日本人が、軍事衝突でも起こったらアメリカは日本のために一緒になって中国と戦ってくれると期待していたら大まちがいで、ウクライナ情勢を見ていてもわかるように、国連安全保障理事会で同盟国日本の立場に立って強く非難する、などということも「同盟責任を果たす」ことの一環ですね。だから日本は過剰な期待や甘えの中で日米同盟を考えてはいけないと、この五年間ではっきりわかってきたはずなのです。

非常に重要なのは、アメリカ自身がじわりと変わり始めていることです。アメリカの戦争に巻き込まれたくないというのが日本の平和主義者の主張でしたが、いまや話は逆で、日本の戦争に巻き込まれたくないアメリカという空気が出てきている。日米同盟のあり方について新しい次元の議論が始まっている局面で、既に合意しているからなどと自分に言い聞かせて固定観念の中で踏みとどまることは、日本の未来にとって有益ではないのです。

沖縄とアメリカの長い歴史

寺島　先ほど知事が世界のウチナーンチュとおっしゃいましたが、沖縄とアメリカとの微妙な関係を我々日本人はもっと深く理解しておくべきだと思っています。先日ハワイでさまざまな人に会ってきましたが、二〇一四年一二月、ハワイ州知事に就任したデービッド・イゲさんは沖縄からの移民の三世で、お父さんは有名な日系人部隊442連隊のヒーローです。ダニエル・イノウエさんなどとともにイタリア戦線で戦い、日系人の評価を変えた人たちの一人です。沖縄からのハワイ移民は、他の地域から移民した日本人とはちょっと違います。琉球処分以降の日本との位置関係の中で苦悩し、民権運動で闘った人たちが、強い問題意識と期待を込めてハワイに渡って行った。そういう人たちが、アメリカにおける沖縄との大きなネットワークの基点に存在しているということを、私は、沖縄県人会のハワイにおける存在感などから、驚きと共に強く感じました。

沖縄県がワシントンにオフィスを出しますね。その意味を、我々はよく考える必要があります。沖縄はアメリカの施政権下で非常に苦しい思いを味わった。と同時にアメリカには、ペリー以来「日本とは違う琉球」という意識があって、沖縄の青年をアメリカで学ばせるプログラムが稼働して、アメリカを知る沖縄の知的リーダーを育てた経緯もありますね。

一方アメリカには、多くが沖縄で生活体験のある海兵隊出身のジム・ウェッブ元上院議員など、沖縄を肌で知り、冷静な視点で米軍基地を議論する政治家がいる。ワシントンの視点からすると、イギリスにおけるスコットランドと、スペインにおけるカタルーニャと、日本における沖縄は、住民の意思によっては独立を志向するかもしれない、しかもアメリカにとって複雑な縁を背負っている地域として、熱い関心を持っている。

翁長　ワシントン事務所についてお話しする前に申し上げておきたいのですが、四七都道府県の中で、沖縄には日本国から来た在沖縄大使がいらっしゃるのです。意外と本土の方々はご存じないのですが、何故沖縄には大使が置かれているのか、また日本国は沖縄というものを一体どのようにとらえて向き合っているのか、このことからもよくわかると思うのです。そして、私たちがアメリカ側の関係者と話をした時のいちばん最後の言葉は、必ず「気持はよくわかったけれども、国内問題だから日本政府に話しなさい」なのです。

といっても沖縄大使は耳を傾けるでもないし、防衛局はただただ上司から言われたように対応するだけです。そして、外務大臣も防衛大臣も、結局何をおっしゃるかというと、「アメリカが後ろで反対するんだよ」。そうなると、もうアメリカと対話するしかないのかということなんですね。

ただ、アメリカも基本的には国内問題と言っているわけで、私たちが行って何ができるかというと大変忸怩たるものもあります。実際多くの人は、「人口は一万人？　基地があってよかったね」という反応ですから、二人ワシントンの駐在員を置いたから劇的に物事が変わるかどうか。しかし、ウェッブ元上院議員を含めアメリカという国の底深いところに私たちはもっと足を踏み入れて、議論もして、事態をつき動かす可能性もあるのかなと思っています。

沖縄県民が意思を示してもなかなか事態が動かない閉塞状況の中で、考えられる打開策は打っておかないといけない。そして、道州制度が始まったら、沖縄の意思は単独州を望んでいます。今日までの議論で県議会関係、経済界、諸団体の多くが単独州として改めて万国津梁の精神をもってアジア、世界に飛び立っていこうという思いを、沖縄県民ははっきり持っているのです。

いま改めて「独立」が人々の口に上り、研究会もできています。独立の実現可能性については何とも言えないですが、単独州になったときには、先ほど寺島さんも言われた日本の安全保障、そしてアジアにおける米軍のプレゼンスについて議論するとき、当事者である沖縄抜きでは成立しないでしょう。不可能を少しこじあけるにはどうしたらいいのか考えていく、それが、いま私が立つ位置です。

寺島　まさにそれが全く新しい沖縄の立場だと思います。長いアメリカとの歴史の関係も理解して関係を深めようと、より深くネットワークを構築していこうとする、大きな転機のリーダーとして登場してこられたのが翁長さんなのだと私は理解しているし、そう受け止められていると、ハワイでもワシントンでも感じました。

翁長　なぜ辺野古の新基地建設に反対するか、それは当然のことながら単に反米という話ではありません。このままでは日米両政府が沖縄のあるべき姿、アジアとの関係をちゃんと話し合わないのではないかという意味からなのです。辺野古について再考することが、日米関係、日米安保体制を問い直し、さらには米中、日中関係を、尖閣問題をどうするかという、たくさんの課題を整理し改善していくことにつながる。だから私は、まず基地問題に取り組んでいきたいのです。

アジアの成長と連動する物流ハブとして

寺島 そして翁長県政が背負っている重要な課題は、沖縄の経済的自立です。沖縄が東アジアの交流起点という利点を生かしきって、たとえば日本の観光立国の先行モデルとなり得るかなど、今後どのように経済的な力をつけていけるかどうかです。

翁長 二〜三年前から、沖縄県民自らが策定をした二一世紀ビジョン、まさしくアジアの経済成長と連動していく計画が見えてきています。

沖縄の歴史、伝統、文化、自然、琉球王朝時代のアジアへの架け橋となるという思想といったソフトパワー、それから、東西一〇〇〇km、南北四〇〇kmに有人の島が約四〇、全部入れると一六〇、ここにある海底資源。それから日本の排他的経済水域も、沖縄の広大な海域があることで世界第七位という優位性がある。これらをベースにしながら、アジアのダイナミズムと連動していこうと考えているところです。

一番目に先頭を切ったのが六年前に始まったＡＮＡの国際物流拠点で、始めた当初は約一九〇〇トンでしたが、いまはその一〇〇倍になっています。北海道の海産物や長野のイチゴなどが沖縄に集積されて、アジアに二四時間以内に持って行ける。逆もまたしかりで、二四時間以内にアジアの物産が沖縄から本土へ、という動きが大変活発になってきています。初めて沖縄が日本のフロントランナーとしての役割を果たせるものが、地政学的にも大変いいかたちで動き出してきました。まさしく日本とアジアの架け橋になるわけです。

また、沖縄の二つの海運会社が高雄と結んで、一つは商船三井と、もう一つは台湾の海運会社と一緒になって、本土から持ってきたものと地元産を集積して台湾経由で世界に行くというルートも開発しました。

もう一つは情報通信関連産業で、一〇年前から沖縄に集積して、その労働人口が約三万人となっています。観光産業は約四五〇〇億円ですが、情報通信産業は三〇〇〇億円をうかがうようなところまできています。もともと県として国際海底ケーブルを使う情報通信関連企業の誘致を進めていたのですが、今年度には首都圏と沖縄、香港、シンガポールを結ぶ通信回線が完成する予定です。この海底ケーブル事業には、アメリカのヒューレット・パッカードという二兆円企業や中国からも沖縄立地の話があり、情報通信産業のアジアの中心地になる可能性があります。

もちろん、国際観光リゾートも、一時期中国との関係悪化やリーマン・ショックなどで厳しい時があったのですが、いま倍々ゲームで海外観光客が増えています。三年前が約三〇万人、一昨年が約三八万人、去年が約六三万人、今年はもう一〇〇万人に迫る勢いになっていますね。

時代は刻々と動いている

寺島　台湾との関係が大変大きな鍵になりますね。江丙坤さんという、東京スター銀行を買収した中国信託商業銀行の最高顧問で、三三会という台湾の経済界の重鎮が、今後は沖縄との連携が大事だと語っていました。

たとえば観光の一つの柱として、沖縄が医療ツーリズムのメッカとして、アジアのセンターラインにいるようなことが実現すると、沖縄の経済は加速度的に向上していくでしょう。沖縄が力をつけてくることが少子高齢化に向き合う日本にとっても非常に大きな力になる。我々はいい意味での緊張関係の中で、お互いに納得のいく、力になる存在になっていくべきです。

私は分離主義者でもないし、沖縄が独立すればいいなんて、ちっとも思わない。沖縄が日本のためにいてほしいと思うし、そうでなければいけないと思う。けれども、我々は甘えの構造の中で安んじてはいけないのです。辺野古問題がその象徴ですが、固定観念にはまって、「もうこの話はやめにしよう。もうとっくにアメリカと約束していることなんだから」という類の発想をしている間に、刻々と時代が動いている。

七割の駐留経費を日本が持ってくれているからアメリカは沖縄にしがみついていると思っていたら違っていて、ロバート・カプランの『地政学の逆襲』(朝日新聞出版、二〇一四年)という本が翻訳されていますが、グアム、オーストラリアまでアメリカは下がって、リスクの高い東アジアから主体的に引き上げるかもしれない可能性もなくはないわけです。

翁長　二、三〇年前の沖縄は、中国をにらんでの極東の要石でしたが、いまや沖縄はあまりにも中国に近すぎて、ミサイル数発で普天間と嘉手納が吹っ飛んでしまう。沖縄に住んでいる軍人軍属に被害が出たら、アメリカ政府は耐えられないでしょう。アメリカは沖縄にいる米国人のことを心配していて、もしも中国との関係がもっとややこしくなってきたら、いつの日か突然、沖縄から出て行くのではないか、とまで私は思うのですが。

寺島　沖縄を第二のパールハーバーにしてはいけないという意識が出てきますね。

翁長　そうなのです。戦後七〇年と言っても沖縄ではまだ不発弾問題が深刻です。二五年ほど前でしょうか、そのことで防衛庁に行ったら、三〇代の課長が「いつまで戦争の話ばかりするのか。東京、大阪だって大空襲はあった」と言うのです。局長など上の人は戦争のこともよくわかるのですが、あの時の三〇代の人がいま事務次官あたりになってきているわけです。そうすると今度は、いま普天間にミサイルが落ちたとして、おそらく一〇年ぐらいは「沖縄県民には申し訳ないことをした」と言うけれど、一〇年、二〇年で風化していって、防衛庁の課長のように「いつまでもそんな話をするな」と言うようになるでしょう。

これが繰り返されるというのが私たちは肌感覚でわかるのです。ここが本土の人に伝えきれないんですね。この伝えきれないようなものをどのように共有しながら、そこから物事を構築していくか。対話から始めるには距離があり過ぎて、とても難しい。この距離を話していると二〇年、三〇年かかってしまうでしょう。だから私たちは辺野古に反対することで伝えていこうと考えるのです。

県益と国益は一致する

寺島　変化していく事態、状況に対して、私たちは何もたじろぐことはない。我々は常に新しい時代の変化の中で、問題の転換を図って、建設的な提起をしていけばいい。それが日本人に取り戻さなければいけない感覚ではないでしょうか。戦後七〇年だからこそ、七〇年を振り返り、もう一度長い射程距離での沖縄の歴史を振り返り、次の七〇年に向けて第一歩をどう踏み出すのかが問われている。その意味でも私は沖縄が変わり始めていることを、ある種の刺激剤として、ものを考えてみたいのです。

翁長　安倍首相は第一次内閣で「美しい国日本」と、そして今回は「日本を取り戻そう」とおっしゃっています。即座に思うのは「そこに沖縄は入っていますか」ということです。そして「戦後レジームからの脱却」ともおっしゃいますね。しかし、沖縄に関しては、「戦後レジームの死守」のような状況になってしまっています。そしてそれは、アメリカが放さないのではなくて、どうも日本がそのような状況を変えないぞと言っているように、沖縄からは見えるのです。

それでは、アジアの民主主義国家としてのリーダーになるべき日本が大きな損失を被るのではないでしょうか。先ほども申し上げましたが、辺野古から、沖縄から日本を変えるというのは、日本と対立するということではありません。県益と国益は一致するはずだ、というのが、私が日頃からお話ししていることなのです。

沖縄の基地問題の解決は、日本の国がまさしく真の意味でアジアのリーダー、世界のリーダーにもなり得る可能性を開く突破口になるはずです。辺野古の問題で、日本と沖縄との関係は対立的で危険なものに見えるかもしれませんが、そうではないのです。沖縄の基地問題の解決は、日本が平和を構築していくのだという意思表示となり、沖縄というソフトパワーを使っていろいろなことができるでしょう。さまざまな意味で沖縄はアジアと日本の架け橋になれる。

なぜ過去が召還されてくるのか

翁長　琉球処分、沖縄戦、なぜいま歴史が問い直されているのか。それは、いま現に基地があるからです。だから過去の歴史が召還されてくるのです。極端に言うと、もし基地がなくなったら、一つのつらい歴史的体験の解消になりますから、沖縄も「過去は過去だ」ということになるでしょう。銃剣とブルドーザーで奪われた土地が基地になり、そっくりそのままずっと置かれているから過去の話をするのです。生産的でないから過去の話はやめろと言われても、いまある基地の大きさを見ると、沖縄はそのことを言わざるを得ずして未来は語れないのです。ここのところに日本国は気づいていないのですね。

寺島　私は日本国にとって沖縄というファジーでしたたかな存在が必要だと思っています。過去から背負っているものによって、被害者としてへこたれているかといったら決してそうではなくて、力をつけてきている。沖縄の音楽や文化の力がまさに象徴しているように、沖縄という、多様性の一角を支える存在が日本にとってのアセットなのです。

歴史というのは、あざなえる縄のごとく変わって行く。一見不条理な問題が深刻になっていくようだけれども、結局長い時間軸の中で提起された問題は、あるべき姿の方向に近づいていくと、歴史を見ていて実感します。

いま沖縄に提起されている問題は、必ず新しい展開の中で、あれが転機だったのだと、後世認識するような時代がくるだろうなと、私は思っています。

（２０１５・５）

IV　戦後民主主義とシルバー・デモクラシーの行方

風化する戦争と戦後なる時代に関して、戦後生まれ日本人の先頭世代として、我々の世代こそ真摯に向き合うべきであろう。大都市圏に産業と人口を集積させ、「復興・成長」という時代を走り、豊かな国を造った。農業から製造業・建設業へと就業人口を移動させ、「集団就職」や「団地の時代」という言葉が象徴する時代を駆け抜けたのである。その帰結として、大都市周辺の団地、ニュータウン、マンション群が今、急速に高齢化している。

日本政治が民主主義を成熟させる方向ではなく、外部環境変化への対応力を失い、いらだちと共に「国権主義」に回帰しつつある中で、我々はある決意をもって「戦後民主主義」にこだわり続ける姿勢を貫かねばならない。なぜならば、日本の長い歴史において、敗戦という代償を払って手に入れた民主主義の錬磨こそ、我々の世代が伝えるべき「価値」だからである。

二〇一五年の意味
――高齢者となった団塊の世代の責任

人口の四割が高齢者という社会

二〇一五年は戦後七〇年という節目であり、いよいよ昭和二五年生まれが六五歳を迎える。つまり、戦後生まれの先頭世代として生きてきた「団塊の世代」が、ほぼすべて「高齢者」になることを意味する。昭和二二年生まれの私自身を含めて「戦争を知らない子供たち」も高齢者になったのである。

団塊の世代が高校を卒業し社会参加する頃、一九六六年に日本の人口は一億人を超えた。そして団塊の世代が定年退職を迎え始めた二〇〇八年、日本の人口は一・二八億人でピークアウトした。つまり団塊の世代は、日本の人口が三〇〇〇万人増えた過程を社会人として並走したことになる。既に日本の人口は減少過程に入り、二〇四〇年代後半には一億人を割ると予測される。現在でも一〇〇歳以上が約六万人となり、その頃、数十万人の団塊の世代は一〇〇歳を超えて生きているであろう。既に二〇一四年、人口の二五・九%が六五歳以上によって占められているが、「超高齢社会」がヒタヒタと迫っている。三十数年後に人口が一億を割る時、それは一九六六年の一億人に戻るわけではない。当時の一億人はその七%しか六五歳以上の人はいなかった。だが、一億を割る頃、四〇%が六五歳以上、しかも二五%が七五歳以上になると予測される。超高齢社会がもたらす社会構造の変化と顕在化する課題の中核的担い手が団塊の世代になることもまちがいない。

ところで、二〇一四年は「第一次世界大戦勃発から一〇〇年」という年であった。日本が真珠湾に至った歴史を考えるとき、実は一九一〇年代の日本の選択が運命の分岐点であったと、私は考える。欧州大戦の勃発を好機ととらえ、大英帝国との日英同盟に基づく「集団的自衛権」を根拠に中国におけるドイツの権益を奪うべく参戦、一九一五年には「対華二一カ条の要求」を突きつけ、遅れてきた植民地帝国としての野心を露わにしていった。

その一九一〇年代を生きた世代を考察しておきたい。一九一二年に日本の人口は五〇〇〇万人を超した。現在の日本の人口の四割にも満たない極東の小国であり、六五歳以上の比重も五%程度であった。幕末・維新から約半世紀が過ぎ、当時の平均寿命からすれば、維新の動乱期に辛酸をなめた世代の大部分は世を去り、幕末・維新を知らない世代が人口の九割を占める時代になりつつあった。普通選挙(一九二五年に男子の普通選挙法実現)もない時代であり、国民の政治的意思決定への参加は限られていたが「時代の空気を作る」という意味で、時代を支えた世代の判断は重い。日清・日露戦争での「戦勝」、朝鮮併合という歴史と並走した世代の日本人は、指導者を含め、次に世界史が向かう方向を見抜けなかった。かの孫文が遺言ともいうべき神戸での講演で、「日本がこれからのち、世界の文化の前途に対して、西洋の覇道の番犬となるのか、東洋の王道の干城となるのか、あなたがた日本国民がよく考え、慎重に選ぶことにかかっている」と述べたのは一九二四年であった。残念ながら日本は欧米列強模倣の帝国主義国家へと向かい、敗戦を迎えた。

世代が担う責任というものがある。「戦争を知らない子供たち」(一九七〇年、ジローズによって歌われた)の先頭世代として生きた団塊の世代が自分たちをどう認識するのか、そして残された時間にどう時代に関わり、歴史を繋ぐ責任を果すのか、「終活」などと言い出す前になすべきことがあるはずだ。

団塊の世代が生きた戦後なる時代——経済主義と私生活主義

団塊の世代は「戦争を知らない子供たち」であったが、戦争の余燼くすぶる時代の空気を感じとった世代でもある。私の記憶の中に、白い服を着て物乞いする傷痍軍人の姿がある。ある時、温厚だった親父が惨めな姿を晒す傷痍軍人に「貴様はそれでも帝国軍人か」と激昂した瞬間を見た。「ポツダム中尉」ではあったが、軍歴を誇りとしていた父には耐えられない何かがあったのだろう。父は涙ぐんでいた。敗北を抱きしめながら生きることに必死だった大人の背中を我々は見てきたのである。

戦後の混乱を引きずり、日本は貧しかった。私は、親父が「傾斜生産方式」で戦後復興を支えた石炭産業で働いていたため、北海道・九州の炭鉱で育った。私の原体験は、写真家土門拳が『筑豊のこどもたち』(一九六〇年)に写し出した「弁当を持ってこられない子供」である。筑豊の小学校では弁当を持ってこられない級友が昼食時に我慢して本を読んでいた。閉山して両親が失踪し、小学生の姉が小さな妹にザリガニを煮て食べさせていた。子供心にこの世には不条理が存在すると知った。

日本の一人当たりGDPが一〇〇〇ドルを超したのは一九六六年、東京五輪の二年後で、私が高校を卒業し進学のため上京した年であった。中高時代は札幌で過ごしたが、テレビの草創期であり米国のホームドラマに釘付けになり、大型の冷蔵庫から取り出したミルクをがぶ飲みする豊かな米国への憧憬を埋め込まれた。狸小路商店街の福引の一等商品にトヨタのコロナが出され話題を集めていた。復興から成長へ、一九六〇年代から七〇年代にかけての日本は、右肩上がりの経済の中で、豊かさへの願望が確信に変わる時代であった。

一九七一年、大学三・四年生と大学紛争・全共闘運動と向き合った私は、その総括の意味を込めて「政治的想像力から政治的構想力へ」という論稿を書いた。左翼黄金時代の早稲田のキャンパスで、「右翼秩序派」と決めつけられながら一般学生として大学変革運動に参画した私は、大学院生として、荒れ果てた野に立つ思いで、全否定のゲバルトの論理に走る学生運動の未熟さに覚えた違和感を整理し、変革の構想力が必要なことを論じた。その思索の中から現場に立つことの重要性を感じ、日本経済の縮図ともいえる総合商社への就職を決め実社会へと踏み込んだ。七三年、石油危機の年であった。

日活が石原裕次郎らを擁して展開した「青春路線」を転換し「ロマンポルノ」に社運をかけたのが一九七一年、第一弾が『団地妻　昼下りの情事』であった。学園紛争の挫折を受け、自分の身辺状況に引き戻された多くの若者は、「企業戦士」としてそれぞれの経済社会の現場に身を置いた。「真っ赤なリンゴ」と表現されたが、「表面は左翼がかって真っ赤に見えるが、一皮剝けば真っ白だ」という意味であった。私自身も、総合商社という現場で格闘する仲間と眼前の課題に向き合った。

戦後日本の通商国家としての最前線を支えた先輩の言葉を思い出す。一九八〇年代後半から一〇年間米国東海岸に勤務していた頃、訪ねてきた先輩に「お前たちはぜいたくになったな」とため息をつかれた。一九五〇〜六〇年代の米国で働いた先輩たちは「三条燕の洋食器とクリスマスツリーの電飾の見本をボストンバッグに入れ、けんもほろろの応対を受けながら売り歩いた」という。戦後日本の貿易収支が赤字を脱したのは一九六五年だが、七〇年代始めまで「国際収支の天井」という言葉がのしかかっていた。「売るものがないから買うものも買えない」と、外貨を稼げる産業が育っていなかったのである。

入社七年、『中央公論』一九八〇年五月号に「われら戦後世代の「坂の上の雲」」という論稿(PHP新書所収、二〇〇六年)を書いた。欧米・アジアを動き始め、少し視界が広がりかけた頃で、三〇歳台に入った自分の世代のアイデンティティを確認するために、戦後世代を形成した要素を考察し、身に着けた価値観として「経済主義」と「私生活主義」という特性を抽出した。「経済主義」とは、敗戦を米国の物量への敗戦と総括し、イデオロギーや思想よりも経済の復興で合意形成した時代に育った人間として、何よりも経済的価値を優先させる傾向であり、世界を動いて同世代の外国人と向き合って感じた実感であった。また「私生活主義」とは、戦後民主主義を通じて身に着けた思想としての「個人主義」(全体に対する個の確立)ではなく、自分の人生を自分で決めてよい時代に生きて身に着けた「不干渉主義」(他人に干渉したくもされたくもない)という、ライフスタイルへのこだわりという意味である。一九八一年、日本の一人当たりGDPが一万ドルを超す時が迫っていた。

その後、都市中間層として生きた多くの団塊の世代は、八〇年代末から九〇年代へとバブル期を中間管理職として享受した。バブル崩壊後、「リストラとデフレの時代」で息苦しくなっていくが、退職金と年金は保障される立場を確保し、総じて平和で安定した時代を生きてきた。復興期からバブル期を生き、「なんとなくクリスタル」なものに郷愁を覚える意識が潜在し、アベノミクス的時代の空気に同化する土壌がある。

世界史の中の戦後日本——特殊なアジアの国としてのトラウマ

戦後日本の七〇年は、一九九〇年前後(一九八九年ベルリンの壁崩壊、九一年ソ連崩壊)までの冷戦期の四五年間と、冷戦後の二五年間に分けて考えることができる。敗戦の衝撃の中、東西冷戦の時代を生き抜くために日本は西側陣営の一翼を占めるかたちで、サンフランシスコ講和会議(一九五一年)に臨み、日米安保条約に基づく「日米同盟」で戦後を生きてきた。考えてみると、二〇世紀の日本は、初頭の約二〇年間(一九〇二〜二三年)は大英帝国との日英同盟を外交の軸とし、四五年の敗戦後の半世紀以上を日米同盟に拠ってきた、「アングロサクソンの国との二国間同盟で二〇世紀の大半を生きたアジアの国」という特殊な存在である。

しかも、間に挟まった四半世紀が戦争に至る迷走の時期で、日英同盟を背景に日露戦争、第一次大戦と彗星のごとく国際社会に台頭した記憶、日米同盟を支えに復興・成長の過程に入った記憶が埋め込まれ、「アングロサクソン同盟は成功体験」との認識が固定観念となったとさえいえよう。それが「アジアの国でありながらアジアの国でない」日本の立ち位置の淵源になっているのだ。戦後日本は一貫して米国との同盟に支えられ、「軽武装経済国家」として生きた。その中で米国への過剰依存と期待が醸成され、「米国を通じてしか世界を見ない国」になってしまった。冷戦終結当時、一九九〇年の日本の貿易総額に占める対米貿易比重は二八%、これが中国を始めとするアジア貿易の増大によって二〇一四年には一三%にまで下がったが、軍事同盟では日米の一体化が深化している。この段差に日本の立ち位置の危うさがある。

日米同盟の本質を再考するうえで重要な設問がある。「なぜ北海道に米軍基地はないのか」という問いである。つまり、日本列島の南端で、国土の〇・六%にすぎない沖縄に米軍基地の七四%が集中する理由とは何なのか。日米安保は冷戦構造を前提に成立した同盟であり、仮想敵国をソ連と想定するならば、侵攻の危険の高い北海道にこそ米軍が配置されてよいはずだった。在日米軍の北限は三沢の通信基地であり、その意図は、米議会の秘密会などでの議論を踏まえるならば、「ソ連侵攻の場合、まず北部方面の自衛隊が戦って、米軍は南に構え、行動を選択する」というものである。それが冷厳な現実で、米国はいつでも駆けつけてくれる足長おじさんではない。今日の日米中のトライアングル関係においても、米国の本音は「日中の紛争に巻き込まれて米中戦争になることは避けたい」ということであり、「日米同盟で中国の脅威に向き合う」という日本の期待とは温度差があると認識すべきである。

中国の分裂という漁夫の利

米国のアジア戦略の本質がアジアにおける影響力の最大化にあるのは当然で、「同盟国日本も大切だが二一世紀の大国中国も大切」というゲームであり、一方的にどちらかに加担することは賢くない。それは戦後の経緯を静かに想起すればわかる。一九四九年、中華人民共和国の成立によって蔣介石が台湾に追われ、中国が二つに割れた。以来、一九七二年の米中国交回復まで米国の対中政策は「台湾支援」で迷走する。その間隙を突いて、米国の支援を一身に受けて復興・成長の流れに入ったのが日本であった。「もし蔣介石が本土を掌握し続けていたら日本の戦後復興は三〇年遅れた」という見方は的確だ。米国の中国への投資・支援が優先され、日本に回る余地は限られたであろうという意味だ。日本が敗戦後わずか六年で「講和」を迎え国際社会に復帰できたのも、共産中国の成立と朝鮮動乱に衝撃を受けた米国が「日本を西側に取り込んで戦後復興させ、アジアの防波堤にしよう」と判断したことによる。

僥倖にも近いタイミングで中国が割れ、一九七二年の米中国交回復をフォローした日中国交回復までの四半世紀、日本は中国を忘れていられた。復興・成長に専心できたのである。大きな転機は、一九五五年のバンドン会議(アジア・アフリカ会議)であった。中華人民共和国が国際会議に参加した最初の会議であり、インドのネルー、中国の周恩来、インドネシアのスカルノ、エジプトのナセルなど戦後の新興国のリーダーが一堂に会した。この会議に招請され、及び腰のアジア帰り(「対米協調を軸としたアジア復帰」)を果たした日本であったが、結局、アジアとは経済的利害だけを優先させ、決定的な相互信頼関係を構築できぬまま二一世紀に入って来てしまった。

このことが、米国のアフガン・イラク戦争といった冷戦後の世界史の転換においても「アメリカについていくしか選択肢なし」という沈鬱な状況をもたらした。つまり、日本は冷戦後のマネジメントに失敗し、世界の構造変化に対応してこなかったのである。

同じく敗戦国のドイツは、冷戦後の一九九二年に「在独米軍基地の見直しによる縮小(在独米軍を二六万人から四万人に削減)と地位協定の改定」に踏み込み、主権回復に舵を切った。対照的に日本は「アジアでは冷戦は終わっていない」という認識で、大事な九〇年代を日米安保の自動延長どころか、九六年の「日米安保の再定義」、九七年「ガイドラインの見直し」と、むしろ米軍の世界戦略と一体化する方向に向かった。知的怠惰であり、アフガン・イラクに展開した米軍が「同盟国軍隊との共同作戦」を期待して推進した「米軍再編」には思考停止のまま引き込まれていくしかなかった。

団塊の世代が直視すべきこと――戦後を問い詰め次世代につなぐ

我々はこんな自堕落で矮小な時代を目撃するために生きてきたのであろうか。戦後世代の先頭世代として怒りを抑えながら、直視すべきことを整理したい。

まず、経済社会のあり方について、「アベノミクス」なるものに拍手を送る知見の低さを省察せねばならない。日銀総裁を取り換えてでも超金融緩和に踏み込み、株高と円安を誘導、それが実体経済を押し上げ、デフレからの脱却をもたらすという「好循環」を描いたのが「アベノミクス」だが、現実に進行しているのは、金融政策だけに過剰依存した株高主導経済と円安反転による輸入インフレであり、国民生活の毀損である。経済社会の現場に立つ人間は、決してこんな安易な経済理論を信じなかったはずだ。もたらされたのは「吊り天井経済」とでもいうべき状況で、金融を溢れさせて株が上がっているから天井の高い母屋が建っているように見えるが、柱や土台である実体経済が動かず、株高で恩恵を受ける一部の人と取り残された人の格差と、エネルギーと食料を海外に依存する国として「輸入インフレ」に苦しむ国民、という歪んだ結末である。一四年一〇月末に日銀が追加金融緩和を発表して以降の奇怪な展開を直視すれば、その本質がわかる。さらなる金融緩和によって日経平均は一・七万円台へと上昇したが、一一月一四日までの四週間の株取引内容を見ると、「外国人投資家が一・八兆円の買越し、日本の法人(機関投資家)は九九七億円の売越し、日本の個人投資家は実に二・五兆円の売越し」であり、日本人はアベノミクスなどを信じておらず、外国人の買いに並走して売り抜くという構造は加速している。産業を育てる資本主義とは無縁なマネーゲームを高揚させ、額に汗して働く人は苦闘するという愚かな構造に気づかねばならない。

しかも、一〇月末の追加金融緩和と機を同じくして、GPIF、つまり年金基金の運用方針を転換し、年金基金の五割(従来は二四%程度)を国内外の株で運用できることにした。国債での運用では制度が回らないほど国債の価値を毀損しておいて、運用力など期待できる体制にもないGPIFに株への投資を促すわけで、国民は知らぬ間に大きなリスクを背負いこんだのだ。我々が目指すべき経済社会は、マネーゲームで景気浮揚の幻覚をもたらし、株価と政権の支持率が相関するような次元のものであってはならない。実体経済を直視し、産業を育て、未来に繫がるプロジェクトを組成し、国民経済を豊かにし、分配の公正を実現することこそ重要なのである。そして、安易な財政出動を繰り返し、一〇〇〇兆円を超す債務を後代に回すような財政構造を脱し、歳入に見合った歳出という規律を取り戻すことである。アベノミクスは「好循環」を祈って金融を肥大化させる呪術経済学の産物である。

どのように憲法を変えたいのか

次に、目指すべき国際社会における日本の国家像について考えねばならない。「中国・韓国には侮られたくない」という時代の空気を投影した国家主義・国権主義への回帰に、いかなる緊張感を持って向き合うべきか。民主党政権の自滅ともいえる崩壊を受けて、「日本を取り戻す」として、衆議院三二六議席の巨大与党に支えられた安倍政権がスタートして二年、近隣外交の緊張、首相の靖国参拝、特定秘密保護法の成立、集団的自衛権行使容認の閣議決定などを積み上げてきたこの政権が目指すものは何なのか。明確に透けて見える意思は「憲法を改正して、戦後レジームからの脱却を図ること」であろう。では、どのように憲法を変えたいのか。

あらためて、二〇一二年四月に決定された自民党の「憲法改正草案」を読んでみた。まず、第一条に天皇を元首として明記することや、第九条における「紛争解決の手段として武力を行使することを放棄する」条項を消し、「自衛権の発動を妨げない」として「国防軍の保持」を明記するなどの改正点に目が行くが、気づくべきは「前文」の改正であり、その草案に自民党が目指したい国の形が描き出されているのである。

日本国憲法の前文は、米国に押しつけられたというより、戦後の出発点における日本人自身の真摯な決意であった。そのことは「総司令部案」と比べ、はるかに踏み込んだ理念が盛り込まれていることからわかる。「政府の行為によって再び戦争の惨禍が起ることのないようにすることを決意し、ここに主権が国民に存することを宣言し」として、「国民主権」を「人類普遍の原理」として強調する文脈が続くが、自民党改正案では「国民主権の下、立法、行政及び司法の三権分立に基づいて統治される」とさらりと触れるに留まり、代わって、我が国が大戦や大災害を乗り越えて「今や国際社会において重要な地位を占めており」という認識に立ち、「国と郷土を誇りと気概を持って自ら守り」「良き伝統と我々の国家を末永く子孫に継承する」という新たな方向づけが示されている。

また、日本国憲法精神の根底に存在する平和主義に関する文章、「われらは、平和を維持し、専制と隷従、圧迫と偏狭を地上から永遠に除去しようと努めている国際社会において、名誉ある地位を占めたいと思う」という条項と「平和を愛する諸国民の公正と信義に信頼して、われらの安全と生存を保持しようと決意した」という謙虚な姿勢は後退し、「平和主義の下、諸外国との友好関係を増進し、世界の平和と繁栄に貢献する」という文脈が登場する。ここに見えるのは国権主義への回帰願望でありこれこそが我々が対峙すべき「力への誘惑」である。

「国家」の名における犯罪を拒否する責任

人間は環境の子であり、生きた時代に制約される。団塊の世代が、戦後なる時代によって刷り込まれた限界を自覚するにせよ、後代に残してはならない課題を心して直視すべきである。「シルバー・デモクラシー」時代が迫る。人口の四割が高齢者という超高齢化社会では、有権者人口の五割、「老人は投票に行く」という傾向を踏まえれば、現実に投票に行く人の六割を高齢者が占めることになる。「老人の老人による老人のための政治」になりかねない。

戦後民主主義が与えられた民主主義であるにせよ、また民主主義が悪平等を助長して、煩瑣で時間がかかる仕組みであるにせよ、我々は国家主義の誘惑に引き込まれてはならない。「戦争を知らない子供たち」ではあるが、戦争を意識の奥に置き、戦前と戦後をつなぐ時代を生きてきた団塊の世代は、「国家」の名における犯罪を拒否する責任を有す。民主主義の価値を尊ぶからこそ、代議制民主主義を鍛える意思を持つべきで、「代議者の数の削減(議員定数削減)」「議員の任期制限」などによって、代議制を通じたリーダーの育成と意思決定の高度化を図らねばならない。

あらためて、戦後日本に光の部分があったとすれば、一つは、冷戦期の「社会主義」からの体制転換の圧力の下に、「分配の公正」を真剣に論ずる資本主義を模索したことであり、空虚なマネーゲームを抑制し「産業と技術」を志向する経済社会を目指したことであろう。さらにもう一つは、日本近代史の省察に立って「開かれた国際主義」に真摯に生きたことであり、大国意識に立つ「国威発揚のための国際貢献」を「積極的平和主義」と言い換える浅薄なものではなかったはずだ。

そして戦後日本の忘れ物としての最大の課題は「米国との関係の再設計」だ。それは「独立国に長期にわたり外国の軍隊が駐留し続けるのは不自然」という世界史の常識に還ることだ。この意思を失った国を世界では「独立国」とはいわない。

(2015・1)

不機嫌な時代と潜在するリスク
――二〇一五年の世界と日本

例年のことだが、ロンドン・エコノミスト誌の新年展望"THE WORLD IN 2015"は時代認識を踏み固める上で示唆的である。英国から見た世界観というべきもので、首を傾げる内容もあるが、日本人の陥りがちな偏狭な世界認識や「アメリカを通じてしか世界を考えない傾向」とバランスをとる意味でも刺激的である。今年は何よりも表紙が面白い。オバマを中心に世界の指導者が並び、最前列には黒眼鏡のプーチンをはじめ、ドイツ、中国、インドの首脳がデフォルメされた形で存在をアピールしている。よく見ると、過去の「指導力」の象徴なのかチャーチルやナポレオンの顔までが登場するのだが、なぜか安倍首相の顔はなく、最後列の端に小さな歌舞伎役者の浮世絵が顔を覗かせている。気になって日本についての記事を読むと、アベノミクスが限界に来ていることを解析する記述の横にかの浮世絵が掲げられ、"LAND OF THE RISING TAX"という言葉が添えられている。"RISING SUN(日昇)"ならぬ「税が上がる国」と洒落ているのである。

不機嫌な時代に向かう世界

この新年展望は、二〇一二年末には「二〇一三年の世界を動かす要素は米中関係だ」と指摘していた。習近平政権となった中国とオバマ第二期政権に入る米国の関係が注視されていたわけで、そのとおりだった。二〇一三年末には「二〇一四年の世界を動かす要素はロシアだ」と指摘し、「ウクライナ危機」までは予測しえなかったが、確かにプーチンによって世界が手玉にとられる展開となった。さて、二〇一五年はというと話は複雑である。二〇一五年を展望する鍵となる言葉をエコノミスト誌に探るならば、"malaise(不安、沈滞)"、"disorder(無秩序)"「世界の分断」「リーダーシップの失敗」「制御不能」「ナショナリズムの高まり」などという表現が目立ち、世界が方向感を失い鬱屈した空気へと向かうという認識が滲み出ている。

この認識を私なりに凝縮して表現するならば「不機嫌な時代」としておきたい。誰にとっても思うに任せぬ不機嫌な状況という意味であり、二〇一四年の主役だったプーチンも、クリミア半島の分離併合を強行したものの世界から孤立、金融の流れがロシアには向かわなくなっている上に、外貨獲得手段たるエネルギーの価格下落を受け、マイナス成長への転落さえ懸念される事態に直面している。米国も、冷戦後の「唯一の超大国」といわれていた状況は夢と消え、世界秩序の中核としての世界を束ねる力を失い、ウクライナ危機、中東の混迷に対し「動かないし、動けない米国」になりつつある。欧州も各地でEUに対する懐疑主義勢力の台頭が目立ち、欧州統合の危機が深まりつつある。世界の協調と連携に楽観的な希望を抱く議論などどこにも存在しない。

米国の米外交問題評議会(CFR)会長のリチャード・ハースは、フォーリン・アフェアーズ誌一一月号の「解体する秩序――リーダーなき世界の漂流」(原題“The Unraveling”)と題する論考で次のように述べている。「いまや問うべきは、世界秩序が今後も解体していくかどうかではない。いかに迅速に奥深く解体プロセスが進展するかだ」。国際主義思想を啓蒙する役割を果たしてきたCFRの会長であり、イラク戦争当時の国務省高官だった人物の見解だけに、事態の深刻さを象徴するものといえる。

しかし、大国主導の極構造で世界を認識する視界からは「秩序の崩壊」に見える事態であっても、世界が混沌に向かっていると考えるのは正しくない。我々は冷戦後の米国流の資本主義の世界展開を「グローバル化」と誤認し、米国主導のルールによって世界が均質化するのではないかと考えがちだったが、アフリカ、中東、アジア、中南米の現実を直視すれば、それぞれの民族、国家、宗教が自己主張を強め、存在感を高める局面にあり、「全員参加型」という「新しい世界秩序」の形成に向けて試行錯誤を重ねているというべきであろう。実は、真の意味のグローバル化とはこういう局面なのかもしれない。

日本はあまりに冷戦型の極構造に馴化してきたために、いまだに「日米二国間ゲーム」を軸として世界に関与しようとしているようである。だが、全員参加型の時代においては多くの参加者に対して筋道の通った自己主張が必要であり、「正当性」「理念性」の高さが不可欠である。成熟した民主国家であり技術と勤労を尊ぶ国としてのアイデンティティを踏み固め、日本は国造りの根底に置く価値を見つめ直すべきである。

進行しつつある米国の構造変化と金融危機のリスク

二〇一四年一二月初旬、ニューヨーク、ワシントンと動いてきた。最も印象づけられたのは米国の内向であった。テレビの報道番組は、ミズーリやニューヨークでの警察官による黒人被疑者への過剰暴力行為問題を取り上げ続け、全米各地でデモが繰り広げられていた。オバマという黒人初の大統領を実現してもなお米国が抱える人種差別、そして社会的亀裂に米国自身が慄き痙攣している様であった。思えば、一一月の中間選挙におけるオバマ政権の与党民主党の大敗も、米国民は自画像を鏡の中に見て、幻滅と失望を感じたことによる選択であった。「自由と民主主義」という松明を掲げた理念の共和国たる米国は、「イラクの失敗」と「国内の亀裂」という現実に直面し、リーダー国としての「正当性」を見失いつつある。

だが一方で、不思議なことに米国の経済は驚くほどの好転を見せている。私は「世界の激震と日本の正気——二〇一四年秋の世界認識」(2014・11)において、「好調な米国経済」について言及したが、その後、米国の失業率は一〇月、一一月と五・八%にまで低下し、二年前の九・六%が嘘のようである。また消費者物価指数も前年同月比一・七%程度であり、選挙のたびに話題になる「悲惨比率」(失業率と消費者物価上昇率を足した数字が一〇%を超せば、政権の経済政策は間違いだと国民が判断し、政権は支持を失うという仮説)は七・五に止まり、「経済はうまくいっている」と評価されてもよいはずだが、中間選挙の結果をみても国民はオバマの指導力に冷たい拒否反応を示している。

前記の論稿で、米国経済回復の理由として、「化石燃料革命」と「次世代ICT革命」の二点を指摘したが、今回東海岸を動いて、あらためて確認したことを整理しておきたい。化石燃料革命については、シェールガスの増産で米国の天然ガス生産が世界一になったことに加え、原油の生産量においても二〇一三年に一二三一万BDとなり、サウジアラビア・ロシアを抜いて世界一になったと言及していたが、二〇一四年の上半期の実績で一三四〇万BDに達したという。このことがニューヨークの原油先物価格の指標たるWTIをバーレル当たり七〇ドル割れにまで押し下げている。このトレンドは今後も加速し、二〇二〇年までに一六五〇万BDにまで増産される余力があるという。「再生可能エネルギー重視」(グリーンニューディール)といって政権をスタートさせたオバマ政権としては、皮肉なことに北米大陸の足元から化石燃料が噴き出るような展開になったのである。このことが米国の産業競争力を高め、貿易収支を改善する要因となっていることはまちがいない。

米国という国を再考する時、この国が世界一の食料輸出国であり、加えて、化石燃料において優位性を確立しつつあるという認識が重要である。対照的に、日本の成長戦略を論ずる時、我が国がエネルギーと食料を海外に依存するという脆弱性を抱え込んでいることを忘れてはならない。

二〇一三年の日本の鉱物性燃料の輸入は二七・四兆円、食料品輸入は六・四兆円である。つまり、日本にとって一割の円安へのシフトは、食料とエネルギーの輸入量を増やさなくとも三兆円以上の輸入増をもたらし、国富の流出となるのである。こうした日本の弱点に手を打つことなく「輸出を増やすための円安誘導」に走ることがいかに愚かかを映し出す鏡が米国なのである。

もう一つの米国経済浮上の要素として指摘した「次世代ICT革命」についても、より深く視界に入れておく必要がある。ネットワーク情報技術革命が新たな次元へと進化して、ネットワークで得られた大量の情報(ビッグデータ)を解析し、Industrial Internet(産業のインターネット化)戦略を推進するもので、あらゆる分野にその成果が現れはじめている。グーグルやアマゾンのビッグデータを駆使した戦略は注目されているが、たとえば、GEの"Digital Resource Productivity"戦略は、データ解析で世界のエネルギー消費の効率化を目指し、航空機や風力発電からの大量のデータ解析によって燃料効率や発電効率を飛躍的に高めるという。

さて、化石燃料革命と次世代ICT革命を牽引し、追い風の中にある米国経済だが、ニューヨークの好景気を目撃して実感したのは、この街のバイタル産業ともいえる「金融」の活況である。「ITとFTの結婚」という言い方があるが、情報ネットワーク技術革命の成果を最もしたたかに取り込んで付加価値を拡大している分野は金融である。それも長閑な産業金融の世界ではなく、「強欲なウォール街」と批判されながらも懲りないマネーゲーマーが闊歩する「ITで武装した金融」である。オバマ政権は二〇一〇年に金融規制改革法を成立させたが、生温いザル法で、

「シャドーバンク」といわれるヘッジファンド、ノンバンク、ＭＭＦ（債券を投資信託として運用するファンド）などは、世界的な超金融緩和を背景に、少しでも高利回りの運用を求める機関投資家を相手にリスクの高い金融派生型商品を売り込んでいる。世界金融の中心地として金融工学なる世界を生み出し、金融分野を基幹産業として肥大化させてきたウォール街を中心に、全米で一〇〇〇万人を超すデイトレーダーが、自宅のコンピューターの前に座り、株・債券・為替などの取引に参入して飯を食っているといわれる。額に汗して働く産業をあざ笑うかのように、濡れ手で粟のマネーゲームに狂奔する経済構造がビルトインされているのだ。背景にあるのは、「リフレ経済学」なる金融主導の経済学で、金融緩和で株価を上げ、景気浮揚の誘導を正当化する経済政策論であり、世界はその潮流に飲み込まれてきた。

ウェーバーの不気味な予言

思い出すのはM・ウェーバーの言葉である。今から一一〇年も前の一九〇五年『プロテスタンティズムの倫理と資本主義の精神』において不気味な予言をしている。

「営利のもっとも自由な地域であるアメリカ合衆国では、営利活動は宗教的・倫理的な意味を取り去られていて、今では純粋な競争の感情に結びつく傾向があり、その結果、スポーツの性格をおびることさえ稀ではない。将来この鉄の檻の中に住むものは誰なのか、そして、この巨大な発展が終わるとき、まったく新しい預言者たちが現われるのか、あるいはかつての思想や理想の力強い復活が起こるのか、それとも——そのどちらでもなくて——一種の異常な尊大さで粉飾された機械的化石と化することになるのか、まだ誰にも分からない。それはそれとして、こうした文化発展の最後に現われる「末人たち」》letzte Menschen《にとっては、次の言葉が真理となるのではなかろうか。「精神のない専門人、心情のない享楽人。この無のもの《ニヒツ》は、人間性のかつて達したことのない段階にまですでに登りつめた、と自惚れるだろう」と」(大塚久雄訳、岩波文庫)

その米国も、実体経済の堅調を背景に金融の引締めに向かい始めた。予定された通り一〇月末にはQE3といわれた金融の量的緩和政策を終わらせ、二〇一五年にはゼロ金利政策を七年ぶりに転換して金利の引上げを模索し始めている。米国はまちがいなく出口戦略に出始めた。その時、シャドーバンクが肥大化させた「リスクを抱え込んだ金融派生型商品」はどうなるのか。そして、「アベノミクス」と称して、リフレ経済学に同調し、「異次元の金融緩和」という金融政策にのみ過剰依存して、株高と円安誘導に酔いしれてきた日本経済はどうなるのか、息を呑むような二〇一五年に入っていくのである。

(2015・2)

日本の内向と右傾化の深層構造
――二一世紀日本で進行したもの

二一世紀を迎えて一四年。この間、日本はどう変わったのか。あらためて、構造分析を試みてみた。見えてくるのは、日本人が経済的にも、精神的にも貧困化し、アジアのダイナミズムに突き上げられながら、物事を深く広く考察する余裕を急速に失いつつある姿である。

進む日本の貧困化と日本人の仕事の変化

普通のサラリーマン家計が毎月実際に使える所得、つまり給料から税金や年金・社会保険などを納めた後の手元に残るお金を「勤労者世帯可処分所得」という。二〇〇〇年の勤労者世帯可処分所得は月額四七・三万円であったが、これが二〇一四年には四二・四万円となり、二一世紀に入ってからの一四年間に月額で四・九万円もサラリーマンの使えるお金は圧縮したことになる。年額でいうと五八・八万円も所得減になったということである。注目すべきは、アベノミクスが始まる前の二〇一二年の四二・五万円よりも減少していることであり、異次元の金融緩和も国民を豊かにしていないことは確かである。

次に、家計消費構造の変化を確認するため、全国全世帯(単身者を除く二人以上の世帯、含む農家)の消費支出の二一世紀に入って一三年間の変化を注視してみる。この間、世帯当たりの消費支出は月額二・七万円減少した。月額で二・七万円も減る消費の中で、増えた項目と減った項目が存在する。かかる状況下でも増えた項目としては、自動車関連費、通信費、そして健康・医療関係の費目である。自動車はガソリン代を含むということもあるが、自動車が奢侈品ではなく「生活車」となり、地方都市圏では車なしには生活が成り立たない構造になりつつあるといえる。通信費の増加は、電話代の単価は下がっても、一家全員がケータイとスマホに依存した生活に移行したことが大きい。また、健康・医療関係費の増加は、如何に吝嗇な人でも自分の健康に関わることには出費を厭わないという傾向が見てとれる。

一方、減少が顕著な費目は、小遣い、交際費があり、交通費、外食なども含めて日本人が悲しいほど行動的ではなくなったことが窺える。とくに気になるのは、仕送り金、授業料、教養娯楽、書籍などの減少であり、日本人は学びへの余裕を失いつつある。

これほどまでに貧困化が進んだ背景には「就業人口構造の変化」がある。二〇〇〇年から二〇一二年までの期間に、製造業から二二五万人、建設業から一二八万人の雇用が減少し、同期間にサービス業で四七一万人の雇用が増えた。製造業・建設業からサービス業に就業人口を移動させたということである。リストラはされたが新たな仕事に就いたということで、失業率は増えていない（二〇〇〇年四・七％、二〇一二年四・三％）のだが、サービス業の平均雇用者報酬は三二八万で、製造業比一九三万円、建設業比一六七万円も低い。サービス業で雇用を増やしたというが、具体的にどういった職種なのかといえば、介護、ガードマン、タクシー運転手などで、きつい労働の割には報酬が低い分野なのである。つまり、経済生活を劣化させながら頑張っている人が増えたということである。

就業構造の変化は、単なる収入の減少を超えて、国民の意識により深い所で影響を与えていると思われる。なぜなら、人間は自分の生活の基盤が、いかなる仕事、収入によって成り立っているかに影響を受けるからである。自然や人間総体と向き合う仕事に情熱を燃やすことのできる人間は、心の充足度が高まる。しかし、組織の断片的部品のような無機的な仕事に向き合わざるをえない人の心は、次第にアトム化し孤独な魂と化す。日本人の心が何やら荒んできたことと無関係ではない。

就業という意味では、知的生産に参画してメシを食うことが一段と難しくなっていることに気づく。かつて「大学は出たけれど」という言葉があったが、現在では、大学院レベルの教育を受けた人の就業も容易ではなくなっている。二〇一四年三月に大学院を卒業した人の数は、修士課程七・三万人、博士課程一・六万人の合計八・九万人であったが、正規の職に就けたのが修士五・一万人、博士〇・八万人で、進学者を除き、修士卒業者の二割、博士卒業者の五割が、非正規雇用もしくは無業者であった。つまり、大学院は出たけれど不本意・不安定な雇用環境に置かれた人が年に二万人を超しているわけで、「高学歴フリーター」というべき立場の人が、今世紀に入っての累計で約三〇万人も存在するということである。非正規雇用者の就業条件は低く、大学院卒にもかかわらず「結婚もできず、ローンも組めない」人たちが鬱々と蓄積されているのである。

拡大する分配の歪み

今世紀に入り、日本における「分配の歪み」が大きくなっていることはまちがいない。法人企業統計における付加価値配分における労働分配率は、二〇〇〇年度の六三・七%から二〇一三年度の六一・六%へと下落した。背景には、労働組合運動の弱体化という要因が存在する。最早、連合の組織率は一八%を割り、経営が緊張感を持って対峙する相手ではなくなってしまった。血相を変えて「存続のためのリストラ」を迫る経営に対して、「分配よりも雇用の維持」に動かざるをえなかった労働組合の悲哀が見てとれる。

この間、日本企業の内部留保(利益剰余金)の残高は増え続け、二〇〇〇年度に一九四兆円だったものが、二〇一三年度には三二八兆円にまで増大している。加速化したグローバル競争の中で利益を確保できる経営を模索した結果ともいえる。バブルのピークだった一九九〇年度が一二七兆円であり、二・六倍に内部留保を増やしたことになる。これほど内部留保を積み上げて、経営者の心理に余裕が高まっているかといえば決してそうではない。為替の変化によって業況が激変する「変動リスク」の肥大化に怯え、むしろ不安は増幅しているといえる。本当は「法人税の減税」より優先すべき「分配の不条理」が進行しているのだが、企業はひたすら内部留保の充実を模索するのである。

静かに進行する貧困化の一方で、アベノミクスによる異次元の金融緩和によって株価が上昇して恩恵を受け、懐が豊かになった人も存在する。二〇一二年に九一〇八円だった日経平均が、二〇一三年には一万三五七八円になり、現在は一万九〇〇〇円台なのだから実に二年で二倍になったということである。だが、冷静に言えば、二〇〇〇年の日経平均は一万七一六一円であり、バブルのピークだった一九八九年末は三万九〇〇〇円だったわけで、ようやくピーク時の半分に戻った程度ともいえるのである。

プチ・ナショナリズムとアジアの相互依存

二〇〇〇年、GDPにおける中国の世界ランクは六位であったが、二〇〇七年にドイツを抜いて三位に、二〇一〇年、ついに日本を抜いて世界二位となった。そして、二〇一四年には、中国のGDPは一〇・三兆ドルと日本の二倍となり、PPP(購買力平価)ベースでは既に三倍を上回ると推定される。

経済の規模だけでなく、国民の豊かさを示す指標といえる一人当たりGDPでは、二〇一四年の中国は七六五〇ドル程度と思われるが、中国とネットワーク型発展の中にある大中華圏(華人・華僑圏)の香港・シンガポール・台湾は日本を凌駕するほどのレベルに到達しつつある。日本のＰＨＧＤＰは円安反転の影響で三・六万ドルに圧縮されたが、シンガポールは五・六万ドル、香港は四・〇万ドルとなった。台湾は二・三万ドルで、今年は二・五万ドルに至ると予想される。二・五万ドルは日本のバブルのピークといわれた一九九〇年のレベルに台湾も来たということである。もはや、日本がアジアの先頭を走る豊かな国ではないという心理的圧力が日本人の心に静かに高まっている。

経済的優位性に支えられた心の余裕は、経済的劣勢によってあえなく憔悴する。自分の価値を冷静に探求するよりも、他者の存在が気になる。「せめて、近隣の国にはなめられたくない」というプチ・ナショナリズム的心理が頭をもたげてくる。力をつけていく近隣と手を携えていくには、柔らかく広い心と強い自己確信が必要なのである。

一方で、日本経済は一段とアジアとの相互依存を強めている。たとえば、日本の貿易総額に占める相手先の比重は、二一世紀に入って大きく変化した。二〇〇〇年には米国二五％、中国一〇％、アジア四一％だったが、二〇一四年には米国一三％、中国二一％、アジア四九％と、大きくアジア貿易の比重が高まっている。

また、人の動きでもアジア依存は急速に高まっている。二〇一四年に日本を訪れた外国人は一三四一万人と、前年比三割も伸びたが、一位が台湾からで二八三万人、二位は韓国の二七六万人、三位は中国の二四一万人、四位は香港の九三万人、五位が米国の八九万人となった。「やたらに中国人来訪者が増えた」という印象だが、前記の大中華圏から六四〇万人もの華人・華僑の人が来日したということで、訪日外国人の約半分を占める。この外国人来訪者を二〇三〇年までに三〇〇〇万人にすることを観光立国の目標にしているのだが、実体はその七割はアジアからの来訪者を期待した目論見なのである。

これほどアジアとの相互依存が深化している状況にもかかわらず、「アジアとの共生」を語る情熱は忘れられかけている。ＡＳＥＡＮ諸国が、今年ＡＳＥＡＮ共同体へと踏み込んでいくのを横目に、東アジアには「政冷経熱」の空気が漂う。もちろん、日本だけが責任を問われるべき状況ではない。だが、日本が成熟した民主国家として、一次元高い束ねる力を示していないことも否定できない。

問われる日本人の器量――戦後七〇年に示すべきもの

進行した貧困化と台頭する大中華圏の圧力の中で、日本人の深層心理は一段と屈折したものとなりつつある。そうした中で、日本は戦後七〇年を迎えようとしている。戦後五〇年の頃は、まだ右肩上がり時代の余韻を引きずり、戦後六〇年の頃は既に「イラク戦争の失敗」は露呈し始めていたとはいえ、「米国の一極支配」という冷戦後の世界認識に埋没し、戦後日本なるものを疑う心理はまだ蔓延していなかった。

「国境なき記者団」が「世界の報道の自由度ランキング」を発表したが、二〇一〇年に一一位だった日本のランクは、二〇一五年には六一位に下落した。日本人の多くは「日本は開かれた国で、報道は自由すぎるほど自由だ」と思っているはずである。しかし、実はそうでもないのである。一つだけ直近の例を挙げる。L・ハイレンブランドのベストセラー小説"Unbroken"が映画化され、女優アンジェリーナ・ジョリーが監督した作品として話題を呼び、全米三五〇〇を超す映画館で二〇一四年末公開された。アカデミー賞にも三部門でノミネートされ、世界中に配給され、映画好きの人たちなら誰もが話題にする作品である。

ところが、日本では公開される予定もなく、しかもメディアもまったく取り上げない不思議なことが起こっている。理由はこの映画が、一九三六年のベルリン・オリンピックに出場したアスリートが戦争で日本軍の捕虜になる物語で、日本人にとって愉快な内容ではないからである。誰かが公開に圧力をかけているのではない。日本軍「慰安婦」などの問題と同じく、「不愉快な過去には向き合いたくない」という時代の空気を投影した暗黙の自主規制である。

かつて、『戦場にかける橋』という日本軍の捕虜になった米国兵士を描いた映画が公開され、日本人はそうしたテーマにも向き合う気力を有していた。だがいま、日本人が目を背けているうちに、世界の人がその映画を通じて日本の過去と日本人へのイメージを形成している。このギャップが恐ろしいのである。「グローバル化」の掛け声とは裏腹に、二一世紀日本は静かに視界を閉ざした閉塞感の中に沈潜し始めている。

テレビ番組をみても、このところ「ここがすごいぞ日本人」といった日本を自画自賛する企画が増えている。日本を愛し、誇りを持つことは大切だが、一方で自らを冷静に評価する眼差しを持たねば「独りよがり」になる。戦後七〇年を冷静に総括し、日本人として本当の自信を持って次の時代に繋ぎ、世界に発信すべきことを見極めねばならない。

成熟した平和・民主国家として、さらには技術を真摯に蓄積した産業国家として、数字だけでは表せない、一次元高い社会システムを構築することが二一世紀日本の誇りでなければならない。

（2015・5）

戦後七〇年の夏、日本外交の貧困

——安保法制を超えた視界へ

吉田茂は外務官僚が提出する書類に「経綸に欠ける」と書いて突き返していたという。サンフランシスコ講和会議・日米安保条約を主導し、戦後外交の基盤を創った吉田であったが、講和を支えた若い官僚たちには、東西冷戦に向かう世界情勢の中で、自分は西側陣営の一員として日米同盟に踏み込み、戦後復興を急ぐという構想に突き進むが、「君たちは将来に備え、柔らかい日本の選択肢を研究するように」と語っていた。

驚いたことに、一九五四年に吉田茂は「日本の英連邦加盟が望ましい」と発言している。その意図を調べてみると、吉田は『回想十年』(一九五八年、新潮社)において、「私は英連邦という自由な国家結合を偉とし、賢明としている」と述べ、「独善に陥りがちな米国流」を指摘して「対米外交の上で対英考慮の大切さを忘れてはならない」と語る。「対米隷属」を拒否した吉田の真情として、日米同盟を基軸としつつも、植民地帝国としては後退しながら「強制なき自由な連邦」として隠然たる影響力を世界に保持する英連邦のソフトパワーとしての意味が見えていたのであろう。広く深い世界観を持ち、日本の国際関係を模索していたわけで、それも経綸なのである。その意味において、現在の日本の指導層の「経綸」は劣化しており、そのことがこの国を悲劇に導こうとしている。

「安保法制」という試練とその屈折

経綸は歴史への洞察によってのみ生まれる。戦後七〇年という節目の年、安倍首相は「アジア・アフリカ会議(バンドン会議)六〇周年記念首脳会議」(於ジャカルタ、四月二二日)と「米国連邦議会上下両院合同会議」(於ワシントン、四月二九日)において重要な演説を行った。そこに、安倍首相個人というより、首相を取り巻くこの国の外交政策を牽引する人たちの経綸のレベルが滲み出ている。気づくのは、驚くほどの歴史認識の浅薄さである。

まず一九五五年に行われたバンドン会議の意味を理解していない。「アジアに冷戦の構図を持ちこまないために」というインドのネルーやインドネシアのスカルノの思惑が、台湾の蔣介石との緊張関係にあった中国の周恩来の戦略と交錯して行われ、その四年前に日米安保を選択した戦後日本にとって、米国が当初は会議そのものを否定する中での「及び腰のアジア還り」の起点でもあった。「バンドンの先人達の知恵」を讃えるならば、何が讃えられるべき知恵であり、それを二一世紀の状況の中で、「アジアの日本」としてどう守るのかについての構想が盛り込まれるべきである。中国を牽制して「強い者が弱い者を力で振り回すことがあってはならない」と語る前に、アジアと向き合ってきた過去と未来について、真摯で筋道の通った、米国頼みだけではない経綸を語るべきなのである。

米上下両院での演説は、硫黄島の栗林大将からスノーデン中将、自らの米国留学体験にまで触れ周到に準備されていたが、脈絡を精査すると、ここでも歴史認識の希薄さに気づく。リンカーンの存在によって「一九世紀後半の日本が民主主義に開眼させられた」というが、民主主義への理解の欠落が軍国主義をもたらした自国の戦前の歴史をどう活かそうとしているかは見えず、「戦争への反省」も、「米国のようなすごい国と戦争したこと」への反省は窺えるが、戦争の総体を正しく省察しているとは思えない。アジア太平洋戦争は「アメリカへの敗戦」だけでなく「米国と中国の連携に敗れた」のであり、アジアの理解と結束が得られなかったが故に敗北したのである。

周回遅れの「集団的自衛権」

戦後七〇年、二〇一五年の夏、日本は安保法制を巡る試練に直面している。憲法解釈を変更して集団的自衛権の行使を容認し、日米の軍事同盟関係を強化して「積極的平和主義」の名の下海外の紛争に共同対処する方向に踏み込もうとしている。国連憲章第五一条に規定されるごとく、武力攻撃を受けた場合に、安保理が必要な措置をとるまでの間に認められる自衛権の発動に関し「個別的自衛権」と「集団的自衛権」があるという考え方は、国連加盟後の日本においても認識されてきた。ただし「集団的自衛の権利はあるが憲法制約で行使できない」という公式見解であった。それを変えてまで「集団的自衛権の行使容認」を基点とする安保法制の整備とは何か。

突き詰めれば、「冷戦期の議論の残滓」と言わざるをえない。冷戦終結後の一九九〇年代、ドイツでの米軍基地縮小と地位協定改定の動きを横目で見ながら、日本における米軍基地縮小の流れを予感した日米双方の現状固定化に利害を抱く外交・防衛官僚と、その周辺に連なる「日米安保マフィア」が指摘し始めたのが「日米同盟の片務性」であり、基地縮小を回避するためのハードルとしての「集団的自衛権」であった。日米安保条約の枠組みでは「米国は日本を守る責任を負っているが日本は米国を守る義務はない」という論点が、アーミテージ・グループに象徴される米側の日米同盟に利権を有する論者の定番の牽制であり、生真面目な日本側の呼応者が「日米安保の双務性」を求めて「日本も米国を守る必要」を語り始めたのが「集団的自衛権の行使容認」への一歩であった。

首相が何度となく語る「いかなる国も単独では平和を守れない」というフレーズこそ、典型的な冷戦期の世界認識である。ソ連を中心とする東側に対抗して西側の結束を図る論理であり、今日ではNATOのような軍事同盟でさえ国際テロ組織IS攻撃の例を見てもわかるごとく、個別の事態にそれぞれの国が主体的判断で行動を選択する傾向を強めており、単純に他国に自らの安全保障を預託するなどありえない。日本は冷戦期にさえ踏み込まなかった「集団的自衛権」を周回遅れで持ち出し、時代遅れの議論に熱中していると思えてならない。

さらに、話を複雑かつ難解にしているのは、本来の集団的自衛権の話から逸脱し始めていることである。憲法改正せずに解釈改憲で集団的自衛権に踏み込んだために、議論は複雑骨折を起こしてしまった。第二次安倍政権がスタートし、首相を取り巻く安保法制懇談会が提出した「集団的自衛権に踏み込むべし」とする報告書の内容は、その後の公明党との与党協議による曲折を経て、「現行憲法内でやれること」に限定されていくにつれ、これまでの個別的自衛権の枠組みでもやれるものに収斂した。防衛大臣が「これまでと自衛隊員のリスクは変わらない」と言い続ける代物になり、すべての当事者が首を傾げるファジーな内容になってしまった。そして、ファジーな規準での「存立危機事態」の認定は、「時の政権の判断による」として、立憲主義という近代民主国家の基軸に関わる議論を誘発して憲法違反論と格闘する事態となり、政権運営そのものが「木を見て森をみない混迷」に陥っている。

さらに議論を混濁させているのは、野党第一党たる民主党の外交安保政策である。政府与党の外交安保政策よりも矮小なレベルでの迷走を続ける民主党の混乱は滑稽でさえある。自らが政権を担っていた時代にコミットした「辺野古移転を容認した日米合意」の金縛りの中で、沖縄県民の意思と連携できない現実は悲惨である。この党の外交安保政策の中核を担う政治家には「活米という流儀」などと言い、日米同盟を現状のまま固定化する役割を担う「安保マフィア」の一翼を占める人々が存在し、本質的には安保法制を推進する勢力と差異のない疑似保守政党に堕している。民主党の迷走の淵源は、鳩山政権が普天間・辺野古問題を沖縄の負担軽減問題としか捉えきれず、「抑止力」なる言葉に幻惑され、冷戦後の米国との同盟関係を再設計する意思を貫けなかったことにある。戦後七〇年たっても、外国の軍隊が占領軍同様のステータスを維持し存在することに疑問も抱かぬ者に変革を語る資格はない。

安保法制を進める人たちの本音

このところ、安保法制を推進する安倍政権を支える政治家・官僚の訪問を受け、意見交換をする機会を得ている。かれらとすれば、集団的自衛権行使と安保法制の整備が日本の未来にとって望ましいと信じて職務に当たっているはずである。「何故安保法制を進めねばならないと信じるのか」という率直な質問をぶつけ、静かに耳を傾けてみるとその本音が伝わってくる。

第一に湾岸戦争のトラウマである。米軍のクウェート展開に多国籍軍支援と周辺諸国援助の名目で一・七兆円（一三〇億ドル）ものカネを提供したが、それでは評価されなかった。軍事力への誘惑の芽生えで、「一国平和主義ではだめだ。何らかの軍事的貢献を」という理屈が、後のアフガン攻撃での「ショウ・ザ・フラッグ」、イラク戦争での「ブーツ・オン・ザ・グランド」という米側の囁きに触発されて、紛争解決の手段として憲法で否定したはずの武力に引き寄せられ、ついにより広範な「国際貢献という名の対米協力」に踏み出そうというのだ。

第二に中国の脅威への危機感である。この心理的ストレスが安保法制に駆り立てているともいえる。尖閣・南沙へと近隣への領土的野心を「核心的利害」として押し出す軍拡の脅威という認識と共に、中国が二〇一〇年に日本のGDPを追い抜き、二〇一四年には早くも倍になったという焦燥が、アジア・インフラ投資銀行(AIIB)設立構想などで揺さぶられる孤独感と絡まり、「米国と連携して中国を制御しよう」という意図を増幅させている。しかし、中国の脅威への賢い解答が集団的自衛権なのか。二〇〇〇年を超す日中の歴史を振り返れば、外交において脅威を制御してきた先人の知恵に気づくが、むきになって軍拡中国を語る中に賢人の視界はない。

第三に、今回、安保法制を取り巻く人々との議論であらためて発見したことだが、頼りにならぬアメリカ、とりわけオバマへの失望感が「日本による補完・肩代わり」という心理を芽生えさせ、新次元の日米協力を持ち出させているのだ。米国の力に関して妙に冷めており、冷戦終結後唯一の超大国といわれた米国の世界を制御する力が「イラクの失敗」を経て急速に衰え、いま中東やウクライナで見せている「動かないし、動けない」状況を踏まえ、日本が「価値を同じくする同盟国」として米国の後退を補い、場合によっては肩代わりしようという役割意識の肥大化が芽生えている。実はこれが日米の微妙な温度差を生んでいる。米国の戦争に駆けつけてくれる同盟国という歪んだ期待と、米国が望まぬアジアの紛争に引き込まれる不安の交錯を惹起し、この温度差は禍根を残すだろう。

かれらに決定的に欠けているものは何か。一言でいえば、軍事の議論があって外交の議論がないこと、国家の危機の議論だけがあって国民にとっての守るべき国を創る議論がないことである。それは何故か。時間軸と空間軸で世界を見渡し、世界がどう動いているのかという視界がないからである。

動き始めた世界史のゲームの転換

ヘンリー・キッシンジャーの新著『世界秩序』(“World Order”二〇一四年、邦訳『国際秩序』日本経済新聞出版社、二〇一六年)は、一九二三年生まれの彼が一九五七年の処女作『復元された世界』以来の六〇年以上にわたる世界観察の総括を試みた作品である。彼はいま「世界秩序」が、近代世界システムの原点ともいうべき「一六四八年のウェストファリア条約」以来の四〇〇年の枠組みの転換点にあることを直感している。彼は「世界秩序」を「広く世界に適用できると考えられる公正なアレンジメントとパワー分配の本質について各地域や文明がもつ概念」と規定する。確かに政治とは価値の権威的配分であり、その時代の共有価値によって信じ難いような配分がなされる。一四九三年、ローマ教皇の詔勅で大西洋を二分してポルトガルとスペインの権益の境界が定められ、翌年のトルデシリャス条約によって境界線は西経四六度三七分とされ、バチカンの権威が世界を分割した。

いま世界を直視すれば、中東におけるジハード主義勢力の台頭、ロシアの軍事志向回帰の圧力を受けた欧州のリベラルな価値規範の動揺、中国の経済的台頭と権益拡大志向とアジア近隣の緊張という新たな動きが際立ってきており、それらは四〇〇年という視界に立てば、近代世界システムを支えた「国民国家、民族自立、内政不干渉、そして宗教的呪縛からの解放」という暗黙の規範の変更を予感させる。また、戦後史の視界からしても、中国主導のＡＩＩＢ構想に象徴される動きはＩＭＦ・世界銀行という米国中心の戦後秩序枠(ワシントン・コンセンサス)を突き動かすものとして注目されねばならない。ＡＩＩＢ構想について、英国が支持に動いて五七か国参加の流れが一気に形成されたことを理解すべきだ。英連邦五三か国は自由な連合体にすぎず、集団的自衛体制も強制力もないが、英語圏、英国法、英国文化を共有するソフトパワーが時に政治的にも機能することがあり、ＡＩＩＢについても豪、ニュージーランドなどが連動して流れを形成した。実はこの構図は、一九七一年に国連が中国招請・台湾追放を決めた時と同じで、日米など二二か国は逆重要事項指定決議案を出したが否決、中華人民共和国が国連に議席を得た。あの時も英国が動いたのである。英国は香港問題もあり一九四九年の共産中国成立直後から中華人民共和国を承認、意思疎通を行っていた。

世界は確実に新たな局面へと動いている。そう確認させたのが、六月七・八日に独バイエルン州エルマウで行われたＧ７サミットであった。ウクライナ問題でロシアを排除してＧ８からＧ７に戻った主要国首脳会議は、南シナ海、ウクライナ、北朝鮮などの課題に結束して対処することを確認したといっても、グローバル・ガバナンスに関してＧ７なるものが何一つ主導できないことを示す「貧相なサミット」であった。

振り返れば、二〇〇〇年沖縄サミットはプーチンが初めて登場した会議であった。冷戦後一〇年が経過しロシアの混迷が続き、冷戦の勝利者としての米国の一極支配という世界認識が底流に存在した。ところが八年後の二〇〇八年洞爺湖サミットでは一変し、9・11後の「イラクの失敗」は明らかで、「世界は多極化している」ことが印象づけられた。「環境」と「アフリカ支援」が重要テーマとされ、拡大会議には中、印、ブラジル、メキシコ、南アなど新興国に加え、アフリカ諸国首脳も集まっていた。あれから七年、今回のサミットの貧相さは参加者が少ないという次元ではなく、世界をいかなる方向に牽引するかについてのビジョンも構想も見えない。かつて「核なき世界」をぶち上げたオバマの米国の後退も顕著だが、アジアから唯一参加した日本も対中警戒心だけを際立たせ、中、印、ASEANなどとの意思疎通をもって台頭するアジアを世界秩序にリンクさせる器量を見せることはなかった。二〇一六年、伊勢志摩サミットはいかなる性格になるのだろうか。

沖縄問題が炙り出す日本外交の金縛り

日本外交の貧困は沖縄を直視すれば明確である。「普天間問題の唯一の解決策は辺野古」と言い続ける政府、外務防衛官僚、そして野党民主党の固定観念を支えるものは何か。何故二〇一〇年の日米合意なるものに固執して金縛りになるのか。

「江戸期の琉球国と東アジア、そして沖縄の今」(2015・4)で、四〇〇年を振り返って日本との歴史的相関の中での沖縄を論じた。その論稿を受け、翁長雄志沖縄県知事との対談「沖縄はアジアと日本の架け橋となる」(2015・5)の機会を得た。深めた感触は、鳩山政権が迷走のあげくに辿り着いた「辺野古容認の日米合意」から五年が経過し、問題の本質は変わったということだ。まず沖縄県民の意思がある。県知事選や国政選挙の結果で明らかなごとく、「振興予算を貰って基地を引き受ける」ことを拒否し、しかも「他のどこかに基地が移転すればいい」という次元ではなく、「東アジアの紛争の場ではなく、安定と交流の基点としての沖縄」という視界を開き始めている。

さらに「尖閣で炙り出された日米同盟の本質への覚醒」だ。米国の本音が「日中間の領土紛争に巻き込まれて米中戦争になるのは避けたい」であることは明らかになった。日本は必死に「日米で連携して中国の脅威を抑止する」つもりでいるが、米国のアジア戦略の本質は、アジアにおける米国の影響力の最大化であり、同盟国としての日本も二一世紀の大国中国も重要で、日本が尖閣の施政権を有することは支持するが、領有権にはコミットしないという姿勢に象徴されるように、双方への影響力を最大化させる曖昧作戦を採っている。注目すべきは米中関係であり、二〇〇九年からの閣僚級の米中戦略経済対話は既に七回積み上げられ、二国間問題ばかりか地球環境問題など、グローバル・ガバナンスに関する意思疎通を深めている。「米中覇権争いの時代」という認識は表層的で、双方がアジア太平洋の共同管理に重要な交渉相手として向き合っていることを見誤ってはならない。太平洋戦争の教訓は「米国と中国の連携に敗れた」ことに凝縮されるのである。

六月初旬にかけ翁長知事が訪米した。日本のメディアの受け止めは「意味のない二元外交」

「自治体外交の限界」というもので、米側からも「辺野古が唯一の解決策」と突き放されたとしている。だが、賢いアメリカのメディアやアジア外交専門家は、日本リスクの高まりの中での沖縄問題の変質に気づき始めている。日本が東アジアの緊張を高める方向で軍事志向を強めれば、米国をアジアの紛争に巻き込む危険が現実味を帯びていくこと、そして、尖閣で日中の軍事衝突が起こりかねないとすれば、在沖米軍基地の数万人の家族はグアム・ハワイのラインに引き揚げさせる必要があることを。「沖縄のやっかいな自己主張」という次元を超えて、米国側から沖縄を見直さざるをえない局面を迎えているのだ。

そして、このまま放置すれば、沖縄が自立志向を加速させ独立さえ主張しかねないことも、沖縄を知るワシントンの関係者は視界に入れている。五月の英国総選挙で、スコットランド民族党が六議席から五六議席へと躍進し自立志向が一段と高まっているが、スペインのカタルーニャを加え、沖縄は「世界史的視界から見て、先進国の中で独立するかもしれない三つの地域」とされつつある。沖縄を押さえつける日本ではなく、沖縄とともに東アジアの安定に向け米国と本質を議論できる日本でなければならない。漠然とした抑止力幻想に埋没して、米国への過剰依存に自らを誤魔化すことなく、辺野古見直しを含む在日米軍基地全体のあり方を、戦略対話のアジェンダとして提起すべきである。辺野古問題の原点は事故を起こした「危険な普天間基地問題」であり、移転か米軍内での統合縮小なのか米国が決断すべきで、日本側が代替地を準備すべきものではない。そこに「在沖基地の七四%は海兵隊基地」という現実が横たわる。実は国防総省内部の利害調整問題なのである。日米が東アジア安全保障のために必要な米軍基地というテーマをテーブルにのせ、全基地の機能と規模を再点検する作業からしか解答は得られない。「全体解の中でしか局地解はない」と主張する理由はそこにある。これは戦後七〇年の日本の国益をかけた課題であり、安保法制整備の前に日本人は真剣に追求すべきである。

戦後七〇年――見開くべき世界観

一〇年前の二〇〇五年、「戦後六〇年の夏の意味――戦艦ミズーリにて」(『脳力のレッスンII』所収、二〇〇七年)という論稿を書いた。東京湾に浮かぶ戦艦ミズーリ号の甲板で、鈴なりの米軍将校に取り囲まれ、日本側全権重光葵が降伏文書にサインする写真と映像が、「日本は米国に敗れた」という認識が刷り込まれる上で、きわめて効果的な演出であったことに論及した。蔣介石の国民党政権が内戦に手間取り、日本占領に進駐しなかったこともあって、戦後日本人の心理に「米中の連携に敗れた」という認識が生まれなかった。この時「大東亜戦争」を標榜していた日本人から「東亜(アジア)」が消え、「先の大戦」の意味は、それまで米国の用語であった「太平洋戦争」になったのである。

二〇〇五年の夏、日本は郵政民営化を巡る小泉政権下の総選挙に燃えていた。郵政民営化が戦後六〇年の日本が国を挙げた優先課題として議論すべきことであったか、軽重判断を見失い意味のない興奮に走る日本人の性を思わずにはおれないが、あの夏、日本の国連常任理事国入りに中韓が反対するなど「近隣との相互理解を構築しえないまま戦後を生きた日本」の壁が見え始めていた。日中韓ともに「ナショナリズムを政権浮揚の基盤とする傾向」に引き寄せられ始めていた。

冷戦後二五年が経過したが、日本人は未だ冷戦期の世界観を脱しきれていない。イデオロギー対立の時代は終わったというのに、「自由と繁栄の弧」的価値観に埋没して、中国封じ込めの誘惑に苦しんでいる。グローバル化の中でヒト・モノ・カネ・技術の国境を超えた交流が加速し、一つの亀裂が世界を巻き込む「相互依存の過敏性」の時代を迎えている。潜在的敵対者をも、次第に新しいゲームのルールに引き込んでいく関与政策が成熟国家の賢い選択であり、例えば、中国をWTOに招き入れたことは世界貿易秩序という意味で正解だった。

高齢化が進む日本において、総じて年配者が興奮して「強い国」を目指して集団的自衛権と安保法制を論じている。だが、戦場に行くのは若者である。いくら法制度を整備して「戦える国」にしても、若者が「守るに値する国」と思える状況を創らねば機能しない。寺山修司の「マッチ擦るつかのま海に霧ふかし身捨つるほどの祖国はありや」を思い出す。戦後七〇年、我々は守るべき日本を創ってきただろうか。

（2015・8）

戦後民主主義の新たな地平
——与えられた民主主義を超えて

戦後民主主義の空洞化を再確認するような二〇一五年の夏であった。なにしろ、大多数の国民が理解も支持もしていない安全保障関連法が、代議制民主主義のルールを満たしたとして成立した。一内閣の判断で、大多数の憲法学者・法曹関係者が「憲法違反」とする法案が成立する事態を目撃したのである。「民主主義は死んだ」という叫びさえ空しいほど、事態は深刻である。だが、日本における民主主義の空洞化など、今に始まった話ともいえない。そもそも、この国が民主主義を真剣に希求したことなどあるのだろうか。私自身、戦後生まれ日本人の先頭世代たる団塊の世代として、戦後民主主義を再考し、次なる進化を考察したい。

与えられた民主主義への当惑と馴化——出発点の確認

一九四五年の太平洋戦争敗戦後、連合国最高司令官総司令部(GHQ)の占領下に置かれた日本の、ためらいの中での民主主義のスタートであった。同年一〇月、連合国最高司令官マッカーサーが、幣原《しではら》喜重郎内閣に、女性の参政権、労働者の団結権、教育の民主化、秘密警察の廃止、経済の民主化からなる「民主化への五大改革」を指示。後の日本国憲法に凝縮される「戦後民主主義」が動き始めた。つまり、与えられた民主主義であった。これを受け止めた日本人の当惑は、雑誌『世界』の創刊号(一九四六年一月号)の安倍能成の巻頭論文「剛毅と真実と知慧とを」に象徴される。

「民主主義的精神はその根柢に存する道理と正義とによって受け容れらるべきではあるが、歴史と伝統とを異にせる日本に対して、アメリカそのまゝの民主主義の模倣的再現を試みるつもりのないことは、アメリカ人自身の夙に言明せる所である」と安倍能成は述べた。

同じ号に寄稿された美濃部達吉の「民主主義と我が議会制度」に至っては、「それ(日本のこれからの民主主義)は国民主権という意味に於ての民主主義ではなく、君主主権主義は依然これを確保しながら、君主が民の心を以て心と為し、民意に従って国政を行うことが、所謂民主主義の要求するところに外ならぬ」という次元の認識だった。直前まで国家主義一色だった日本人の困惑は推して知るべし、である。

一九六七年、法社会学者渡辺洋三は『日本における民主主義の状態』(岩波新書)を書き、戦後二〇年が経過した時点での日本を分析し、「多数党が与党として政府を構成し、その政府の政策を多数の名でおしつけるという、与党と政府のなれあいの場に転化させられている。……議会が、政府と対立し相互にチェック・アンド・バランスの関係にたつという三権分立の民主的理念は実現」しないことに危機意識を語っている。日本国憲法が施行されて二〇年、戦後民主主義が一応定着したかに思われた時点でも、民主主義の空洞化は常態であった。

その約一〇年後、真剣に戦後民主主義に向き合った論者である日高六郎は、一九七六年九月号の『世界』で「戦後史を考える　三木清の死からロッキード事件まで」と題し、次のように書いた。

「軍国主義から民主主義への移動が、こんなにも楽なものだと、だれが予想していただろう。いま私たちは、ひょっとしたら、民主主義から、得体のしれない管理主義的全体主義へのなだらかな道を、スローモーションのように歩いているのかもしれない」

一九七六年といえば、六〇年安保と七〇年全共闘運動という「政治の季節」が一巡し、日本が「高度経済成長」の時代の空気に包まれていた頃であった。一九六六年に日本の一人当たりGDPは一〇〇〇ドルを超し、一九八一年に一万ドルを超すのだが、一五年間で一人当たりGDPを一〇倍にした時代だったのである。民主主義的風潮が、何となく国民に浸透したかに見えて、何かが本質的に欠けている——、そんな不安がよぎる時代だった。

丸山眞男の「「である」ことと「する」こと」——六〇年安保のキーワード

戦後民主主義を考える時、忘れてならないのが「六〇年安保」とそれを思想的に支えた丸山眞男であろう。岩波新書『日本の思想』(一九六一年)に所収されている「「である」ことと「する」

こと」は一九五八年一〇月の岩波文化講演会での講演に基づく論稿だが、戦後最大の政治の季節「六〇年安保」の市民運動を支える基盤となった。

「政治を職業政治家の集団である「政界」の専有物として国会のなかにだけ封じ込めること」を拒否し、「民主主義とはもともと政治を特定身分の独占から広く市民にまで解放する運動として発達した」と語り、「〜である」とご託宣を論ずることよりも「行動すること」の価値を示唆した議論は、六〇年安保に向き合った人たちの心に響いた。ピーク時、国会前に一七万人、全国で五八〇万の人が安保改定阻止のデモに参加した。

だが、その丸山眞男も、七〇年安保における全共闘運動においては、「ブルジョア民主主義」の担い手として指弾され、研究室を追われた。六〇年安保における市民運動の敗北を引きずり、若者は角材とヘルメットで武装し、「ゲバルトの論理」(永井陽之助)に陶酔した。しかし、大学の中だけの嵐にすぎなかった運動は孤立と挫折を迎え、七〇年代の高度成長期を背景に、ゲバ学生さえ企業戦士として産業の現場にあえなく吸収されていった。

続いて登場したのが「無共闘世代」であり、キャンパスは立看板も角材もない同好会とサークル活動の場となった。一九五六年生まれの田中康夫の『なんとなく、クリスタル』(一九八〇年第一七回文藝賞受賞。河出書房新社、一九八一年)や泉麻人の『ナウのしくみ』(文藝春秋、一九八五年)に象徴される連帯も共闘もせず、自分の関心事に専心する徹底した私生活主義世代が時代の先頭を走り始めた。この頃から、脱イデオロギー・非政治的人間の存在が重くなり、政治はほぼ親が政治家という種族の家業となり、まともな人間は経済の現場か、自分の価値観の世界を生きるか、日本経済の世界展開の波に乗って海外へと動き、閉ざされた日本の政治に関心を向けることは少なくなった。

あらためて、日本国憲法九七条を読むと「基本的人権は、人類の多年にわたる自由獲得の努力の成果であって、これらの権利は、過去幾多の試練に堪え、現在及び将来の国民に対し、侵すことのできない永久の権利として信託されたものである」とある。結局、日本人が理解しないまま今日に至っているのが、この「自由獲得の努力」である。

私は『世界』で「一七世紀オランダからの視界」という連載を続け(二〇一〇年一一月号〜)、「近代」なる時代の体系的総括を試みているが、つくづく思うのは民主主義のために格闘した先人たちの人類史における足跡である。

デカルトの「われ思う故にわれあり」という近代的自我への気づき、英国の清教徒革命と共和制の挫折、そして王政復古時にオランダに亡命して名誉革命で英国に帰国したジョン・ロックが『統治二論』を書き、王権神授を否定して人民の自己決定権を正当化した苦闘、さらにそれらが米国独立戦争やフランス革命に影響を与えた歴史の積み重ねを想起するならば、民主主義の上澄みを受容しただけの日本の浅薄さに気づかざるをえない。

平和で安定した戦後日本を生きた日本人は、普遍的価値を重視することよりも自分が帰属する組織の「ウチの会社」の価値に埋没していった。伊東光晴は、『戦後思想の潮流——その虚像と実像』(伊東他編、新評論、一九七八年)において、「桃太郎主義を超えて」という論稿を寄せ、日本人が帰属意識を抱く集団の内には温かく、外には冷たく緊張感を持って構える傾向を「桃太郎主義」と指摘し、「利益共同体をこえる普遍の論理によるアソシエイトという行動」を促していた。そろそろ内輪のデモクラシーを脱し、「普遍の論理」を正視すべき時ではないのか。

団塊の世代として――体験的戦後民主主義

敗戦後の昭和二〇年から二五年に生まれた世代を「団塊の世代」という。この世代こそ戦後民主主義の申し子である。黒く塗りつぶした軍国教育の教科書を用いていた敗戦直後の混迷した教育現場が、一九五〇年代に入って少しずつ落ち着きを見せて戦後民主教育が姿をあらわした頃に小学校に通い始め、日本人として初めて民主教育を受けて育った世代なのである。私自身、一九四七年(昭和二二年)生まれで、小中学校時代、教師たちが戦後民主主義への適応に格闘していた思い出がある。

札幌の小学校五年生の時、炭坑街からの転校生だった私が、唐突に生徒会長選挙に立たされることになった。奇妙なほど本格的な選挙運動がなされ、タスキをかけて三年生以上のクラスを回って支持を訴え、全校集会での立会演説会が行われた。教師たちが当選を期待していた本命候補を破り、なぜか私が当選、その後、札幌市こども議会の議長にもなり、市議会の議場で、模擬議会の議事運営を行い、当時の教師たちの本音に触れる機会となった。

児童会の委員、クラス委員になっても、委員バッジは付けさせない。「特権意識を持たせないため」との説明だった。さすがに、「運動会で一等・二等の順位はつけない」ということはなかったが、「平等主義」の徹底が民主教育だとする風潮は存在した。

人口が塊になっていたため、さまざまな節目を団塊の世代が通過する時、軋みが社会問題として噴出した。

「七〇年安保」を巡る「全共闘運動」も、この世代が学生として主導した運動であった。計算も展望もない未熟な「全否定」を叫ぶ学園内の運動にすぎなかったが、私は早稲田大学の一般学生として「全共闘運動」と正面から向き合い、一年間にわたる学園封鎖を体験した。社青同(日本社会主義青年同盟)は社会党、民青(日本民主青年同盟)は共産党と、大人が指導する政治運動や小田実のべ平連(ベトナムに平和を!市民連合)、ノンセクトラジカルなど、さまざまな活動家が入り乱れていた。

「左翼黄金時代」のキャンパスでは、私は「右翼秩序派」とされたが、機動隊導入で先輩・友人たちが就職活動に去って行っても、少数の仲間で「大学変革・社会変革」の活動を続けた思い出がある。その後、さまざまな現場を生きてきた友人たちも高齢者にさしかかったわけだが、結局、あの全共闘運動の時、どうしていたのかが、それぞれの人生に投影されているという思いが強い。ただ器用に逃げていた者はどこまでも逃げ続ける人生を辿り、いかなるかたちであれ逃げずに本質を見つめる者は、一隅を照らし自前の人生を持ち堪えている。

二〇一五年秋、早稲田大学のホームカミング・デーに大隈講堂で多数のOBに話をする機会があり、その夜、学部卒業時のクラス会が行われた。久々に旧友の話を聞くと、二十数人のうち少なくとも四人がそれぞれの思いで、二〇一五年夏の安保法制を巡るデモに参加したという。

団塊の世代が就職し、社会参加し始めた一九七〇年前後は、高度成長期で、幸運にも就職の扉は開かれていた。つまり、右肩上がりの時代に企業戦士となったこの世代には「真っ赤なリンゴ」という言葉がささやかれた。「丸山眞男とマルクスの結婚で、表面はアカ(左翼)がかっているが一皮剝けば真っ白だ」というジョークである。その後、バブル期に中間管理職として組織を支える役割を演じ、「ウチの会社」意識の担い手に変質していった。

「民主党」への政権交代の挫折——団塊の世代の失敗

拙著『脳力のレッスンIV リベラル再生の基軸』(岩波書店、二〇一四年)で書いたことだが、実は、民主党政権の失敗は「団塊の世代の失敗」でもあった。鳩山由紀夫、菅直人、仙谷由人をはじめ、二〇〇九年から三年間の民主党政権には、一五人の団塊の世代が大臣・副大臣・党三役として参画した。

団塊の世代の特色でもあり、この世代を先頭とする戦後日本人が身につけた、強靭な価値基軸を持たない者の危うい変容性がこの政権の迷走の要因であった。タテマエとしての理想主義への傾斜、そして要領のよい現実主義への反転、つまり、入口の議論では「故郷《ふるさと》は地球村」「コンクリートからヒトへ」といった美しいキャッチコピーが好きで、複雑で厳しい現実に直面するとあえなく変容する。このことは、沖縄基地問題から原発問題まで、あきれるほど無責任な変容を我々は目撃することになった。

残念なことに、団塊の世代は戦後日本人の先頭世代としての責任をまだ果たしていない。仮性成熟の世代というべきで、きれいごとの世界を脱して何を成し遂げるかの覚悟ができていない。戦後の残滓というべき課題、安全保障、原発、沖縄基地などの問題を突き詰めるならば、結局のところ米国との関係であり、「反米・嫌米」の次元を超えて、真剣に日米戦略対話を進める決意と構想が求められるわけで、対米関係の再設計なくしては日本の新しい時代は開かれないのである。フォークソング、グループサウンズ、ニューミュージックに滲み出る世界観、つまり「優しさの世代」として身につけたものが、私生活主義の独り言で終わるのか。

「シルバー・デモクラシー」という言葉が重みを増している現在、投票人口の六割を高齢者が占めると予想される時代に向けて、戦後民主主義の責任世代として、どう折り合いをつけるのか。団塊の世代は自ら解答を出さねばならない。

戦後民主主義の進化を図るべき時

「戦前」といわれた日本にも、それなりの民主化への前進が見られた。明治期の自由民権運動や大正デモクラシーも一定の意義を持ちえたが、国権主義的枠組みの中での限定的国民参加であった。一九二五年三月の第五〇回帝国議会で、男子の普通選挙が実現することになり、それまでの選挙権における納税要件が撤廃され、二五歳以上の男子には選挙権が与えられたが、婦人、植民地住民、生活困窮者には与えられなかった。注目すべきは、同じ第五〇回帝国議会で、「治安維持法」が成立していることである。「国権主義的枠組みの中での民主化」がその後の日本の進路を決めていくのである。

確かに、一九二五年の「普通選挙」により、有権者はそれまでの三二八万人から一二四〇万人へと四倍近く増え、国民の政治参加への道は拡大された。しかし、選挙権の拡大は戦争を抑制するどころか増幅する装置となったことは、その後の「大政翼賛会」の形成過程を想起すれば明らかである。デモクラシーと総力戦(国民戦争)は、戦争への自発的協力を促す仕組みとして相関していくのである。

我々は、日本における民主主義の歴史の中で、戦後民主主義の意味を踏み固め、その進化を図るべき局面にある。まず、戦後民主主義は「与えられた民主主義」という限界を内包しながらも、婦人参政権の実現、二〇歳からの若者への投票権の拡大を柱とする、民主化への前進という意味があることを確認すべきである。

戦後民主主義に疑問を抱く人たちの本音に、戦後民主主義は悪平等をもたらしたという論点があることに気づく。「女子供」が衆愚政治を増幅させているという蔑民意識が見え隠れしているのだ。つまり、より多くの国民の意思決定への参画を快く思っていないのである。それ故に、常に多数派を偽装した選民による意思決定への誘惑が生じるのである。いうまでもなく、民主主義とは「多数派の支配と少数派の擁護」である。問題はその「多数派」の正当性であり、民主主義を志向する者にとって、現下の日本の政治は正当性を喪失しつつある。

考えてみよう。二〇一四年一二月の総選挙は、野党の準備不足を衝いた抜き打ち解散で、争点は「アベノミクスへの信任」とされ、決して安保法制や憲法改正を争う選挙ではなかった。結果は、自民四議席減、公明四議席増で、大勝を目論んだ政権の意図は空振りであった。何より投票率は五二・七％と低調で、比例区での自民党の得票率は三三・一％であった。つまり、有権者のわずかに一七・四％の得票にすぎない政党が総議席の六一・三％たる二九一議席を得るという「仕組み」が、国民の意思と乖離した安保法制を成立させる議会を作ったのである。

それも現在の代議制のルールにかなった意思決定だと主張する人もいる。だが、戦後民主主義が行き着いた代議制のあり方に、根源的な不信が生じていると言わざるをえない。

直接民主制への限りない誘惑

その背後にある大きな要因が、ＩＣＴ（情報通信技術）革命の進行に伴う「直接民主主義は技術的に可能かもしれない」という変化である。これまでの政治学の常識は「ギリシャ・ローマの都市政治ならば直接民主主義は可能かもしれないが、大衆が政治参加する現代政治においては、代議者が国民と意思決定を繋ぐ導管の役割を果たさざるをえない」というものであった。

しかし、ICT革命が進行し、ネットワーク情報技術が浸透して「ビッグデータ」「IoT」といわれる時代を迎え、「もし、ある争点に関して、正確に国民の意思を問うのであれば、本人認証を厳密化したインターネット投票によって、技術的には確認可能かもしれない」という時代が到来しているのである。

直接民主主義への限りない誘惑であり、その技術可能性への予感が、国民の意思を反映していない代議制の現実と政治を弄ぶ自堕落な代議者の実態に憤り、政治不信を加速させている。二〇一五年夏、安保法制を巡って国会前に集まった人々が、これまでの市民運動、労組、団体と異なり、「ネットで呼びかけ、呼応する人たち」という性格をもっていたのは偶然ではない。

私は必ずしも直接民主主義を支持しているわけではない。民主主義こそ指導者を必要としており、移ろいやすい民意に乗った劇場型政治がよいとは思わない。「大衆の反逆」(オルテガ・イ・ガセット)に過敏に振り回される政治は危険でさえある。

だからこそ代議者の役割が大切であり、単に民意を意思決定にストレートにつなぐだけの役割ではなく、識見を持ったオピニオン・リーダーとして意思決定の質を高める役割を担わねばならない。だが、現状の多くの議員は政党内での数合わせの陣笠にすぎず、代議制での議論を通じて意思決定の質が高まっているとは思えない。

もし、代議制民主主義の価値を認め、生かすのならば、代議制の錬磨に取り組まねばならない。具体的には、政治で飯を食う人の極少化であり、代議者の定数削減であり、任期の制限である。

日本は、人口比で米国の三倍の国会議員を抱え、一人当たり年間二億円の国家予算を代議制のコストとしている。人口が今後四〇年間で三割減ると予想されている国で、国会議員の数を半減することは合理性があり、任期を何年かに制限することは、孫子の代まで政治家を継承する世襲議員や、政党を渡り歩くゾンビ議員を消去するために必要な筋道であろう。

「定数削減」は二〇一二年の政権交代時の約束だったはずであり、その後の経過を注視すれば、いかに政治で飯を食う人たちが与野党ともに互助会的に現状にしがみついているかがわかる。選挙時の「風」と小選挙区制の魔術で当選した劣悪な議員ではなく、尊敬される優れた代議者を選び育てる仕組みが実現されねばならない。

もう一つ、「首相専制政治の牽制」に工夫を要する局面にきている。「タテ割り行政の排除」という意図もあり、官邸主導がこのところの流行である。「日本版ＮＳＣ(国家安全保障会議)」などの統括組織の新設、やたらに増える「担当大臣」の登場で、本来の主務省庁との役割分担が不明なまま奇妙な首相専制政治が繰り広げられている。

議会のチェックも与党内の牽制も効かぬ首相主導は危険である。代議制下で大統領制に近い権限を首相に行使させるのであれば、現行憲法通りに議会が首相を選ぶにせよ、国民投票で信任を問うなどの方式が付加されるべきであろう。

後世に何を引き継ぐか

戦後七〇年を経て、戦後民主主義と並走してきた日本人の本音は、普遍的価値としての「民主主義」など存在するのかという冷ややかな心理である。代議制民主主義が機能せず、空疎な職業政治家の巣窟となっているという現実、さらに、「プロレタリア独裁」を正当化する社会主義体制は冷戦の終焉とともに色褪せ、共産党一党支配の下での中国の「人民共和国」体制にも共感のできない中で、我々はどのような民主主義を目指すべきなのか。

戦後民主主義は確かに与えられた民主主義かもしれないが、今その真価が根づくか否かの試練の時を迎えている。安保法制から憲法改正に至る「国権主義的国家再編」と「軍事力優位の国家への回帰」を試みる勢力という明確な敵に対峙しているからである。「民主主義への不断の努力」が求められるその時なのである。

戦後日本という過程を生きた者が、後世に何を引き継ぐのかが問われている。二一世紀の日本は、中国と対抗できる軍事力と経済力を持った専制国家ではなく、アジアの安定軸としての敬愛される成熟した民主国家でなければならない。

（２０１５・12）

二〇一六年参院選に見るシルバー・デモクラシーの現実

――それでもアベノミクスを選ぶ悲哀

七月一〇日の参議院選挙の朝、ＴＢＳの報道番組「サンデーモーニング」への出演に際し、報道関係者から、各紙、各局の最終予想について、「与党圧勝はまちがいなく、自民党単独過半数、改憲勢力三分の二は確実」という情勢説明を受けた。私が「国民はそれほど愚かではないはず」と私見を述べると、「いや、愚かなんですよ」という答えが返ってきた。

午後八時、投票が締め切られると同時に各局は予想を出した。ＮＨＫは「与党大勝」を前提にしたかのように、自民単独過半数となる議席「五七」や改憲発議に必要な三分の二に至る「一六二」などを要注目の数字として示し、出口調査などを踏まえそれらの数字を上回る大勝という予想を出していた。

しかし、結果として自民党は「五六」議席に留まり、単独過半数には届かなかった。また「改憲勢力が三分の二」という議論にしても、当初は自民、公明、おおさか維新、日本のこころという「改憲四党」で三分の二という話だったが、この四党では一六一議席と一議席届かなかったため、改憲に前向きな無所属議員も含めることで一六五議席となった。

直前のメディア予測は外れた。にもかかわらず、自民党六、公明党五と与党で一一議席増だし、無所属も含む改憲勢力で三分の二を超えたことで、「与党大勝ということにしておこう」という報道に収斂させ、何故直前の予測が当たらなかったかについては沈黙を決め込んでいる。ＮＨＫの開票速報開始時点での民進党の議席予想は二一～二九、結果は三二だった。意外に健闘したなどと寝ぼけたことを言っているのではない。民進党が主体的に流れを創ったなどという話は一切ない。国民に納得のいく選択肢を提示することもなく、健闘といえるレベルではない。ただ何故与党・自民党は予想外に伸びなかったのか。さらに言われていたほど共産党も伸びなかったかを解明することは日本の政治の今後を考察する上で重要である。

本当に与党大勝なのか――国民の迷いとためらい

結論をいえば、「投票には行っても入れるべき候補者がいない」という貧困なる選択肢の中から、国民はぎりぎりのバランス感覚を見せたというのがこの参院選の結果だったと思う。国民はそれほど愚かではなかったのであり、ただ安倍政治に代わる政策軸を見出せないまま立ち尽くしているということでもある。

基本的な数字を確認しておきたい。参議院全国比例区での自民党の得票率である。ここに政権への国民の評価・認識が現れるからである。比例区での自民党得票率は三五・九％で、前回の第二三回（二〇一三年）は三四・七％だったから一・二％増えたことになる。しかし、投票率が五四・七％だったことを思うと、有権者総数の一九・六％の得票、つまり有権者の二割に満たない得票で改選議席の四六・三％を占めることができるという、選挙制度の魔術で「圧勝」を実現したのである。また、公明党の全国比例得票率は一三・五％だが、第二三回より〇・七％減らしているので、与党の得票率は前回より〇・五％増えたにすぎない。

一方、野党第一党の民進党の比例区での得票率は二一・〇％と、第二三回の民主党の一三・四％から七・六％も増えたように見えるが、同じく第二三回の日本維新の会（一一・九％）とみんなの党（八・九％）の得票率を考えると、そのかなりの部分を吸収・統合した野党再編の割には伸びなかったと見るべきである。政党支持率という世論調査の動向を見れば、民進党の支持率は、今回の全国比例での得票率の半分程度であろう。

さて、直前の予想が当たらなかった大きなポイントが、第二三回の参院選挙では与党の二九勝二敗だった一人区（第二三回は三一選挙区）で、二一勝一一敗となったことである。野党共闘の効果と見ることもできるが、現場の事情を聴くと、共闘効果というよりTPPインパクトの大きさに気づく。TPPの交渉経過が見えてくるにつれ、農業関係者が「裏切られた」ことに反発を強めた。その結果、東北六県中秋田を除く五県で野党統一候補が勝利し、長野・新潟といった農業県でも、JAグループの政治団体が自主投票にしたことが自民敗北をもたらした。北海道区は定数三だが、民進党が二議席を確保し、自民党候補が次点に泣いた理由もTPPへの反発にあるといえる。

さらに、最後のところで与党の得票が伸びず、票が野党に向かった理由は、アベノミクスに象徴される経済政策、安保法制に象徴される外交安保政策について、現政権が推進する政策への懸念と逡巡が「ここは野党に入れておこう」というぎりぎりの投票行動をもたらしたとみるべきであろう。日本はまちがった方向に進んでいるような気はするが、どう進むべきかの代案も見えない。そうした投票行動をもたらした社会構造は後述することにして、今回の選挙で気になる何点かを明らかにしておきたい。

二〇一六年参院選が示したもの

一つは、慶応義塾大学名誉教授小林節が率いた「国民怒りの声」の惨敗である。全国比例の得票四六・七万票と、小林節個人はわずか七・八万票に終わり、比例区で一人を当選させるのに必要な約一〇〇万票の半分にも満たなかった。安保法制の違憲性についての問題を提起し、議論を主導した存在に国民は関心を示さなかったのである。連携する政党など組織論的戦略に欠けるマイナー運動に終わり、悲しい結末を迎えた。「国のあり方」を問う根本問題よりも、「生活と経済が大切」という国民の本音の壁に弾き返され、風車に向かったドン・キホーテのような敗退であった。

二つ目は、直前予想でいわれていた「共産党の躍進」が外れ、前回の参院選の当選者八人を下回る六人にとどまったことである。比例区での共産党の得票率は前回より一％伸びたとはいえ、直前予想では「一〇人以上の当選も」とみられていたにもかかわらず、躍進は幻に終わった。共産党が主導した野党共闘は、与党に対抗可能な選択肢を提示したともいえるが、共産党候補に対する民進党内の拒否反応で、共産党自身の議席につながらなかった。むしろ共闘によって「確かな野党」といってきた共産党の輪郭がぼやけ、党勢拡大にはならなかったと指摘できる。共産党としてはジレンマを抱えながらも、国民政党への脱皮に向け、この結果を前向きに総括すべきであろう。

三つ目は、一八歳からの政治参加がもたらした意味である。二〇一六年参院選から投票年齢が一八歳に引き下げられ、約二四〇万人の若者が投票権を得たが、注目された一八歳・一九歳の投票率は四五・五％であり予想外に高かったともいえる。全体の投票率は五四・七％である。これまでの投票行動の傾向では、総じて高齢者層の投票率が七割近い水準を推移してきたのに比し、二〇代の投票率はその半分程度であった。この傾向が続けば、日本の政治的意思決定は、「老人の老人による老人のための政治」となるであろう。

話は逸れるが、六月の英国のＥＵ離脱を巡る国民投票において、英国の二〇代の若者の六六％はＥＵに留まることを支持した。四三歳が分岐点で、それ以下の若者の過半はＥＵ残留を支持、それ以上の年齢の層においては離脱派が過半を占めたという。つまり、未来により大きな責任を担う若者が欧州共同体の中で生きることを期待しているのに、老人たちがその道を塞ぐ選択をしたということで、深く考えさせられる。そして、注視すべきは、現代日本の社会的意思決定における高齢者が持つ意味であろう。

政権の政策の行き詰まりと代替案なき野党の悲劇

選挙戦の最終局面で迷いが交錯したとはいえ、大勢として国民はアベノミクスの継続を選んだ。正気の議論をするならば、アベノミクスの論理などとっくに破綻しており、「道半ば」「この道しかない」などといえるものではない。二〇二〇年に名目GDPで六〇〇兆円を実現して、その果実を国民が享受することなど虚構にすぎないと気づきながらも、国民の多くが「株高誘導の景気刺激」という共同幻想に乗っているのである。なぜか。それが都合がよいと思う人たちがいるからである。

経世済民、経済の根幹である国民生活、実体経済はまったく動かない。米国がリーマン・ショック後の緊急避難対策とした異次元金融緩和を見習って「第一の矢」とし、日銀のマネタリーベースをほぼ四〇〇兆円の水準にまで肥大化させ、金利も「マイナス金利」などという異常事態に踏み込んだ。ご本尊の米国が実体経済の堅調を背景に量的緩和を終え、政策金利の引き上げ局面を迎えているのに、日本は「出口なき金融緩和」に埋没している。

また、財政出動を「第二の矢」とし、消費税引き上げもできぬまま、さらなる財政出動を模索し続けている。「金利の低い時だから赤字国債を出しても利払いが少ない」という誘惑に駆られ、

「市場はさらなる景気刺激策を求めている」などという無責任な経済メディアの甘言に乗って「ヘリコプターマネー」と称する、無利子の日銀からの借金で財政出動を加速させるべきだとの議論さえ生まれている。日本が既に一〇〇〇兆円を超す負債を抱える国だという事実を忘れてはならない。自分が生きている時代だけは景気刺激を、という考えは後代負担、後の世代に負担を先送りする自堕落な思考である。

問題に気づきながら、日本は慢性金融緩和依存症に陥り、リフレ経済学なる金融政策に依存して脱デフレを図る呪術経済学に引き込まれている。野党民進党の経済政策もリフレ経済学を許容する中での格差批判程度で、アベノミクスを否定できるものではない。新自由主義とリフレ経済学の複雑骨折の中を迷走し、産業の現場に軸足を置いた経済政策に踏み込めていない。

また、政権与党が「戦後レジーム」からの脱却を腹に置き、戦後民主主義を否定して国権主義、国家主義へ回帰する意思を明らかにしつつある中で、野党は本気でその流れと対峙する政策軸をみせていない。それは民進党の外交安全保障政策の空疎な中身を見れば明らかである。普天間基地移設問題に関して、「辺野古しか移転先はない」とする点において民進党は疑似与党でしかなく、翁長知事の下、オール沖縄で辺野古を拒否する沖縄において一切の存在感がないことが象徴している。憲法と沖縄は、相関して戦後日本を次のステージでどこに持っていくのかという課題でもあり、ごまかしのきかない問題なのである。

進む貧困化と世代間格差——高齢者がアベノミクスに幻惑される理由

それでもアベノミクスの継続を望む社会構造を再考してみたい。「日本の内向と右傾化の深層構造——二一世紀日本で進行したもの」(2015・5)において、勤労者世帯可処分所得が、二〇〇〇年~一四年の間に年額五八・八万円減少し、「中間層の貧困化」が進行していること、さらに全国全世帯の家計消費支出がこの間、年額三三・四万円も減少したことを指摘した。

そして、この間の家計消費で極端に減少した支出項目としての「こづかい、交際費、交通費、外食、酒類」などに象徴されるごとく、日本人は行動的でなくなったことと、「仕送り金、授業料、教養娯楽、書籍」などへの支出減に象徴されるごとく、日本人は学ばなくなり、学べなくなったという事実を解析・指摘した。そして、こうした時代の空気が、日本人の視界を狭め、内向と右傾化の土壌となっていることに注目した。

一五年の勤労者世帯可処分所得は、月額四二・七万円(前年比三〇〇〇円増)であったから、若干増えたように思えるが、一九九七年のピーク時の年額五九六万円から、一五年には五一二万円と、実に八四万円も減少している。ちなみに、全国全世帯の消費支出もピーク時一九九三年の四〇二万円から一五年の三四四万円と年額五八万円も減少しており、いかに消費が冷却し生活が劣化しているかがわかる。

この段階で確認しておきたいのは、働く現役世代の可処分所得がピーク比で、年額八四万円も減ったという状況では、この世代が高齢化した親の世代の面倒をみて経済的支援をする基盤が失われているということである。もっとも、戦後七〇年というプロセスにおいて、「親に孝行」といった儒教的価値を失わせる社会構造を作ってしまったともいえる。都市に産業と人口を集中させて高度成長期を走ったことにより、「核家族化」が進行し、一九八〇年に三八％にまで増やしていた核家族(単身者、夫婦のみ世帯、母子・父子家庭)の比重は、二〇一〇年には六一％となり、現在は六五％になっていると推計される。つまり、「家族」の性格がすっかり変わってしまい、世代間の支え合いが困難な社会となっているのである。

二極分化する高齢者層

働いている現役世代でさえ生活が劣化している状況の中で、働いていない人が多い高齢者の経済状況は、さらに厳しい。六〇歳以上の無職の世帯の可処分所得(年金＋所得－社会保険)は、平均年額一七八万円で、平均生活費は二四八万円(「家計調査年報」)、年間七〇万円足りないとされ、その分は資産を取り崩していると思われる。それ故に高齢者の就業志向は高まっており、総務省就業構造基本調査(二〇一二年)によれば、男性における就業者の比重は六〇～六四歳で七三％、六五～六九歳で四九％、七〇～七四歳で三二％、七五歳以上一六％となっているが、ここでの「就業者」には雇用者、役員、自営業主も含まれ、六五歳以上の雇用者は一三％程度であり、雇用条件も非正規雇用が大半となるため大きな所得は望めない。

だが、高齢者層は、現在の勤労者世帯を形成する世代(現役世代)よりも相対的には恵まれているといえる。日本が右肩上がりの一九六〇年代から八〇年代にかけて壮年期を送り、勤労者世帯の可処分所得が増え続けた環境の中で、一定の貯蓄と資産を確保できた世代だからである。東京に吸収されたサラリーマン層をイメージしても、郊外にマンションの一部屋程度は手に入れ、ローンを払い終えて定年を迎え、一定の貯蓄と金融資産を手にしているというのが一般的高齢者であろう。総務省統計局の「家計調査(貯蓄編)」を基に、国民の金融資産保有状況(二〇一四年)をみると、貯蓄の五八%、有価証券七二%は六〇歳以上の世代が保有している。つまり、株価の動きに最も敏感で、金融政策主導で、日銀のETF買いだろうがGPIFによる株式投資の拡大だろうが、株高誘導政策に最も共感する土壌を形成しているのが高齢者なのである。

ただし、高齢者の経済状態は一般論で単純に判断できないほど、二極分化が進んでいる。人口の二七%、三四〇〇万人が二〇一五年時点での高齢者人口だが、あえて高齢者を経済状態で分類するならば、約二〇%(七〇〇万人)が「金融資産一〇〇〇万円以下で、年金と所得の合計が二〇〇万円以下」の「下流老人」であり、約一五%(五〇〇万人)が「金融資産五〇〇〇万円以上で、年金と所得の合計が一四〇〇万円以上」の「金持ち老人」、残りの約二二〇〇万人が「中間層老人」といえるが、この中間層老人が「病気・介護・事故」などを機に、下流老人に没落する事例が急増しているという。生活保護受給世帯一五九万世帯のうち七九万世帯が高齢者世帯であり、「貧困化する高齢者」問題も深刻である。

高齢者のうち所得のすべてが年金である人が約五割を占め、厚生年金に加えて、企業年金を得る最も恵まれた年金受給者でも年金収入の上限は五五〇万円前後である。確かに、高齢者の平均貯蓄額(二〇一四年)は二四六七万円と意外なほど高いが、一〇〇〇万円以下が三六%、二〇〇〇万円以下が六〇%で富は偏在しているのである。つまり安定した経済状態にある高齢者層が確実に圧縮しているといえよう。

幸福な高齢社会をいかに実現するか

「老後破産」の現実について、NHKスペシャル『老人漂流社会〜〝老後破産〟の現実』(二〇一四・九・二八放送)を単行本化した『老後破産——長寿という悪夢』(新潮社、二〇一五年)は注目すべき現実を報告している。年金生活は些細なきっかけで破産へと追い込まれる危うさを抱えていることを思い知らされる。また、週刊『東洋経済』は、下流老人特集(二〇一五年八月二九日号)やキレる老人特集(二〇一六年三月一九日号)と、支えるコミュニティを失った高齢化社会の断面に迫る企画を積み上げており、高齢化の現実を深く考えさせられる。

こうした潜在不安を抱える高齢者、とりわけ中間層から金持ち老人にかけての約二七〇〇万人が金融資産、株式投資に最も敏感な層であり、「とにかく株が上がればめでたい」という心理を潜在させ、アベノミクス的資産インフレ誘発政策を支持する傾向を示す。結局、アベノミクスの恩恵を受けるのは、資産を保有する高齢者と円安メリットを受ける輸出志向型企業だという構図がはっきりとしてきた。ここから生ずる世代間格差と分配の適正化という問題意識を持たねば、金融政策に過剰に依存して調整インフレを実現しようとする政策は社会構造の歪みを招き、まちがった国へと向かわせるであろう。

人生は欲と道連れであり、高齢者が潜在する経済不安の中から、アベノミクスを支持する心理に至るのもわからなくはない。しかし、歴史の中での高齢者の役割を再考するならば、社会活動の現場で体験を重ねてきた世代として、後から来る世代に道筋をつける知恵を働かせるべきである。とくに、戦後日本の産業化と国際化の現場を支えた世代として、マネーゲームと金融政策では経済社会が空洞化することに厳しい視点を向けるべきではないのか。少なくとも、後から来る勤労者世代の貧困化に目を配らねばならない。

自分の生活だけが安定していればよいというのではなく、高齢者らしい社会への配慮と成熟した知性が問われている。三浦展が『下流老人と幸福老人』(光文社新書、二〇一六年)で描き出すごとく、「資産がなくても幸福な人」と「資産があっても不幸な人」が存在するのが高齢社会の実態である。我々は可能な限り幸福な高齢社会の実現を図るべきで、「多世代共生」「参画」「多元的価値」が幸福老人を増やす鍵であることは確かであろう。高齢者自身が与えられるのではなく、自分でやるべきこと、やりたいことに向き合うことがまず大切であり、そうした視界からは、日本が「この道しかない」として向かおうとしている方向には静かなる疑問が浮かび上がるはずである。

(2016・9)

日本政治の活路を探る
――二〇一七年総選挙解析

第四八回衆議院選挙が終わった。「自公三分の二で圧勝」という結果だが、「野党の体制が整う前に意表を突く解散」に打って出た政権の思惑からすれば、微妙な結果だった。前回の二〇一四年選挙での自民党獲得議席は二九一（解散前議席は二八四）であり、定数が一〇減って四六五になったことを考慮しても、今回の二八四は前回比減少なのである。与党議席占有率でも六八・四％から微減の六七・三％となり、大山鳴動、結果は与党微減という数字に落ち着いたのである。

一方、小池百合子代表率いる「希望の党」なる試みも無残に空転、与野党ともに政治家の思惑とは異なる方向に流動化、つまり敵の寝込みを襲うウルトラCも、「野合」といわれようがサバイバルを賭けた「民進と希望の合流」という「回転海老固め」も、狙い通りとはいかなかった。

ここに民意があると受け止め、今回の総選挙を再考しておきたい。安倍政治への期待逓減の中での苦肉の着地点という結果を受け、日本政治の活路を熟慮すべき時である。国民の苛立ちのマグマは封印されたようにみえるが、臨界点を迎えつつある。

注視すべき二つの数字——投票率と自民党得票率

野党が分裂・分散している限り、小選挙区制は与党優位に働く。今回の与党圧勝の要因は何よりも野党分裂であった。野党分裂型小選挙区二二六の内、与党勝利は一八三で、勝率は八一%であった。与野党一騎打ち型の小選挙区五七の場合、与党勝利は三八で勝率は六七%と、一対一の選択の構図に持ち込むことが野党の勝機を高めることは歴然としている。ただし、野党の合従連衡などという戦術論を超えて日本の政治の本質を直視する必要がある。二つの数字を注視したい。

まず、投票率である。一八歳に投票年齢を引き下げて初めての国政選挙でもあり、投票率が注目された。前回二〇一四年衆院選の投票率は五二・六六%、今回は、台風二一号接近という悪天候の中、五三・六八%と若干上向いたが、戦後二番目の低投票率であった。二〇〇九年の民主党への政権交代選挙の六九・二八%という時もあったが、このところ有権者の半分程度しか投票しないというのは、やはり政治への国民の関心が希薄化していることは否定できない。

もう一つ、注目すべきは比例区の自民党得票率である。小選挙区への投票は、候補者個人への評価や地域の事情が絡むが、比例区での自民党への投票は「自民党を積極的に選好する」ということで、自民党政権への国民の評価を投影する数値になるからである。この数字、前回は三三・一%であり、今回は三三・三%でほぼ横ばいであった。ちなみに小選挙区(全国総計)の自民党の得票率は四八・二%で、この差に選挙制度の怖さがある。比例区での自民党得票率をさらに踏み込んで、「投票率×自民党得票率」と考えるならば一七・九％（前回は一七・四％）となる。つまり有権者人口のわずか二割にも満たない積極的支持によって、自民党の議席占有率六一・一％（前回は六一・三％）が実現してしまうのである。

これが選挙で国民が預託したこととは違う方向に政治が進む要因である。この点は「二〇一七年夏への思索――内外の退嬰の中で」（２０１７・10）において、「官邸主導政治なるものの限界」として論じた。内閣法を改正して官邸が省庁の幹部人事を掌握したことによって、官邸への「忖度」が跋扈する行政となった構造（その表出としての森友・加計問題）、内閣による解釈改憲が主導した「集団的自衛権の容認」と「安保法制」への流れ、さらに国家権力の強化を志向する「共謀罪」の強行成立など、国民の期待とは異なる「官邸主導政治」に日本が引き込まれてきた。与党三分の二となった議会は皮肉にも官邸政治を追認する手続き装置となり、議会での議論を通じて国の意思決定の質が高まることはなくなった。皮肉にも与党三分の二の議会が議会軽視の基盤となったのである。

つまり、選挙制度のパラドックスが現在の政治状況を生み出しているのであり、冷静に認識すべきは、選挙結果としての与党三分の二の議席は、決して安倍政権支持の三分の二ではないということである。貧困な選択肢の中からやむなく選択した帰結であり、本当の「国民の意思」の所在地を深く考察し、配慮する思慮深さが政治の側に不可欠なのである。

条理なき解散――「政治で飯を食う人たち」の自堕落

政治に大義などなく、党利党略で動くことなど驚くべきことではないという人もいる。だが、今回の解散については、日本の政治を取り巻く全体状況への国民目線からの素朴な疑問を感じざるをえない。あらためて、国会議員という仕事を考えてみよう。国会閉会後、二か月の夏休みを過ごし、九月末になっていよいよ会期が始まるかと見ていたら、何の審議もなく冒頭解散、そして七〇〇億円をかけた総選挙ゲームでの狂奔――その国会議員に年間一人二億円の税金を使っている現実――、世の中にこんな職業が他にあるだろうか。

「解散は首相の専権事項」だという。だが、憲法第七条「天皇の国事行為」第三号たる「内閣の助言と承認による解散」を根拠とするのであれば、専権事項というのは誤りである。内閣での透明性の高い議論、議会、メディア、何よりも国民世論が解散を求める経過を踏まえて総選挙をすべきで、もっともらしい理由をつけての任期前解散を連発し、五年で三回もの総選挙を行うことは異常である。政治屋と世論調査を仕切る代理店と選挙業者の卑しさというべきか。対抗勢力の分散と準備不足、そして北朝鮮問題を背景にした「国難」意識が与党への追い風と判断した解散であることは明らかで、政治を商売にする人たちの自堕落さには吐き気を覚える。

この解散・総選挙について、私自身も何回かの発言の機会があった。週刊『エコノミスト』誌(一〇月三日号)に「解散・総選挙は日本政治の劣化――日本版「オリーブの木」が必要だ」を寄稿したが、私の本音は「国民参画」の政治の実現であり、政党間の綱引き、合従連衡を超えて、重点選挙区五〇で全野党が候補者を降ろし、学者、文化人、NPO・NGO団体のリーダーといった納得感ある候補者を立てるなど、与党絶対多数を崩す「オリーブの木」方式の可能性を示唆するものだった。

結局は野党間の「合流」「共闘」というだけの選挙に終わり、選挙戦の構図が明らかになった時点で、同じく週刊『エコノミスト』誌(一〇月二四日号)に、与党大勝を想定しながらも「液状化した政治に活路も、与党三〇七議席が転換点に」を寄せ、一強政治への対立軸を模索する視点を語った。今回の結果を受けて、何も変わらない日本へのため息も聞こえるが、静かな地殻変動は起こっており、変革への糸口を探っておきたい。

それにつけても、「なぜ解散をするのか」を含め、日本の政治のありかたを問うべき政治ジャーナリズムの虚弱さに疑問を感じざるをえない。官邸への距離の近さをアピールする得意顔の解説者、バラエティ番組のノリで劇場型政治に加担するTVメディア、そこには筋道の通った民主政治のあるべき姿を求める意思は皆無である。永田町の論理に同化した卑しさが溢れ、国民の側から考えようとする視界はない。

なぜ希望の党は希望を失ったのか

わずか三か月前の二〇一七年七月の東京都議会議員選挙で大勝した小池都知事率いる都民ファ

ーストは、国政政党希望の党となり衆議院選挙に臨み、民進党の大半の議員が「合流」して、「安倍一強政治の受け皿」になることを狙い二〇〇人以上もの候補者を立てて与党に挑戦したものの、あえなく敗北、わずかに五〇人の当選に終わった。当初の政権交代さえ狙う勢いが急速に失速したのは、小池代表の尊大で偏狭な「排除の論理」であった。安保法制と憲法改正に賛成しなければ、民進党からの合流を排除するという発言は、止まり木政党としての役割を喪失させた。「国民ファースト」に徹し、重要課題についての国民の意思を見極める配慮が必要だった。安保法制と憲法改正に賛成することを政策の軸にするということならば、第二保守党作りのカラクリだと国民は見抜いたのだ。

政策面を問うならば、準備不足を超えて国民の心を捉える政策が希薄であった。たとえば国民政党に求められる経済政策、アベノミクスの影に生じている格差と貧困に対する問題意識、つまり、分配の公正に関する政策論が欠落していた。また唐突に脱原発を掲げていたが、安保法制に賛成という政党が、「核の傘と日米原子力協定はコインの裏表」という常識に還って、対米関係の再設計のないまま、いかなる形で脱原発を実現するのか矛盾が顕著であった。政策による排除の論理に拘泥する割には空疎な政策論しか持ち合わせず、いかに安倍政権の驕りと歪みを批判して改革を訴えても一向に何を改革するのかを示さないまま希望の党は希望を失っていった。

一方で、排除されたはずの立憲民主党の方にリベラル・バネとでもいうべき力学が働き始めた。国民の投票行動を継続的に分析すると、どんなときにも「保守」という人が約三割、どんなときにも「リベラル」という人が約三割存在する。選挙結果を左右する上で重要なのはその中間にある約四割の国民、つまり保守リベラルから中道リベラルまで、左翼でも右翼でもなく、安定した市民生活を望む非政治的人間である。

改革を語りながらも、国家主義、国権主義的本音を明らかにしだした小池代表の排除の論理に違和感を覚え始めた中間層の迷いが、その受け皿として立憲民主党に向かった。単に排除された者への判官びいきではなく、国権主義に傾斜する政治への危機感が緊急避難的に立憲民主党に向かったのである。比例区の得票率は、立憲民主党が一九・九％、希望は一七・四％であったが、この合計三七・三％のゾーンが、保守から中道にかけてのリベラルの潜在母体になる層といえよう。ただし、立憲民主党も付け焼刃の政党であり、勢いで当選した面々も、旧態依然とした左翼や口先だけの市民運動家流れの政治家も多く、新時代を切り開く展望など期待できる状態ではない。あらためてリベラルの意味を問い返しておきたい。自民党のリベラルの中心にいた宮沢喜一は、「リベラリズムの主軸は一億一心の対極にある」という言葉を残している。戦中戦後を生き、国家主義、国権主義吹き荒れる時代の危険を深く認識していた宮沢ならではの、本質を衝いた言葉だと思う。

この局面であえて引いて再考するならば、希望の党の歴史的役割は、民進党なる鵺のような存在を生体解剖し、構成員それぞれの出処進退を問い詰め、野党再編の契機となったことである。だが、さらに視点を変えてみるならば、民主党―民進党と変容しながら生き延びてきた政治家の生命力は異様である。政権を失った二〇一二年総選挙では五九人にまで縮小した民主党が、一四年総選挙で六四人、その後民進党となり、今回の選挙を経て立憲民主、希望、無所属という形で分散しているが、旧民進党系といえる当選議員が一二二人もいる。むしろ名前を変えて焼け太りしているともいえ、不気味でさえある。一方、一二年に四九議席に躍進していた維新の会は一四年選挙では三九議席、その後分裂のあげく今回は一一議席と、大阪の地域政党へと埋没した。これらの動きに関わった職業政治家という人たちに真剣に問いたいのは、政界液状化の中、自分がいかに議席を守り生き延びるかではなく、何のために政治に関わっているのかという一点である。

この政治状況の最大の問題は、政治が政治家だけに弄ばれ、国民が参画していないことだ。現代日本を生き、経済産業、文化、アカデミズムの一隅を照らして生きている人達の英知が日本の意思決定には反映されず、職業政治家のサバイバル・ゲームとそれに纏わりつく人々の貧困な世界観を反映した政治に終始している。国民参画のプラットフォームをいかに拡充するか、それがこの国の政治に求められるテーマである。

日本政治の活路を求めて――国民の政治のために

この夏、北海道、岩手、宮城、長野、愛知、京都、大阪、鳥取、熊本、長崎など全国を動き、とくに企業経営者と対話してきた。多くの経済人は基本的には保守で、政治の安定を望む立場において、衆院小選挙区となると自民党に投票するしかないという空気を漂わせているが、地方経済の現実、北朝鮮、森友・加計問題などを背景に「日本の政治がうまくいっているとは思えない」といういらだちを率直に語っていた。

また、私は大学の教壇に立ち日常的に大学生に向き合っているが、この夏は高崎、千葉、八王子などの高校を訪れ、高校生にも向き合ってきた。今回の衆議院選挙では、NHKの出口調査によれば、「一八〜二〇歳代の若者の四九％が自民党に投票した」という。若者の保守化は実感でもある。深層にある心理は、現状への満足というよりも将来への不安であり、政治の安定を求めているのである。液状化し混乱する野党が放つ言葉に希望の持てる未来を感じないのである。

日本は今、戦後民主主義を熟考・定着させる正念場に差し掛かっている。我々は深呼吸し、国権主義吹き荒れる中で表層的には旗色の悪い「リベラルの価値」を踏み固めねばならない。私は、この連載を通じ「リベラル再生の基軸」を模索してきた。とくに、3・11の衝撃と「一億総保守化」ともいえる潮流の中で、持ち堪えるべきリベラルとは何かを探り、二〇一四年初には『脳力のレッスンⅣ』(岩波書店)として単行本化した。その論稿で直視すべき政策課題として提起したのが以下の五つであった。この課題を突き詰めることが「リベラルの基軸」だと考える。

課題1 対米関係の再設計――日米同盟の進化(米国への過剰依存の解消)
課題2 公正な分配の実現(格差と貧困の抑制、金融資本主義の制御)
課題3 平和国家精神の再起動(憲法九条理念の実体化)
課題4 原子力再考――「非核」のための原子力政策(原子力技術基盤をどう維持するか)

課題5　代議制民主主義の鍛え直し――国会議員定数の三分の一削減

政策の基盤インフラを

安倍政権も五年が経過、この政権の政策論的行きづまりは顕著である。官邸主導政治の限界というべきか、内政・外交ともに構想力の貧困という壁に閉ざされている。内政ではアベノミクスの名の下に、異次元金融緩和と財政出動の繰りかえしで政治主導の株高を演じているが、取り残された国民生活（所得と消費の低迷）と分配の不公正が顕在化し、経済と財政の秩序を歪めてしまった。また、「現実主義外交」として、強権的性格を強めるトランプ、プーチンと波長を合わせる貧弱な外交に堕し、沖縄問題や国連核兵器禁止条約への姿勢が象徴するごとく、外交での理念的指導力を失いつつある。アジアの有識者は、日本が「成熟した民主国家」ではなく「偏狭な国家主義」を強めていくことに懸念を抱き始めている。歴史の記憶があるからである。

政治への行き場のないいらだちは膨張している。今後、政党再編などが繰り広げられるであろう中で、二大政党制を根づかせるためにも、選択肢の鮮明化、つまり政策基軸を明確化する必要がある。一九九七年に英国の労働党が一八年ぶりに政権を奪還した時、アンソニー・ギデンスの『第三の道』が政策基軸のテキストとなったように、政策の基盤インフラが必要なのである。政治家だけの議論ではなく、国民参画型で政策軸を打ち立てたところが流れを創り出すであろう。

（２０１７・12）

おわりに

二〇一八年を迎えようとしている。東京・九段下に寺島文庫をスタートさせたのが二〇〇九年春だったから一〇年目となる。この「脳力のレッスン」の連載は一七年目となるが、寺島文庫に六万冊の文献を集中、集積するようになって、アナログの書物・文献からの情報とデジタルで刻々と入ってくる情報の相関の中で、執筆に向かう仕組みが変わってきた。また文庫を支えるスタッフも実力を高め、真剣に力になってくれており、正に、私自らの「脳力のレッスン」の方法論が進化したといえるかもしれない。

また、寺島文庫ビル一階のカフェ「みねるばの森」や三階の多摩大学都心サテライト教室で行われるさまざまな研究会、ゼミナール、勉強会、文化活動のシナジーが、私の時代認識を深め、時代と主体的に関わることへと視界を拓いてくれているという実感がある。その意味で、単行本『脳力のレッスン』も五冊目となるが、視界は次第に広く深くなっていると思う。

「脳力」とは物事の本質を考えようとする志向(思考)を示す言葉であるが、人間は社会的存在で、私自身の「脳力」は私の社会的位置関係と相関している。私にとって、寺島文庫の戦略経営塾に参加している約一五〇人の全国の中堅中小企業の経営者のネットワークは重要である。また、二〇年続けている経団連の人材養成プログラム「フォーラム21」のインストラクターとして構築してきた、大企業経営者とのネットワークも企業経営の現場を認識する上で大切である。

また、一〇年目に入る多摩大学の学長という役割も、大学生、高校生と向き合う機会として、私の視界を変えつつある。さらに、年間十数回は海外に動き、親交を積み上げてきた専門家、経営者たちとの「本音の議論」に刺激を受け続けている。時代と向き合う「脳力」は絶えざるフィールドワークと文献研究の相関の中でスパークするというのが実感である。

さて、この『脳力のレッスンV』に収めた論稿は、安倍政権と並走する連載でもあった。アベノミクスなる金融政策主導で「デフレからの脱却」を図る政策が、日本経済を歪めていく過程を凝視してきた。また、議会が与党三分の二状況の中で機能不全となり、国民が投票を通じて預託したものとは異なる方向に政治が向かう事態を注視してきたが、代議制民主主義を機能させるためにも、新しい視界からの「政治改革」が求められていると思う。

トランプを登場させた米国を見ても、また強権化するロシア、中国に翻弄されるユーラシアの地政学を見ても、反知性主義的な「力への誘惑」を感じる時代に入ってきている。旗色の悪い「デモクラシー」だが、我々は長期的な歴史的視界の中で、冷静で賢明な進路を構想すべき局面である。「脳力のレッスン」は続く。

二〇一七年一二月末　九段下寺島文庫にて

寺島実郎

寺島実郎

1947年北海道生まれ．早稲田大学大学院政治学研究科修士課程修了後，三井物産入社．米国三井物産ワシントン事務所所長，三井物産常務執行役員，三井物産戦略研究所会長等を経て，現在は(一財)日本総合研究所会長，多摩大学学長，(一社)寺島文庫代表理事．国土交通省・国土審議会計画部会委員，経済産業省・資源エネルギー庁総合資源エネルギー調査会基本政策分科会委員等を歴任．

著書に『脳力のレッスンⅠ〜Ⅴ』『日本再生の基軸』『シルバー・デモクラシー』『人間と宗教あるいは日本人の心の基軸』『21世紀未来圏 日本再生の構想』(以上，岩波書店)，『ダビデの星を見つめて——体験的ユダヤ・ネットワーク論』(NHK出版)，『中東・エネルギー・地政学』(東洋経済新報社)，『世界を知る力』(PHP新書)他多数．

ひとはなぜ戦争をするのか 脳力のレッスンⅤ

2018年1月26日 第1刷発行
2025年7月 4 日 第3刷発行

著 者 寺島実郎《てらしまじつろう》

発行者 坂本政謙

発行所 株式会社 岩波書店
〒101-8002 東京都千代田区一ツ橋2-5-5
電話案内 03-5210-4000
https://www.iwanami.co.jp/

印刷・理想社 カバー・半七印刷 製本・牧製本

ISBN 978-4-00-024533-3 Printed in Japan